我军政治工作思想史研究

李 斌 著

西北工业大学出版社

【内容简介】 中国共产党在长期革命、建设和改革实践中，把马克思主义基本原理与中国人民武装斗争和人民军队建设的实际相结合，创立和发展了我军政治工作，并把我军政治工作的实践经验上升为理性认识，形成了我军政治工作思想。本书坚持历史唯物主义观点为指导，对我军政治工作思想的形成、发展和流变的历史进行考察和归纳，选择最有代表性的我军政治工作思想进行述评，以史带论、以论明史。在体现或接近历史原貌的基础上，通过对其历史演变脉络的清理，力求揭示某种内在的规律性，形成具有一定体系性的研究心得。为我军政治工作的改进和创新提供一个新视野、新工具，为我军政治工作思想的继承和发展提供一定的借鉴和指导。

图书在版编目(CIP)数据

我军政治工作思想史研究/李斌著.—西安：西北工业大学出版社，2013.4（2019.8 重印）

ISBN 978-7-5612-3659-8

Ⅰ.①我… Ⅱ.①李… Ⅲ.①军队政治工作—思想史—研究—中国 Ⅳ.①E22

中国版本图书馆 CIP 数据核字(2013)第 075205 号

出版发行：西北工业大学出版社
通信地址：西安市友谊西路 127 号　**邮编**：710072
电　　话：(029)88493844　88491757
网　　址：www.nwpup.com
印 刷 者：北京虎彩文化传播有限公司
开　　本：727 mm×960 mm　1/16
印　　张：11.625
字　　数：207 千字
版　　次：2013 年 8 月第 1 版　2019 年 8 月第 2 次印刷
定　　价：28.00 元

前　　言

中国共产党在长期革命、建设和改革实践中，把马克思主义基本原理与中国人民武装斗争和人民军队建设的实际相结合，创立和发展了独具特色的我军政治工作，并把我军政治工作的实践经验上升为理性认识，形成了我军政治工作思想。我军政治工作思想是我军政治工作理论的集中体现，是我军政治工作实践的历史写照，是学习和研究军队政治工作的基本依据。本书坚持历史唯物主义观点为指导，对我军政治工作思想的形成、发展和流变的历史进行考察和归纳，选择最有代表性的我军政治工作思想进行述评，以史带论、以论明史。在体现或接近历史原貌的基础上，通过对其历史演变脉络的清理，力求揭示某种内在的规律性，形成具有一定体系性的研究心得，为我军政治工作的改进和创新提供一个新视野、新工具，为我军政治工作思想的继承和发展提供一定的借鉴和指导。

本书内容分为三大部分：第一部分，从思想的特性出发，对我军政治工作思想、我军政治工作思想史的概念给予揭示，明确了我军政治工作思想史的基本内涵、基本特征和基本作用，并对我军政治工作思想的发展历程进行梳理；第二部分，以改革开放为历史节点，重点对毛泽东、邓小平、江泽民和胡锦涛军队政治工作思想进行述评，在展示我军政治工作思想的发展轨迹同时，抽象概括了不同时期我军政治工作思想的特点；第三部分，从我军政治工作思想的发展动因、发展方略、发展态势三个方面总结出对我军政治工作思想发展的规律性认识，以深化对我军政治工作科学发展的理性思考，增强投身我军政治工作思想发展的理论自觉和实践勇气。

著　者

2012 年 12 月

目　录

第一章　导　　论

“事实上，一切真实的、寻根究底的认识都只在于：我们在思想中把个别的东西从个别性提高到特殊性，然后再从特殊性提高到普遍性；我们从有限中找出和确定无限，从暂时中找到和确定永久。”

——恩格斯[①]

只有把握历史发展的脉络，才能坚定未来前行的方向。思想来源于历史，思想也影响着历史的进程。被思想掌握的人群创造着现实的历史，试图掌握人群的思想也创造着它自己的历史。而一些“思想”也许沉睡在“历史”里，正是通过对思想史的研究，在某些关键时候，那些暂时休眠的伟大传统会苏醒过来，帮助我们突破今天现实工作中的困惑与狭隘。

我军政治工作在我军从无到有、从弱到强的艰难前进中逐渐走向成熟，形成了极其丰富的政治工作思想，在我军几十年的革命斗争和军队建设中发挥了举足轻重的作用。我军在不同历史时期产生了不同的政治工作思想，这些思想的发展轨迹就构成了我军政治工作思想史。对我军政治工作思想史研究的目的就是通过传承我军政治工作的优良传统，培养开阔的研究视野，以理论研究层次的深入来有效指导现实问题。

学术研究的原始冲动乃是凝视永恒，而最接近永恒的正是那些优良传统。将自己安顿在这些传统之中，我们就能更清楚地看到永恒，正如在山峦的峰巅，我们能更清楚地仰望星空。对我军政治工作思想史的研究就是传承思想、继续思想的重要征程。

一、我军政治工作思想史的研究意义

以毛泽东同志为代表的中国共产党人在创建和领导人民军队的过程中，把马列主义普遍原理与中国具体实际相结合，逐步形成了一个相对完备的独具特色的军队政治工作思想体系。我军政治工作思想的形成与发展，是一个范围广泛、内容深刻的课题。

---

① 马克思恩格斯文集［M］：第九卷．中共中央马克思恩格斯列宁斯大林著作编译局编译．北京：人民出版社，2009.498

（一）鉴往——理性升华我军政治工作经验

以史为镜，可以明是非、知得失。恩格斯曾指出“我们根本没有想到要怀疑和轻视‘历史的启示’；历史就是我们的一切，我们比其他任何一个先前的哲学学派，甚至比黑格尔，都更重视历史。”① 思想的逻辑演变与历史的发展过程互为表里，在本质上是一致的，思想的逻辑隐藏在历史表象的背后，思想可以展现在实践中起主导作用的普遍性规律，因此，思想史研究处于历史研究的核心地位。思想史的第一要务，在于理性归纳八十多年来我军政治工作思想沿革变迁的线索，探索出这些思想沿革变迁的原因，同时进行客观的评判。加强我军政治工作思想史的研究，有助于我们更加完整、准确地把握我军政治工作发展的历史，是全面总结、理性升华我军政治工作历史经验的客观要求。

“中国共产党从它参加和领导中国民族民主革命以来，从它参加与领导这个民族民主革命而战的革命军队以来，就创设并发展了军队中的革命的政治工作。”② 我军政治工作是在党创建人民军队的同时诞生的，在中国革命和建设的伟大实践中，在我军建设的伟大实践中，不断发展，积累了丰富的经验，做出了显著的成绩，被誉为“生命线”和“传家宝”。但与此同时，也走过弯路，有过教训。从思想史的视角梳理我军政治工作，可充分还原历史的本来面目，增强历史的穿透力，避免我们认识上产生偏颇，使我们更加真切地认识我军政治工作产生、发展的来龙去脉，更加系统地把握我军政治工作的优良传统，更加深刻地感受我军政治工作的巨大威力，更加准确地形成我军政治工作基本原理的思想依据。这一切都有助于我们更好地从纵向上、整体上、发展上、联系上理性升华政治工作的历史经验，增强认识、理解和辨别是非的能力。

（二）援今——正确指导我军政治工作实践

“引古所以训今”是一切思想史研究的出发点和落脚点。李大钊在《史学要论》中指出“今日历史的研究，不仅以考证确定零零碎碎的事实为毕乃能事；必须进一步，不把人事看作片片断断的东西；要把人事看作一个整体的，互为因果，互有连锁的东西去考察他。于全般的历史事实的中间，寻求一个普遍的理法，以明事实与事实间的相互的影响与感应。”③ 历史研究只有以指导现实实践为目的，才有其存在的必要。我军政治工作思想史的研究

① 马克思恩格斯全集［M］：第三卷．中共中央马克思恩格斯列宁斯大林著作编译局编译．北京：人民出版社，2005．520

② 赵丛．中国人民解放军政治工作学［M］．北京：国防大学出版社，2001．33

③ 李大钊文集［M］：下．北京：人民出版社，1984．727

只有立足于为现实服务、为指导我军政治工作实践服务才有意义。

古方今病辙相通。我军政治工作思想，都是在特定的历史条件下，为回答或解决特定的问题提出来并加以阐发的。我们通过对我军政治工作思想史的考察分析，弄清老一辈无产阶级革命家们怎样适应历史发展的客观要求，在探索、解决当时所面临的主要任务的过程中，不断总结军队建设的实践经验，使感性认识逐步上升为理性认识的，从而探究我军政治工作思想发展变化的“普遍的理法”，探究规律性的我军政治工作本质的思想逻辑，将历史知识、历史经验、历史智慧运用于现实实践，以寻求解决现实我军政治工作中面临的新情况、新问题的新方法、新举措，这也正是研究我军政治工作思想史最根本的目的。因此，加强我军政治工作思想史的研究是正确指导我军政治工作实践，加强和改进当前我军政治工作的有效途径。

（三）传世——科学引领我军政治工作发展

以史立言，述往以为来者师。我党我军历来重视通过历史研究、总结历史经验，从而给后人以方法论意义上的启示和指导。而思想是行动的先导，思想推动着历史的发展。加强对我军政治工作思想史的研究，深挖其思想精髓，是我军政治工作思想得以“传世”，引领我军政治工作科学发展的基本手段。

研究我军政治工作思想史，可以使老一辈无产阶级革命家的军队政治工作思想的精髓得以“传世”，可以为后人提供科学的思想方法，可以“使后之学者，坐披囊箧，而神交万古，不出户庭，而穷览千载，见贤而思齐，见不贤而内自省”，从而引领我军政治工作的科学发展。当然，这里的“传世”并非是对思想的照搬照抄，并非是不知变通，原封不动的“传世”。既然我军政治工作思想是在特定历史条件下的特定历史产物，那么，就不可避免地具有一定的历史局限性。“我们政治工作的根本的任务、根本的内容没有变，我们的优良传统也还是那一些。但是，时间不同了，条件不同了，对象不同了，因此解决问题的方法也不同。”[①] 因此，继承和运用我军政治工作思想这一强大的思想武器，要“师其意而不袭其迹”，坚持重视历史而不拘泥于历史、尊重传统又不拘泥于传统的原则，注重掌握思想精髓，在继承中发扬，在借鉴中创新，以引领我军政治工作的科学发展。

二、我军政治工作思想史的研究现状

历史研究是理论研究的重要组成部分。自从1986年国务院将军队政治工作学列为军事学门类的一级学科后，在军队院校开始设立了军队政治工作

① 邓小平文选［M］：第二卷．北京：人民出版社，1994.119

史课程，我军政治工作史方面的研究受到了高度的重视，新视角不断被展现，新领域不断被开拓，取得了丰硕的成果。但是，相对于我军政治工作“通史”的研究而言，作为分支史的我军政治工作思想史的研究起步较晚，还属于开发不尽完备的领域，对此课题的研究和讨论还不够重视、不够深入。

目前，对我军政治工作思想史的研究仍停留在初级阶段，主要表现在以下几个方面：第一，对我军政治工作思想史还没有明确的界定。1994 年，裘克人在内容上予以构建，首次明确提出“无产阶级军队政治工作思想史”，“是专指共产党依据马克思主义原理建立和壮大无产阶级军队的过程中，提出的关于党在军队中进行思想工作与组织工作的整个思想体系。”① 1997 年，佟明忠从学科角度提出了“军队政治工作思想史”，“是考察和研究古今中外一切阶级的军队进行思想政治工作的理论和思想及其历史发展，并从中探索其特点和普遍规律的一门思想史学科。”② 这些都是从世界范围对军队政治工作思想史给予说明的，我军政治工作思想史虽然隶属于其中，与其具有共性，但又有着自己独特的个性，有必要对我军政治工作思想史进行专门的界定并总结其规律。第二，对我军政治工作思想史的研究多集中在某一特定历史时期或特定历史人物上，例如抗日战争时期我军政治工作思想的研究、毛泽东军队政治工作思想的研究等，缺乏整体性、系统性地对我军政治工作思想史的总结和归纳。第三，对我军政治工作思想发展规律的探索还不够，还没有专项的研究，有待于进一步深化。

目前，对于严格意义上的系统的我军政治工作思想史的研究成果还比较少，可供参考的书目、能够直接借鉴的并不多。现有的相关研究成果主要有下述三方面（每部分的研究成果均按时间排序列举）。

（一）资料背景

属于非精神性属性的历史研究是研究思想史的必要条件，思想史问题的解决常常要通过历史研究才能做到。只有在历史研究的基础上，才能更好地理解根植其上的思想。因此，我军政治工作历史资料和我军政治工作史这两方面的主要成果是展开我军政治工作思想史研究的背景资料。

首先，关于我军政治工作历史资料的研究成果。总体上看，我军民主革命时期的政治工作历史资料收集编撰比较详尽，建国以后，特别是改革开放以后历史资料的收集、梳理、整合的还不够。主要代表作有：①原政治学院编汇的《军队政治工作历史资料》（13 册），选用第一手原始资料，记录了

① 裘克人．无产阶级军队政治工作思想的形成与发展［M］．上海：人民出版社，1994.2

② 佟明忠．中外军队政治工作思想通史［M］．北京：军事科学出版社，1997.3

我军政治工作的创立、形成、发展的战斗历程和丰富经验，是反映民主革命时期我军政治工作的综合性历史书籍。②国防大学编选的《中国人民解放军政治工作史教学研究资料》，分新民主主义革命时期和社会主义时期两册，时限范围从 1925 起到 1984 止，是围绕着我军政治工作的创立和发展的重大事件而选编的，填补了建国后到改革开放初期我军政治工作历史资料汇编的空白。③总政治部办公厅编选的《中国人民解放军政治工作历史资料选编》，该选编已经完成 13 册，皆为政治工作历史原件，比较全面地反映了 1956 年以前的各个时期我军政治工作的基本历史、基本面貌和基本特点。此外，还有侯敬智、满绍华主持编汇的《军队政治工作重要历史文献选编》，卜松林、李学智选编的《军队政治工作经典文献》，西安政治学院、南京政治学院上海分院分别建立的大型《军队政治工作数据库》等等。

其次，关于我军政治工作发展史的研究成果。这方面的研究比较繁荣，成果很多。主要代表作有：①《中国人民解放军政治工作史》（第一册为新民主主义革命时期，由姜思毅主编；第二册为社会主义时期，由国防大学编著）。该书是第一部军队政治工作史教材，对我军政治工作的发展历史做出了比较系统的回顾；记述了毛泽东等老一辈革命家有关政治工作的重要论述；总结了我军政治工作的一系列基本原则产生的历史条件、基本内容和伟大意义；阐明了我军政治工作保证我军从小到大、从弱到强、从胜利走向胜利的丰富经验。②姜思毅主编的《中国共产党军队政治工作七十年史》（六卷）。第一卷着重叙述土地革命战争时期，中国工农红军政治工作的情况和经验；第二卷叙述在 8 年抗战的人民战争中，八路军、新四军的政治工作保障了造成“陷敌人于灭顶之灾的汪洋大海”；第三卷叙述在解放战争的各个阶段中，中国人民解放军有声有色的政治工作的伟大创造和丰富发展；第四卷叙述抗美援朝提供的现代作战条件下人民战争政治工作的宝贵经验和新中国成立初期为消灭残敌、为开始现代化革命军队建设进行准备工作中政治工作的方方面面；第五卷叙述在建设现代化革命军队的道路上政治工作的曲折前进；第六卷叙述文化大革命的 10 年和党的十一届三中全会以来拨乱反正、改革开放 10 年中的军队政治工作及其经验教训。③李泽、季强主编的《中国人民解放军政治工作史鉴》，以时间为线索，以重大事件为珠，在对我军政治工作重大问题、重大转变的阐述分析中提炼若干历史启示。④于永波、徐才厚主编的《当代中国军队的政治工作》，对 1949 年到 1987 年间我军政治工作的发展历程和历史经验进行了科学的概括和总结，具有较强的思想性、可读性。此外，还有王芹木主编的《中国人民解放军政治工作历史简论》，重点对我军政治工作优良传统形成与发展，坚持与发扬作了比较详尽的阐述；卜松林主编《中国人民解放军政治工作发展史新编》，对我军政治工作发展的历程，作了进一步的抽象、概括，对一些重大问题作了深入探索，等等。

另外，由于我军政治工作是党在军队中开展的思想工作和组织工作，所以地方关于党的思想工作和组织工作发展史方面的研究成果也可以作为背景资料。例如徐启贤主编的《中国共产党思想政治教育史》，中国思想政治工作研究会、中宣部思想政治工作研究会组织编写的《思想政治工作概论》，刘慧如著的《中国共产党政治哲学思想史研究》，中共中央党史研究室编著的《中国共产党奋斗进取的90年》等，都可以为研究我军政治工作思想史提供一定的参考借鉴。

（二）微观研究

微观研究，指的是对某位主要领导人的军队政治工作思想的个案或专题性研究。这方面的研究持续繁荣，成果最为丰富，但多属于平行性研究，缺乏纵向研究，对思想的起源、发生、发展探讨还有待深化。主要代表作有：①杨永斌主编的《毛泽东军队政治工作思想研究》，按照毛泽东军队政治工作思想的主要内容，共分绪论、原理编、内容编、组织领导编四部分对其进行了归纳总结。②李保生、王日中主编的《邓小平新时期军队政治工作思想概论》，从三个角度系统总结了邓小平同志关于军队政治工作的基本论点：一是邓小平军队政治工作思想的基本内容、理论特色、形成发展过程以及学习和研究邓小平同志军队政治工作思想的基本原则；二是邓小平关于军队政治工作基本方针、指导思想等根本问题的主要观点；三是邓小平关于新时期军队政治工作具体内容方面提出的一系列指导方针。③侯敬智、蒋一斌主编的《中国人民解放军政治工作发展史》，首次单独列节对毛泽东、周恩来、刘少奇、邓小平、叶剑英、罗荣桓、谭政、肖华等我军政治工作重要领导人的政治工作思想作以阐述。④蒋一斌、侯敬智、满邵华编的《党的三代领导核心军队政治工作思想研究》，以党的三代领导核心的军队政治工作思想为主线，主要阐述三代领导核心思想产生的时代背景、基本内容和历史与现实意义，并在附录中选编了其他领导人的军队政治工作思想。⑤国防大学主编的《指导新时期军队思想政治建设的科学依据》，对江泽民关于军队思想政治建设的论述进行了系统的总结。⑥刘定昌、沈国权主编的《江泽民军队思想政治建设论述研究》，对江泽民关于军队思想政治建设的论述和重要思想从10个方面进行了归纳梳理。⑦徐志雄、侯敬智著的《胡锦涛军队思想政治建设理论研究》，对胡锦涛关于军队思想政治建设重要论述的历史背景、基本理论观点、科学内涵和基本要求，做了系统的理论归纳和总结。⑧年福纯主编的《新形势下军队思想政治建设的科学指南》，运用系统论的观点，依据胡锦涛同志关于思想政治建设的原始论述梳理出11个问题进行了阐述。

此外，还有大量的研究文章，散见于学术期刊、报纸、网络等，比如裘克人撰写的“架设通向军队政治工作新局面的桥梁——学习毛泽东政工思想创立经验的几点体会”；沈国权、佟明忠撰写的“‘生命线’思想永放光芒”；岳忠强撰写的“论毛泽东军队政治工作思想在新时期的继承和发展”；徐学旺撰写的“试论邓小平新时期军队政治工作思想的主要内容”；邱圣宏撰写的“人民军队思想政治建设的历史考察”；张理海撰写的“新中国60年军队政治工作的基本经验”；军事科学院军队政治工作研究所撰写的“站在新的历史起点上加强军队思想政治建设的科学指针——学习胡锦涛主席关于军队政治工作的论述”等等。

（三）宏观研究

宏观研究，指的是关于军队政治工作思想的综合性研究。这方面的成果并不多见，集中在20世纪90年代。主要代表作有：①裘克人主编的《无产阶级军队政治工作思想的形成与发展》（全军军事科研八五计划课题），共分诸论、形成编、发展编、启示编四部分，其中发展编按照军队政治工作思想的内容总结了7个方面，该书是首部研究包括我军政治工作思想在内的无产阶级政治工作思想史的论著，为我军政治工作思想史的研究领域，提供了一份新成果。②佟明忠主编的《中外军队政治工作思想通史》（全军军事科研八五计划课题成果修订版），明确了政治工作思想通史的学科定位、体例和方法，并对中国古代、西方古代、近代当代资产阶级、无产阶级军队政治工作思想作了全面阐述，重点归纳了毛泽东、周恩来、刘少奇、邓小平、江泽民以及十大元帅的军队政治工作思想，填补了军队政治工作理论研究领域的一项空白，得出了若干有启发性的对政治工作有益的论点。

综上所述，我军政治工作思想史属于相对薄弱的中观研究范畴。本书试图对我军政治工作思想形成、发展、流变的历史进行考察和归纳，在体现或接近历史原貌的基础上，通过对其思想史演变脉络的清理，力求揭示某种内在的规律，形成具有一定体系性的研究心得，为我军政治工作思想的继续发展提供一定的借鉴和指导。

三、我军政治工作思想史的研究方法

我军政治工作思想不是从来就有和一成不变的，是随着我军所处的历史阶段的不同而不同，随着政治工作实践的发展而发展的。本书仿循胡适所提出的“明变、求因、评判”① 的写作宗旨，对我军政治工作思想进行贯通性的诠释，即以我军政治工作思想发展的历史为线索，考察思想源流的演变，

① 胡适．中国哲学史大纲［M］．湖南：岳麓书社，2010.20

以其独特的发展规律来划分不同的历史阶段，以史带论，以论明史，以达到史论结合的目的。

在体例上，本书坚持历史唯物主义观点的指导，以历史的方法为武器，选择最有代表性的我军政治工作思想进行介绍、述评和分析。从土地革命时期到改革开放前，我军政治工作思想中占核心地位的一直是毛泽东军队政治工作思想。毛泽东军队政治工作思想也是我军政治工作思想的伟大基奠，后来邓小平、江泽民、胡锦涛军队政治工作思想都是对毛泽东军队政治工作思想的继承与发展。因此，本书在整体构思上，是以改革开放为历史关节点的，重点是三代领导核心和胡锦涛军队政治工作思想。另外，本书研究注重思想的历史性，对每一历史时期的我军政治工作思想都有概述，以体现这种思想产生的历史背景与社会条件，反映时代要求的具体内容及其发展演变的历程。希望通过对这些思想的挖掘、整理和分析，展示我军政治工作思想的发展轨迹，总结不同历史时期我军政治工作思想之间的环链何系、脉络何分，总结最具有普遍意义的发展的规律性认识，为丰富和发展我军政治工作思想提供历史借鉴。

（一）史论结合

史论结合是本书主要的研究和写作方法。历史遗产博大精深，历史人物此起彼落，历史事件层出不穷，历史文献浩如烟海，只有通过“史论结合”的方法，才能探索我军政治工作思想发展的历史线索和内在规律。

采用“史论结合”的研究与写作方法，关键在于要把握客观历史及其本质规律，做到“以史导论”。一是要把握住历史事实。历史事实是客观历史中的基本要素，是在历史中发生过或正在发生的事件和形成过或正在探求的思想成果。因此，只有按照历史资料建构起来的事实进行写作，才可以基本上把握客观的历史。进而，才有可能论述清楚我军政治工作思想史上任何一个思想成果的本质，并探求出潜藏在客观历史事实内部的必然联系。二是要把握住客观历史面貌和真谛。这要求坚持一切从实际出发，把所要研究的思想成果放在其所属的特定历史条件下去考察，力求反映这一思想的本来面目，不拔高，不贬低，不虚构。

（二）比较研究

本书运用的比较研究的方法，主要体现在纵向和横向两个方面。一是纵向比较，研究特定人物、特定思想在我军政治工作思想史整个发展链条中的位置，明确这些思想的主要特点和历史价值；二是横向比较，研究不同时期不同背景下我军政治工作思想的不同特点。

本书力求在既要通盘考虑，又要抓住重点的前提下，通过对我军政治工作思想史全方位多维度的研究，能够在比较中实现升华，总结出我军政治工作思想发展的规律性认识以及对现实的启示。

（三）实证分析

实证分析，是指从思想的角度出发，对我军政治工作历史资料进行分析、归纳、综合，理清历史线索，上升到对我军政治工作思想的一般性的规律性的认识。本书是研究思想史，而不是实践发展史。但由于思想与实践的不可分割性，在研究中必须要考虑我军政治工作实践的特点。思想不能脱离实践而孤立存在。研究我军政治工作思想史，必须要对实践史进行全面的了解，还应考察思想观点与其实践的关系，以更好地认识这种思想的出处和价值。

首先，要力争做到历史地、全面地、发展地看问题，不以偏概全，不僵化地、静止地看问题。其次，要注意透过现象抓住本质，防止把局部经验当成普遍经验，把非本质的东西当成本质的东西。

第二章　我军政治工作思想史的理论分析

“思想史这样东西是一种消除成见和打破保守的最有力的手段之一。”

——鲁滨逊（James Harvey Robinson）①

我军政治工作思想的发展作为主体精神的飞跃与升华，是思维创造性的结晶，也是主体能动性增强的体现，其中内涵着十分丰富的信息意蕴和外显着多层面的表现特征。明确界定我军政治工作思想史的基本概念和厘清其基本内涵，从理论和实践的结合上准确地揭示我军政治工作思想史的表现特征，深刻认识我军政治工作思想史的地位作用，对于我们正确地把握其规律，推进我军政治工作思想的可持续发展，从而加速我军政治工作的科学化进程，是非常必要和重要的。

一、我军政治工作思想史的基本内涵

“任何理论首先必须澄清杂乱的、可以说是混淆不清的概念和观念。只有对名称和概念有了共同的理解，才可能同读者常常站在同一立足点上。……如果不精确地确定它们的概念，就不可能透彻地理解它们的内在规律和相互关系。”② 克劳塞维茨在《战争论》开篇中的这一论述，对我们研究我军政治工作思想史同样具有指导意义。

我军政治工作思想史是一个多领域、多层面和持续推进的动态复杂系统，有着十分丰富的内容，并且这些内容既具有现实的确定性，又具有面对未来的开放性以及永无止境的创新性。我们作为既要面对历史、又要立足现实、更要面向未来的研究者，若要科学全面地认识我军政治工作思想史的基本内涵，需要充分扬弃与整合以往的理论成果，全方位多维度地去认识分析，以求得对我军政治工作思想史的基本内涵有一个更加全面和深刻的把握。

我军政治工作思想从产生、形成、发展到现在，人们对它已经有了大体相通的认识。目前，理论研究对广义的军队政治工作思想史分别从内容和学

---

① ［美］鲁滨逊（James Harvey Robinson）．新史学［M］．北京：商务印书馆，1989．91

② ［德］克劳塞维茨．战争论［M］：第一卷．北京：商务印书馆，1982．110

科两个不同角度给予了界定（见“第一章中的研究现状”部分），但我们还应该看到思想本身所具有的特殊性，看到我军政治工作思想所具有的特殊性，所以，有必要从思想的基本特性出发对我军政治工作思想史进行具体的探析。

（一）思想与我军政治工作思想、我军政治工作思想史

思想是人的根本属性和精神文化的灵魂，具有广阔的时空范围、复杂的结构功能和深邃的内容意义。弄清何为“思想”，是界定我军政治工作思想、我军政治工作思想史的首要前提。

《辞海》中指出“思想”有两层含义：一是“思考；思虑。《素问上古天真论》：外不劳形于事，内无思想之患”；二是“观念，思维活动的结果。属于理性认识”。目前，学术界对何谓“思想”，有以下几种理解：第一，把思想理解为某种特定的理论体系，如毛泽东思想、邓小平理论。第二，把思想作为理性认识的过程及其成果，即思想是一种基于感性认识上的理性认识，是人的大脑运用概念判断和推理的过程，是主体对于客体主观性的反映和把握，既包括主体反映客体的思维活动过程，又包括这种思维活动过程所生成的认识成果。毛泽东曾指出，人们在社会实践中对客观事物的认识，开始是感性认识，“这种感性认识的材料积累多了，就会产生一个飞跃，变成理性认识，这就是思想”[①]。就这一形态看，思想与观念通，都是人对社会存在的反映。但在实际运用中，思想和观念在使用上还存在细微的区别，这种区别在于观念侧重于体现一种相对稳定的认识状态，而思想则侧重于体现认识的内容。第三，把思想作为理性认识的过程，即思想是人的头脑中进行的探求活动，是一种动态的过程，是一种精神性的行为，是为了形成一种意见或结论而进行的考虑、审视和研究，与思考、思虑、思量通。黑格尔曾指出“当精神一走上思想的道路，……它可以立即发现，只有（正确的）方法才能够规范思想，指导思想去把握实质，并保持于实质中。”[②] 这里，就是把思想作为一种动态的过程。因此，如果把思想看作是理性认识的过程及其成果，那么思想既指概念、判断和推理等理性认识的形式本身，同时也指运用概念、判断和推理等形式去进行思考。第四，把思想理解为一个多要素的综合系统，是一种心态气质，是表现人们各种精神因素的总和。有直接支配人的行为的因素——动机系统，包括需要、兴趣、动机等；有调节人们行为动机的系统——心理过程系统，包括认识、情感、信念、意志、习惯等；有指

① 毛泽东文集［M］：第七卷．北京：人民出版社，1999.320

② ［德］黑格尔．小逻辑［M］．北京：商务印书馆，1980.5

导人们行为动机的因素——观念系统，即人们的认识内容和认识水平。[①] 当然，思想本身并非是中立的，它具有强烈的主观意向和褒贬倾向，主要是着眼于伦理学的或意识形态的价值。如果就其时空特性而言，思想总是某一特定历史时期内涌现出来并且较为流行的反映或阶级利益要求的一种意识流，即为思潮。

从学术界对"思想"的几种理解中，我们可以提取一些具有共性的内容，推导出这样的结论：我军政治工作思想是为了适应革命战争和军队建设的需要，认识主体针对我军所开展的政治工作的主观性的反映和把握，是以抽象概括的语言文字反映对政治工作认识的具体形式，是相互协调的一系列的观点和原则，具有相对的独立性。因此，我军政治工作思想就是指无产阶级对于政治工作的本质规律、教育管理等问题的基本看法和总称，它反映了认识主体对军队政治工作这一特殊人类实践形式的深刻思考。这里所谓的认识主体包括领袖人物、广大官兵、政治工作干部和人民群众。我军政治工作思想的发展既离不开领袖人物的杰出贡献，也离不开广大官兵、政治工作干部的基础性作用以及人民群众的强大支持。我军政治工作思想史即是我军政治工作思想的发展及演变，是人们试图理解我军政治工作过往经验的一部分，是从思想角度对我军政治工作的历史特点的系统性总结。需要指出的是，我军政治工作思想史中的"史"字不能决定思想史的全部含义。也就是说，思想史与思想的历史并不完全同义：思想史中的"史"字，本质上指抽象的时间矢量或思维构造中的时间意向，更强调所谓的"变化""演变"，也就是说，我军政治工作思想史指的是我军政治工作思想的发展史。

思想不同于一般的感觉经验和社会心理，而是一种超越和有别于表层的感性认识的深层理性认识，对于我军政治工作思想史可以也应当进行哲学层面的认识和把握。

首先，我军政治工作思想史弘扬着唯物主义思想路线。认识论上历来存在着唯物主义和唯心主义两条对立的认识路线，两者的根本区别就在于是坚持人的认识从物到感觉和思想的认识顺序，还是坚持从思想和感觉到物的认识顺序。真正科学的我军政治工作思想的发展所遵从的是从客观事物到主观感觉和思维的认识顺序，它要求思想认识反映客观事实，思想活动遵循一切从实际出发的唯物主义认识路线。否则，就可能堕入唯心主义泥潭，导致主观臆想，使我军政治工作以及我军整体建设受到严重损害。

其次，我军政治工作思想史闪烁着唯物辩证法的光辉。第一，我军政治工作思想的发展展现了唯物辩证法的联系观。唯物辩证法和形而上学是两种

① 邱伟光，张耀灿．思想政治教育学原理［M］．北京：高等教育出版社，2000.71

对立的发展观。唯物辩证法认为，世界是普遍联系的。我军政治工作思想的发展所倡导的就是与孤立的、片面的观点相对立的辩证的联系观和全面性。第二，我军政治工作思想的发展拓展着辩证法的发展观。在唯物辩证法看来，整个世界处在不断地运动变化和新陈代谢的发展状态，科学的我军政治工作思想的发展，应该是从发展的观点出发的思想突破，也应该是随着实践而不断持续进行的思想突破。我军政治工作思想发展的历程与成果不断拓展和丰富着辩证法的发展观。第三，我军政治工作思想的发展再现了辩证法的革命性。马克思认为“辩证法不崇拜任何东西，按其本质来说，它是批判的和革命的”①。我军政治工作思想的发展正是贯彻了辩证法的这种革命批判精神，是“破”与“立”的辩证统一。这里的“破”，就是指破除旧的条条框框，就是破除思想僵化的状态。这是我军政治工作思想发展的本质内涵，它把主体思想引导到研究新情况、解决新问题的轨道上来。这里的“立”，就是确立与新情况、新问题相符合的思想认识，这是我军政治工作思想发展所要达到的目标。“立”是“破”的目的，“破”就是为了“立”，“立”比“破”更根本。“破”与“立”都具有革命性。没有革命性，旧的思想就破不了，新的思想也立不起来。我军政治工作思想发展的整个过程就是“破”与“立”交替进行的过程。

再次，我军政治工作思想史丰富了马克思主义认识论。第一，我军政治工作思想的发展内涵着主观与客观的统一性。马克思主义认识论指出，人类认识客观世界的过程就是不断地使自己的主观认识与客观实际相符合的过程。一旦主观脱离了客观、理论脱离了实践，人的行为就会导入误区。我们通常所说的思想僵化、主观偏见就不是从实际出发，而是从旧的传统观念出发，迷信固有的概念或框框。从根本上讲，思想僵化是主观主义和唯心主义的表现。我们所要求的我军政治工作思想的发展，就是要打破思想僵化，就是要把人的思想从旧的思维方式、旧的传统观念的束缚下解放出来，确立与客观实际相符合的新的思想观念。第二，我军政治工作思想的发展体现着尊重客观规律和发挥主观能动性的统一。规律是事物本身所固有的、本质的、必然的联系。对于人类来说，只能认识和尊重规律，按照客观规律想问题、办事情，而决不能改变和背离规律。我们说我军政治工作思想的发展要发挥主观能动性，但不是脱离实际的胡思乱想，也不是偏激、冒进、头脑发热，而是要采取积极进取的态度去研究、认识客观事物及其规律。因此，我军政治工作思想史从不同的侧面丰富了马克思主义的能动革命的反映论，体现了

① 马克思恩格斯选集［M］：第二卷．中共中央马克思恩格斯列宁斯大林著作编译局编译．北京：人民出版社，1995.112

尊重客观规律和发挥主观能动性的统一。

我军政治工作思想史体现着唯物论、辩证法和认识论的高度统一。我军政治工作思想的发展是个动态的过程。由于客观事物的发展没有终点，实践也不会终结，作为客观事物与实践之反映的认识也当然没有止境。我军政治工作思想是历史和时代的产物，每一时代军事实践需要解决的问题及问题的性质，决定了人们在该时代占主导性的思想观念和思维方式。人们在一定阶段、一定条件下达成的主观和客观、认识和实践的一致性，而在进入另一个阶段和另一条件下，又会变得不一致。所以，人的思想不是一成不变的，而是需要与客观实际保持具体的历史的统一的。由于人们的头脑容易受到固有观念的束缚和习惯势力的影响，往往有一定的惯性、惰性，或者说滞后性，就会造成主观和客观相违背、认识和实践相脱离的现象，这就要求人们不断更新观念，调整主观和客观的关系，实事求是地探索新事物和新规律，使自己的思想不断解禁放达、持续创新。由此可见，我军政治工作思想的发展既是唯物主义的要求，也是辩证法和认识论的要求，是唯物论、辩证法和认识论的有机统一。

（二）我军政治工作思想与我军政治工作实践

思想是人的一种精神属性和精神能力，是人的认识过程和认识成果。我们运用辩证唯物主义关于认识与实践的基本理论和方法可以得出，政治工作思想来源于政治工作实践，政治工作思想又指导着政治工作实践，两者是相互促进的，是一个“实践、认识、再实践、再认识”的辩证发展过程。

一方面，政治工作实践是政治工作思想的客观来源和根本动力。马克思主义认识论认为，人的认识是在实践基础上主体对客体的能动的、创造性的反应。毛泽东指出“如果直接地认识某种或某些事物，便只有亲身参加于变革现实、变革某种或某些事物的实践的斗争中，才能触到那种或那些事物的现象，也只有在亲身参加变革现实的实践的斗争中，才能暴露那种或那些事物的本质而理解它们。这是任何人实际上走着的认识路程。”[①] 我军政治工作思想也是在政治工作实践的基础上产生的，政治工作思想的出发点和落脚点就是为了满足促进现实政治工作实践的需要。由于客观事物的发展没有终结，实践也不会有终结，作为客观事物与实践认识之反映的认识也当然没有止境。政治工作实践向思维主体提出新的要求、新的问题时，才推动政治工作思想的发展。所以，离开了政治工作实践，就不会有政治工作思想，也不会有政治工作思想的发展。

另一方面，政治工作思想主导着政治工作实践的运行过程和客观效能。

---

① 毛泽东选集［M］：第一卷．北京：人民出版社，1991.287

政治工作思想不仅仅依赖于政治工作实践，对于政治工作实践还具有反作用，指导着政治工作实践。实践是人们有目的有计划地改造客体的自觉活动，这种活动完全是在人的思想认识的支配、指导、规范和调控下进行的自觉活动。从思想所处的这种支配地位及其先导作用来看，思想可以而且应该走在实践的前面，没有主体对于我军政治工作的属性与价值认识的发生便不会有针对政治工作实践的进行，要开展和开拓我军政治工作实践就必须首先进行相应的思想认识方面的确立与创新。当然，思想有正确的，也有错误的。实践是主观见之于客观的活动。正确的政治工作思想见之于客观，将促进政治工作实践的发展；反之，以错误的政治工作思想指导政治工作实践，便会带来挫折和失败。政治工作实践需要政治工作思想的指导，然而，这种思想必须是正确反映政治工作实践客观规律的，反映的越是深刻，指导作用发挥的就越大。

（三）我军政治工作思想与我军政治工作理论

我军政治工作思想与我军政治工作理论很难作以严格意义上的区分，它们之间既存在着共性，有着共同交叉点，又存在其各自的特性，有着一些差别。法国已故大师亚洪在其所著的《现代战略思想的演进》一书中曾明确指出“思想这个名词包括理论性和科学化的研究、准则，对于行动的相对路线，以及最后还有理论和准则的历史性或政治性研究”①。

我军政治工作思想是我军政治工作理论的基础和依据，我军政治工作理论是我军政治工作思想的理性总结和系统概括，二者相互依存、相互制约。在共性上，政治工作思想与政治工作理论都属于意识领域范畴，都是人脑对客观存在的主观反映，都是对我军政治工作的理性认识过程和认识成果。在区别上，主要体现在两个方面：第一，与政治工作理论相比，政治工作思想更具有前瞻性。思想的产生总是要先于理论的形成，理论是由一系列的相关思想构建的。正是有着星星点点的思想火花的碰撞，在思想产生发展的基础上，才能形成一个相对应的理论。第二，与政治工作理论相比，政治工作思想更具有宽泛性。思想是针对实践中面临的某一具体问题而产生的，也就是说，为了解决任何一个具体问题，都可能产生相应的某种思想。而由于理论自身的系统性要求，理论则是对一定范围内的相互关联的问题的理性认识，所以，思想比理论更具有宽泛性。简而言之，政治工作理论就是一种精炼的政治工作思想，两者在一定条件下可以通用。例如党的三代领导核心和胡锦涛军队政治工作思想，作为我军政治工作思想的杰出代表成果，都已经成为

① Raymond. Aron. The Evolution of Modern Strategic Thought［M］. London：The Institute for Strategic Studies，1970. 14

了一个思想体系，具有求实的严谨性、科学性，也可以称其为是政治工作理论。

（四）我军政治工作思想史与我军政治工作史

我军政治工作思想史从属于我军政治工作史范畴，是政治工作史的一个分支，处于政治工作史的核心地位。

我军政治工作史是研究军队政治工作发展过程及发展规律的科学，它与军队政治工作学共同构成军队政治工作这门科学的理论体系，是军队政治工作的亚科学。我军政治工作史由我军政治工作思想史、我军政治工作制度史、我军政治工作实践史三个基本部分组成。其中我军政治工作实践史研究的是政治工作的实践过程及其基本规律，属于最具体的操作层次；我军政治工作制度史研究的是政治工作制度的演变，属于支配具体操作层次的较深层次；我军政治工作思想史的研究是我军政治工作思想的发生和发展，属于最深层次。这是因为除了人的条件反射行为外，人的绝大多数行为都是由思想所支配的，思想是行为的先导。制度是人依照一定的思想制定的，行为是一定思想的外化和表现。所以，一切具体的政治工作制度和政治工作实践活动都是由基本的政治工作思想所指导、所支配的，我军政治工作思想史的研究是政治工作史研究中的重中之重。[①]

二、我军政治工作思想史的基本特征

我军政治工作思想史有着丰富的基本内涵和多样化的表现形式。所谓我军政治工作思想史的基本特征就是我军政治工作思想史内在本质的外部表现特点与征状，对此我们可以从我军政治工作思想史的性质、结构、目的等方面进行具体分析和概括。

（一）阶级性——我军政治工作思想史的政治特征

“一切阶级斗争都是政治斗争。”[②] 我军政治工作思想是在阶级对抗的条件下产生、发展的，并且为无产阶级军队建设服务的。因此，鲜明的阶级性代表了它的政治诉求，是它的基本特征。

我党领导人民军队所进行的夺取政权的武装斗争，是无产阶级与大地主资产阶级所进行的一场你亡我兴的殊死较量。在这场战争中产生、形成和发展起来的我军队政治工作思想，必然深深地打上阶级的烙印。新中国成立

① 此处借鉴了佟明忠教授对中外军队政治工作史的划分方法。佟明忠．中外军队政治工作思想通史［M］．北京：军事科学出版社，1997.3

② 马克思恩格斯文集［M］第三卷．中共中央马克思恩格斯列宁斯大林著作编译局编译．北京：人民出版社，2009.306

后，中国共产党作为无产阶级的先锋队，代表广大人民的根本利益，仍然要按照无产阶级的意志去建设作为国家专政工具的人民军队。在这一实践基础上进一步发展的我军政治工作思想，同样会留下阶级的印记。

我军政治工作思想史鲜明的阶级性主要体现在三个方面：一是无论我军政治工作思想如何发展，始终强调全心全意为人民服务的宗旨，并将其贯穿政治工作的各个方面。在这一宗旨下，内在地规定着各项具体内容。它反映了无产阶级和广大人民群众的根本利益，是人民军队的根本标志。二是无论我军政治工作思想如何发展，始终强调保证党对军队的绝对领导，并逐步形成、完善了一套具体制度，从组织上保证了人民军队的无产阶级性质。三是无论我军政治工作思想如何发展，始终强调把马克思主义作为我军的指导思想，注重用党的创新理论武装全军，是我军永葆无产阶级政治本色的思想基础。

（二）目的性——我军政治工作思想史的方向特征

我军政治工作思想发展是以保证党对军队的绝对领导为根本目的和方向的，具有鲜明的目的性。我军政治工作思想发展是由这一基本目的所定向和导向的，由此可以说，目的性规定了方向性特征，把握了目的性也就意味着把握了我军政治工作思想发展的方向和目标。

军队是为一定的阶级、政党、国家等集团的政治目的服务的。我军是党领导下的人民军队，是为中国共产党的政治目的服务的。无论是在过去革命战争年代我军的创立，还是今天社会主义建设时期我军的发展，无论其他方面如何变化，为实现党的政治目的服务，都是属于根本性和不变的，都是具有铁的规律性的。而我军的政治工作，就是为了实现党的政治目的，巩固党的绝对领导，解决整体目标要求集中统一与个体思想行为分散多样性之间的矛盾。因此，就我军政治工作思想发展而言，它的目的性首先是要求保证党对军队的绝对领导。八十多年来，我军之所以能够经受住历次革命战争和各种重大政治斗争的严峻考验，经受住改革开放和发展社会主义市场经济的严峻考验，经受住军事斗争准备和完成多样化任务的严峻考验，取得一个又一个的辉煌胜利，一个根本原因，就是坚持了党对军队的绝对领导。只有坚持党对军队的绝对领导，才能保证我军人民军队的性质、本色和作风，才能保证有效履行我军的历史使命。保证党对军队的绝对领导，是我军政治工作的根本任务。按照这一根本目的和方向，在我军政治工作思想发展的过程中，尽管具体内容、表现形式不同，但都始终围绕保证党对军队的绝对领导，而强调坚持政治工作的生命线地位，强调加强党组织建设和干部队伍建设，强调与时俱进地改进和加强政治工作等。

（三）创新性——我军政治工作思想史的本质特征

“马克思主义具有与时俱进的理论品质。”[①] 创新性是我军政治工作思想发展的本质特征，是我军政治工作思想发展的精髓所在。

创新是人类社会发展的本质要求和重要特征，是一个民族繁荣昌盛的根本动力和标志，是人类历史从愚昧落后走向文明发达内在的基本推动力。同样，创新也贯穿于我军政治工作的各个层面，是我军政治工作实践发展的重要途径，因此，也内在地构成了我军政治工作思想发展的本质特征。我军政治工作思想的发展过程就是不断创新的过程。从“政治工作是我军的生命线”到“把思想政治建设摆在首位”，从“两个提供”到“三个确保”，从“两手抓、两手都要硬”到“当代革命军人核心价值观”，从“四个忠于”到“听党指挥、服务人民、英勇善战”，我军政治工作思想推陈出新、继往开来，都是思想创新的积极成果。

我军政治工作思想是一个开放和发展的系统，是变革和创造的系统，在坚持基本原则的基础上，既要求破旧、又要求创新，而其关键在于创新。就破旧和创新对于我军政治工作实践的意义看，破是创的手段，创是破的目的，创比破更根本，也更有价值。正是因为我军政治工作思想在坚持基本原则的基础上，积极创新发展，我军政治工作的服务保证作用才得以真正发挥，我军政治工作的生命线地位才得以始终确保。

（四）能动性——我军政治工作思想史的主体特征

我军政治工作思想的发展属于作为主体的人的一种自觉能动的思维活动，具有鲜明的主体性特征。在我军政治工作思想发展的过程中，必须要认识到主体能动性。

认识主体能动性首先需要把握一个根本前提，就是人的主观能动性的发挥不是随意的，而是受客观事物和客观规律制约的。首先，在我军政治工作思想发展的过程中，主观能动性的发挥必须在客观事物和客观规律所允许的范围之内，而不能超出这个范围。例如，在革命战争年代，对我军职能的认识仅仅是也只能是“战斗队、服务队、生产队”，是不可能提出在改革开放和社会主义现代化建设时期的我军所担负的“三个提供一个发挥”的历史使命的。其次，在我军政治工作思想发展的过程中，主观能动性人人都有，但每个人发挥能动性的性质却不一样，客观上存在着正确和错误、积极和消极的能动性的区分。当人的主观能动性的发挥顺应客观运动规律、符合客观事物真相的时候，我军政治工作就会取得很好的效果，反之则会导致偏离正确

① 江泽民．在庆祝中国共产党八十周年大会上的讲话（2001年7月1日）［M］．北京：人民出版社，2001.26-27

的方向、使政治工作受到损害。毛泽东的实事求是、理论联系实际思想与王明的左倾教条主义思想，邓小平的以经济建设为中心思想与林彪的突出政治思想，就是典型的例子。

人的思想在客观环境条件限制和客观规律约束面前，又绝不是无能为力的，而是大有作为、能够更好地发挥主体的能动反作用的。主观能动性的发挥能够使人们认识政治工作发展的客观规律，从而使自己的行动顺应客观规律。发生在特定时代背景下的我军政治工作思想发展形成的理论成果，例如毛泽东军队政治工作思想、邓小平军队政治工作思想等，就是人的主体能动性与客观的现实环境和条件共同作用的结果。当然，主观能动性发挥的大小程度则是由主体素质决定的。例如，毛泽东军队政治工作思想虽然是集体智慧的结晶，许多老一辈无产阶级革命家都做出了重要贡献，但在它的形成和发展过程中，毛泽东同志作为主要创立者、概括者、提倡者，发挥了决定性的作用，其主观能动性发挥程度是最大的，所以，他是这个理论的当然代表。

（五）实践性——我军政治工作思想史的实证特征

在马克思主义哲学视野中，实践是指人为了满足一定的需要而进行的能动地改造和探索物质世界的对象性活动，客观性、能动性、社会历史性是其基本特点，它具有既改造外部客体、又改造主体自身的双重功能。假设一系列我军政治工作思想中的一种思想产生了，并且不断发展，但这种产生和不断发展的思想是否正确呢？是否具有客观真理性呢？马克思指出："人的思维是否具有客观的真理性，这并不是一个理论的问题，而是一个实践的问题。"① 我军政治工作思想的发展既然是一个认识论范畴，是属于主观意识的东西，那么我军政治工作思想发展的正确与否的判断标准，就不能单独存在于主观领域，也不能只是存在于客观领域。判断思想解放正确与否的根本标准只能是处在主观和客观之间的中介地位、并发挥着中介作用的军事实践。只有军事实践才具有直接现实性，才能把我军政治工作思想和客观事物联系起来，使精神见之于物质，主观见之于客观。也就是说，认识主体在军事实践中获得了关于客观外界规律性的认识之后，用这种认识去指导军事实践，如果能够达到预期的目的，变成现实，那么，就证明了这种认识是符合于外界的规律性的，是正确的。

总之，判定我军政治工作思想发展究竟是否正确的根本标准只能是发展军事实践的现实效果。而认识主体的我军政治工作思想要处于发展状态和保持科学先进性，就必须牢牢立足于现实发展实践，随着发展实践的变化而及

---

① 马克思恩格斯选集［M］第一卷．中共中央马克思恩格斯列宁斯大林著作编译局编译．北京：人民出版社，2009.16

时调整和更新，实现思想状态对发展实践的持续统一、高度适应和有效促进。

三、我军政治工作思想史的地位和作用

我军政治工作思想是党在军队中适应新形势、认识新事物、完成新任务的强大思想武器，是我军政治工作由无到有、由创建走向成熟、由挫折走向胜利并永葆生机和活力的重要法宝。而我军政治工作思想史作为一门研究我军政治工作思想演变的学术史科学，也就具有相应的地位和作用。

（一）我军政治工作思想史是军事科学理论体系的组成部分

军事科学是一门以军事实践活动为对象，关于战争和战争指导规律、战争准备与战争实施的综合性学科，其研究的主要内容之一是如何加强军队建设。

中国人民解放军政治工作是中国共产党在军队中的思想工作和组织工作，是构成军队战斗力的重要因素，是实现党对军队绝对领导和军队履行职能使命的根本保证，是中国人民解放军的生命线。[①] 可见，我军政治工作是加强军队建设的重要保障，离开了军队政治工作，就不可能保证党对军队的绝对领导，离开了政治工作，就不能激发官兵的积极性、创造性和保证军队高度集中统一。而我军政治工作思想史则是研究我军政治工作思想发生、发展的科学，是历史与现实的结合，是人物与事件、特殊与一般的统一，在我军政治工作史中处于核心地位，研究的根本目的是从思想史的角度总结规律，对加强和改进我军政治工作给予一定的借鉴和启发。因此，为促进我军政治工作科学发展发挥重要作用的我军政治工作思想史，必然对加强军队建设也发挥着重要作用，必然是军事科学理论体系的重要组成部分。

（二）我军政治工作思想史是发展我军政治工作的先导力量

以史为鉴、垂训无穷。意大利历史学家奈戴托·克罗齐有一个著名的观点："一切真实历史都是当代史"，"只有现在生活中的兴趣方能使人去研究过去的事实"，"当生活的发展需要他们时，死历史就会复活，过去史就能变成现在的"[②]。我军政治工作思想史正是通过对我军政治工作思想的演变进行研究，探索其规律，为我军政治工作的发展提供了一个新视野、新工具，是发展我军政治工作的先导力量。所谓这种先导力量，就是指我军政治工作思想史可以帮助人们超前和创造性地认识我军政治工作发展的规律，并依据思想史中的理论成果来引导认识的进一步发展，发挥思想对行动的先导作用，指导我军政治工作实践的发展。

我军政治工作思想史的这种先导力量表现在理论和实践两个层面上。理

① 中国人民解放军政治工作条例［Z］．北京：军事科学出版社，2010.3

② ［意］克罗齐．历史学的理论与实际［M］．北京：商务印书馆，1982.12

论层面的先导力量，就是在我军政治工作思想发展过程中，把得到的对我军政治工作规律的新认识和新思想用来指导并实现认识上的进一步发展。实践层面的先导力量就是理论与实践相结合，就是把我军政治工作思想发展过程中形成的理论成果应用于政治工作实践，指导并实现实践上的进一步发展。在我军政治思想史这两个层面的先导力量之中，实践层面的先导力量更为重要、更具有实际意义。我军政治工作思想发展，取得科学的认识，就是为了指导政治工作实践，就是为了把我军政治工作思想发展的成果变成现实的具体的政治工作实践成果。如果我军政治工作思想发展的成果只停留和存在于思想领域，而不应用于政治工作实践，变成现实的具体的实践成果，那么我军政治工作思想发展就失去了应有的实际作用。

（三）我军政治工作思想史是繁荣先进军事文化的精神能源

文化是民族的血脉，是人民的精神家园。当今世界正处在大变革大调整时期，文化在综合国力竞争中的地位和作用更加凸显，军事文化在军事力量中的地位和作用也更加凸显。“军事文化是社会文化的一部分，是人们在军事实践中所形成的军事创新能力、军事活动方式以及创造的精神成果（包括武器装备等物质成果的精神因素）。”① 可见，“精神成果”作为军事文化的一部分，是最高层次的军事文化，是人们理性思考的结晶，是一种自觉的系统的理论构建，是人们对与战争有关的一切事物进行自觉思考和加工创造的结果。而政治工作是我军建军治军的灵魂，是我军的生命线，是克敌制胜的法宝，与战争有着天然的本质上的联系，因此，政治工作思想作为认识主体对政治工作这一特殊与战争相关的实践形式的深刻思考，自然属于军事文化中“精神成果”的一部分。

胡锦涛同志曾经指出，全军要“繁荣发展先进军事文化，为建设社会主义文化强国作出积极贡献”②。我军政治工作思想史是我军政治工作思想的发展、演变的历史，蕴含着我军政治工作的优良传统，例如支部建在连上、全心全意为人民服务、实事求是、群众路线等，这些优良传统形成了与军队发展阶段相适应的文化内核，体现了我军历史的发展方向，代表了军事人文的先进水平，反映了与军事斗争密切相关的政治工作的客观规律，是能够为人民群众的根本利益服务的先进军事文化。深入研究我军政治工作思想史，是充分挖掘、进一步繁荣先进军事文化的有效途径。因此，我军政治工作思想史是繁荣先进军事文化的精神能源。

① 徐长安，刘宝村．军事文化学［M］．北京：解放军出版社，2009.2

② 胡锦涛在解放军代表团会议上强调：深入贯彻国防和军队建设主题主线以优异成绩迎接党的十八大［N］．解放军报，2012－03－13

第三章　我军政治工作思想的发展历程

“历史从哪里开始，思想进程也应从哪里开始，而思想进程的进一步发展不过是历史过程在抽象的、理论上前后一贯的形式上的反映。”

——恩格斯[①]

我军的政治工作，是伴随着中国共产党创建和领导人民军队进行斗争和建设的实践建立并发展起来的。我军政治工作思想发源于政治工作实践，也主导了政治工作实践。一部我军政治工作发展史，就是一部我军政治工作思想的运用和实践史。历史告诉我们：我军政治工作的时代课题，是一定历史时期、历史条件下政治工作重大理论和实践中矛盾的集中反映。它决定着政治工作的目标，关乎政治工作的全局。把握了时代课题，就把握了军队建设的方向；解决了时代课题，就解决了政治工作思想发展的关键问题。

一、在新民主主义革命中创立成熟

在整个战争时期，我军政治工作面临着把以农民为主体的军队建设成为无产阶级领导的新型人民军队的时代课题。我军政治工作思想从产生到形成、到成熟，致力于人民军队的建设发展和战争胜利，一切从军队和战争的实际出发，紧紧围绕党和军队的职能任务，积极探索、勇于开拓，形成了毛泽东军队政治工作思想。毛泽东军队政治工作思想是马列主义基本原理与我军具体实际情况相结合的产物，是无产阶级军事理论和政治工作学说发展史的里程碑，是不断对我军政治工作经验进行总结和升华的创造性成果。毛泽东军队政治工作思想是集体智慧的结晶，刘少奇、周恩来等老一辈无产阶级革命家对毛泽东军队政治工作思想的形成与发展，均做出了重要的贡献。

（一）在借鉴中产生

大革命时期是我军政治工作思想在借鉴中产生阶段，具有浓厚的“以苏为师”特点。在这期间，中国共产党与中国国民党合作组织革命军队，探索

① 马克思恩格斯文集［M］第二卷．中共中央马克思恩格斯列宁斯大林著作编译局编译．北京：人民出版社，2009.603

建立了军队中的政治工作，主要围绕反对帝国主义、推翻北洋军阀、创建革命军展开。

中国共产党在成立初期，虽然一些党内活动家对“革命军队”的重要作用有了初步认识，但还没有从根本上认识到直接组织军队、进行革命战争的重要性和紧迫性。1924 年 1 月，中国共产党以党内合作形式同国民党建立统一战线，迅速掀起了第一次大革命的高潮。中国共产党委派周恩来、李大钊、恽代英、张秋人等到黄埔军校、国民革命军和国民军中，仿效苏联红军的做法，设立党代表和政治部，开展政治工作。他们对官兵进行宣传教育，制定《政治教育大纲草案》；组织政治训练，开设政治课；开展群众工作，支援工农革命斗争。

以周恩来同志为代表的共产党人对军队政治工作进行了初步的探索和总结，从而形成了我党早期的有关“革命军队”政治工作的思想。其主要观点是：其一，革命军队是解放人民的工具，是实现革命理论的先锋。在我党历史上首先对革命军队的历史使命进行理论分析的是周恩来。早在 1925 年，周恩来同志针对所谓“中国有有枪阶级与无枪阶级，有枪阶级是压迫者，无枪阶级是被压迫者”的错误观点，就明确指出“军队不是阶级，是一种工具……压迫阶级压迫过甚，即是说资本家大地主压迫工农过甚，被压迫的工农也会起来利用这武力”①，去打倒帝国主义、打倒军阀。他认为“军队的组织更有重大的意义，这军队便是实现我们理论的先锋”②，应该担负起反帝反封建的使命。李富春指出“革命军是为主义奋斗，为人民谋利益的；质言之，革命军就是人民的军队”③；其二，有无政治工作是区别革命军队与军阀部队的主要标志。我们党认为，有无政治工作是区别革命军队与军阀部队的主要标志，要向苏联红军学习，在军队内建立政治工作。杨新民指出“革命军中的政治工作是很重要的，是与军事训练同样的重要，不但是同样的重要并且是有相互的关系而不能离开的，不但是革命军与军阀军队之区别在这一点，革命军之所以成为革命军也在这一点，实现总理说的第一步使武力与国民结合，第二步使武力为国民的武力，也在这一点”④；其三，政治工作应有其适当的地位。恽代英同志指出，政治工作和军队中所有的工作一样，“各有其相当的重要地位”，“所有政治工作人员不要夸大了政治工作的地

① 原政治学院编．军队政治工作历史资料［M］：第一册．北京：战士出版社，1982.30－31
② 原政治学院编．军队政治工作历史资料［M］：第一册．北京：战士出版社，1982.33
③ 原政治学院编．军队政治工作历史资料［M］：第一册．北京：战士出版社，1982.112
④ 原政治学院编．军队政治工作历史资料［M］：第一册．北京：战士出版社，1982.166－167

位”，“自然政治工作是重要的，但是绝对不是唯一的重要。我们不应该太看重了自己的工作。如果人人都是过于看重自己的工作，那便你以政治工作为重要，军官以军纪风纪为重要，再工作便会发生困难了。我们一定要承认军队中所有的工作各有其相当的重要地位。……再则政治工作要与其他的工作有很好的联系，方能使人了解这班政治工作人员是帮助他们的，不是管他们的，政治工作做好了，其他的工作都可以得些好处，这样才可以使人家亦看重政治工作”①；其四，政治工作的任务是教育官兵、宣传民众和争取敌军。周恩来同志对政治工作的任务有着明确的阐述。关于教育官兵。“我们在革命军里做政治工作，最要紧的是使广大的群众明了帝国主义的罪恶，这是政治工作最近的目的”，并对官兵宣传教育的内容进一步进行了说明：“(1) 党化，要使官佐士兵及一切群众晓得党的理论、主义、政策…… (2) 要使士兵了解本身生活的环境…… (3) 要使官长、士兵群众晓得时代的政治。”②关于宣传民众。“就工作方面说，宣传队一方面向民众宣传，一方面训育士兵……民众宣传要利用本地同志协助，方生奇效。”③ 关于争取敌军。周恩来同志指出，兵匪的行为，虽然“可恶可厌”，但“兵匪都是失业的工人农民”，“与我们工农受同样深的痛苦”④，我们有责任去体恤和搭救他们。搭救的惟一方法，就是使他们不为帝国主义、军阀所利用，转到革命方面，去打倒同一敌人；其五，政治工作人员要确立良好的工作作风。周恩来同志指出“我们在军队里做政治工作，要以身作则，严守纪律，常常表示勇敢的态度，比士兵更要勤苦；对于民众、士兵、伤兵、俘虏，各种宣传都要用最经济的时间，做相当的教育及训练。”⑤ 李富春也强调指出“做政治工作的人，更应该明白自己所处的地位：是要站在他人前面的，是要领导他人革命的。否则政治工作，就要失了意义。”⑥

虽然这些仅仅是我党对军队政治工作认识的开端，与后来我军政治工作在内容、形式和方法上都有很大的不同，但它为我军政治工作思想的形成，起着积极的研究定向和理论准备作用，形成了某种特定的历史文化意识背景，或许可以说是我军政治工作思想形成的前奏。正如毛泽东同志所说：“一九二

① 原政治学院编．军队政治工作历史资料 [M]：第一册．北京：战士出版社，1982.98
② 原政治学院编．军队政治工作历史资料 [M]：第一册．北京：战士出版社，1982.94－95
③ 原政治学院编．军队政治工作历史资料 [M]：第一册．北京：战士出版社，1982.95
④ 原政治学院编．军队政治工作历史资料 [M]：第一册．北京：战士出版社，1982.38－39
⑤ 原政治学院编．军队政治工作历史资料 [M]：第一册．北京：战士出版社，1982.95
⑥ 原政治学院编．军队政治工作历史资料 [M]：第一册．北京：战士出版社，1982.145

七年以后的红军以至今日的八路军，是继承了这种制度而加以发展的”[①]。

（二）在开拓中形成

如果说大革命时期的我军政治工作思想从总体上还处于一种初启萌芽阶段，那么，毛泽东军队政治工作思想的形成则标志着我军政治工作思想的正式形成。土地革命时期是毛泽东军队政治工作思想在开拓中初步形成阶段。面对中国的国情，建设什么样的军队、如何建设军队，在马克思主义经典著作中找不到答案，在国际共产主义运动中也没有先例，所以，在这一时期形成的毛泽东军队政治工作思想具有初创性、开拓性。

在这期间，伴随着我军的建立和发展，我军政治工作遵照土地革命和武装反抗国民党反动派的总方针和创建发展工农革命力量而展开，生动活泼、卓有成效。八一南昌起义，打响了我党独立领导革命战争和创建人民军队的第一枪，开始了我军政治工作的伟大实践，为毛泽东军队政治工作思想的形成提供了直接的经验。在三湾改编中，支部建在连上和实行民主制度，为建设一支共产党领导的新型人民军队奠定了基础，毛泽东军队政治工作思想初见端倪。

古田会议决议标志着毛泽东军队政治工作思想正式形成。1929 年 12 月 28 日，红四军在福建省上杭县召开红四军第九次代表大会，统一了红四军内部混乱的思想[②]，一致通过了《中国共产党红军第四军第九次代表大会决议案》，即“古田会议决议”。古田会议决议确立了党对军队绝对领导的根本原则、规定了我军的性质、宗旨和任务，解决了“为谁当兵、为谁扛枪、为谁打仗”的基本问题，奠定了我军政治工作的基本地位，是毛泽东军队政治工作思想的集中体现。其主要内容和创新观点如下：一是解决了如何清除党内的各种非无产阶级思想的问题。决议提出的着重从思想上建党的原理，代表了中国共产党建设的正确方向，也是毛泽东建党学说形成的主要标志。决议提出了党内非无产阶级的表现和来源，并强调“红军党内最迫切的问题，要算是教育的问题……有计划进行党内教育，纠正过去之无计划的听其自然的状态，是党的重要任务之一”[③]。首先，决议针对红四军党内无产阶级思

① 总政治部办公厅编．中国人民解放军政治工作历史资料选编［M］：第三册．北京：解放军出版社，2002.60

② 1927 年 10 月底，毛泽东带领起义部队到达井冈山，开始创建农村革命根据地。在形势胜利发展的同时，红四军内各种非无产阶级思想也滋长起来，与政治工作相关的思想有：反对党领导军队，主张“一长制”；单纯军事观点，主张“司令部对外”，“政治机关应隶属于军事机关”；流寇思想，主张“招兵买马”扩大红军，轻视动员群众自觉参军等等。

③ 总政治部办公厅编．中国人民解放军政治工作历史资料选编［M］：第一册．北京：解放军出版社，2002.348

想与非无产阶级思想的主要矛盾，提出必须加强对党员的马克思列宁主义和正确路线的教育，提高党员的政治素质，以保证无产阶级思想的领导，来保证党组织的无产阶级性质。其次，在加强党内教育的形式上，决议规定了阅读党报、政治简报、开办训练班等 18 种方法，使党员和官兵懂得无产阶级的革命理论，提高革命的自觉性；要广泛地进行调查和研究，科学地作政治形势的分析和估量，正确决定斗争的策略和方法，形成浓厚的政治空气。再次，为了保证党组织的质量，搞好党组织建设，决议肯定了每连建立一个党支部，班、排建立一个党小组的原则，制定了新党员的发展路线，指出“党的纪律之一是少数服从多数”①，在提倡民主建设的同时，反对极端民主化的无纪律现象，强调“党对军事工作要有积极的注意和讨论，一切工作在党的讨论和决议后，再经过群众路线去执行”②。二是规定了红军的性质、宗旨、任务，解决了在农村进行战争的环境中如何建设新型人民军队的问题。决议指出，中国的红军“是一个执行阶级的政治任务的武装集团。在工作上，特别中国现在的工作上，他决不仅是单纯的打仗的，他除了打仗一件工作之外，还要担负宣传群众，组织群众，武装群众，帮助群众建立政权等重大任务”③。这就为建设一支新型人民军队指明了方向，从根本上解决了武装斗争、土地革命和根据地建设相结合的问题，铲除了旧军队的雇佣性，使红军有了坚实的政治基础和后盾，而且也奠定了克服单纯军事观点的思想基础。三是为思想政治工作的日趋完善奠定了坚实基础。首先，首次肯定了思想政治工作的地位作用。决议强调了思想政治工作是纠正错误思想，保证党的正确路线贯彻的思想武器。毛泽东批判了忽视宣传工作的错误，指出“红军的宣传工作是红军的第一个重大工作。若忽视了这个工作，就是放弃了红军的主要任务，实际上就等于帮助统治阶级削弱红军的势力”④。其次，确定了思想政治工作的目的、任务和教育内容，奠定了党的思想政治工作理论的核心部分。决议通篇都体现了一个目的，那就是用无产阶级先进的世界观武装官兵，克服非无产阶级思想，建立一支无产阶级的新型军队。在内容上，在政治教育方面，有对党员的政治分析教育、马克思列宁主义研究、革

---

① 总政治部办公厅编．中国人民解放军政治工作历史资料选编［M］：第一册．北京：解放军出版社，2002．340

② 总政治部办公厅编．中国人民解放军政治工作历史资料选编［M］：第一册．北京：解放军出版社，2002．339

③ 总政治部办公厅编．中国人民解放军政治工作历史资料选编［M］：第一册．北京：解放军出版社，2002．338

④ 总政治部办公厅编．中国人民解放军政治工作历史资料选编［M］：第一册．北京：解放军出版社，2002．349

命的目前阶段和前途等教育；在军事和文化教育方面，有武器组织及战术的教育、识字运动、地理政治经济常识教育等；纪律方面，有三条纪律的理由、红军的生活习惯及各种偏向的纠正等。再次，提出了纠正错误思想，做好思想政治工作的原则，指明了党的思想政治工作的方法论。阐明了政治与军事，政治机关与军事机关的关系和政治工作应有的作风，指出“红军的军事机关与政治机关，在前委的指导下，平行地工作”①；要注重调查研究，“离了调查研究，便要堕入空想和盲动的深坑”②；要得到群众的拥护，就得关心群众的痛痒，就得真心实意地为群众谋利益，解决群众的生产和生活问题，等等。

遵义会议确立了毛泽东军队政治工作思想的主导地位。王明左倾机会主义，在党的六届四中全会取得统治地位后，推行左倾冒险主义路线，使党和红军受到严重损失，也给政治工作造成很大损害：取消了作为党对红军根本领导的党委制，取消了士兵委员会，形成了教条主义的坏作风，执行宗派主义的干部路线，开展过火的党内斗争等。毛泽东同王明的左倾错误进行了坚决的斗争，并一度被排挤出领导岗位。1935 年 1 月，遵义会议召开，纠正了王明左倾错误路线，贯彻了党的正确方针，确立了毛泽东同志的领导地位。遵义会议在确立毛泽东领导地位的同时，也必然地确立了毛泽东军队政治工作思想在红军的主导地位，为毛泽东军队政治工作思想的成熟与发展创造了必要条件。

（三）在实践中成熟

从抗日战争到中华人民共和国成立，随着毛泽东军队政治工作思想在实践中逐渐成熟和发展，我军政治工作思想也步入了成熟阶段。在这期间，我军政治工作在党领导下的抗日战争和解放战争中，继承和发扬了古田会议精神，创造了许多新形式、新方法，形成了许多新思想、新理论，把我军政治工作思想推向了成熟。

抗日战争时期是毛泽东军队政治工作思想的成熟时期。1937 年 7 月 7 日，抗日战争全面爆发，中国革命进入了争取民族解放斗争的新时期。党的根本政策由推翻国民党政权变为实行国共合作，建立和发展抗日民族统一战线，红军改编为国民革命军第八路军和新编第四军。面对新的形势和任务，毛泽东同志及时总结提出了政治工作的一系列的重要思想，指导政治工作卓

① 总政治部办公厅编．中国人民解放军政治工作历史资料选编［M］：第一册．北京：解放军出版社，2002.360

② 总政治部办公厅编．中国人民解放军政治工作历史资料选编［M］：第一册．北京：解放军出版社，2002.342

有成效地展开，有力地保证了抗战的胜利和我军的发展壮大。

在这期间，我军在团以上建立了党的秘密组织军政委员会，恢复了因受国民党干扰取消的政治委员制和政治机关制，实行党的一元化领导；大力加强宣传教育和政治动员，开展人民战争；大量吸收革命分子参军，建立抗日军政大学；明确提出官兵一致、军民一致、瓦解敌军的政治工作三大基本原则；广泛开展尊干爱兵和拥政爱民、拥军优属运动等。

1944 年 4 月 11 日，谭政同志在西北局高干会议上作了《关于军队政治工作问题》的报告，即谭政报告。这个报告是在毛泽东、周恩来主持下，由谭政起草，并经中央扩大书记处会议讨论批准的。它系统总结了自建党以来，特别是土地革命和抗日战争时期我军政治工作的丰富经验，提出了政治工作的一系列重大原则问题。谭政同志报告标志着毛泽东军队政治工作思想已经全面成熟并形成了一个科学体系。报告的主要内容如下：一是揭示了政治工作的地位作用。“共产党领导的革命的政治工作是革命军队的生命线……拿了这种革命的政治工作去和革命的军事工作相配合，就成了革命军队的全部工作”①，并对生命线的含义进行了科学阐述；二是指明了政治工作的方向和任务。“整个军队的方向就是政治工作的方向……不能在我军基本任务与当前具体任务以外再有所谓政治工作的独立任务。政治工作就是以革命精神教育部队，从精神上、政治上与组织上去保证这些任务的完成”②；三是明确了政治工作的基本原则。“这种政治工作的基本原则，是以民族民主革命的纲领教育军队，是以人民革命的精神教育军队，使革命军队内部趋于一致，使革命军队与革命人民、革命政府趋于一致，使革命军队完全服从革命政党的政治领导，提高军队的战斗力，并进行瓦解敌军、协和友军的工作，达到团结自己，战胜敌人，解放民族，解放人民的目的，这就是我们的军队与其他军队的原则区别”③；四是提出了“在一定物质基础之上，思想掌握一切，思想改变一切”④ 的科学论断及思想政治教育的一系列方针。第一，要首先抓住干部特别是高级领导干部的教育和学习。“干部思想的进步是一切工作进步的枢纽，只有在干部思想有了进步之后，工作的进步才是真

① 总政治部办公厅编．中国人民解放军政治工作历史资料选编［M］：第七册．北京：解放军出版社，2004.425－426

② 总政治部办公厅编．中国人民解放军政治工作历史资料选编［M］：第七册．北京：解放军出版社，2004.429

③ 总政治部办公厅编．中国人民解放军政治工作历史资料选编［M］：第七册．北京：解放军出版社，2004.425

④ 总政治部办公厅编．中国人民解放军政治工作历史资料选编［M］：第七册．北京：解放军出版社，2004.420

正可靠的进步。”[①] 第二，对于犯错误的同志，要揭露其错误，促其反省，帮助其改正，“不采取过火的斗争方法，不采取处罚与打击的方法”[②]。第三，“批评与自我批评的武器，都是有作用的，不可偏废”[③]。第四，要团结积极分子，吸引中间分子，鼓励落后分子。“我们团结积极分子的全部目的，就在于吸引中间分子与鼓励落后分子一道儿前进。”[④] 五是强调了要发扬实事求是、联系群众的优良作风。报告还分析批评了政治工作中常见的四个毛病，即形式主义、平均主义、空喊、孤立主义；六是提出了对政治工作的组织形式、组织制度要根据情况和任务的变化来确定。“一切组织形式与工作制度，大体上都有基本的与临时的两种。带基本性质的，应当使之固定起来；带临时性质的，则不应当固定，而应当依据具体工作的性质去选择，依据环境和任务的变更而变更。”[⑤]

解放战争时期是毛泽东军队政治工作思想进一步发展时期。1946 年 6 月，蒋介石在美帝国主义支持下，向我解放区发动全面进攻，发动了新的全国性内战。在整个战争中，毛泽东军队政治工作思想又有进一步的完善和发展，创造了许多新经验，解决了许多新问题，使我军政治工作展示了强大的威力，为打倒蒋介石，解放全中国做出了重要贡献。

在这期间，是我军政治工作最丰富、最活跃、最精彩的时期。一是开展了以“诉苦”[⑥] 和“三查”[⑦] 为中心的新式整军运动；二是提出并发展了我军的三大民主，制定下发《关于革命军人委员会条例（草案）》；三是恢复和健全了党委制。在全军营以上单位恢复了党委制，将党的委员会分为全委会和常委会；四是提倡开展杀敌立功和团结互助运动。杀敌立功、团结互助运动、诉苦运动，被称为打开部队工作之门的三把钥匙；五是开展了瓦解敌军活动，收到了显著的效果，加速了胜利的进程等。

在这一时期，毛泽东军队政治工作思想增添了新的内容：一是关于党委制。“党委制是保证集体领导，防止个人包办的党的重要制度。……一切重

---

① 总政治部办公厅编．中国人民解放军政治工作历史资料选编［M］：第七册．北京：解放军出版社，2004.420

② 总政治部办公厅编．中国人民解放军政治工作历史资料选编［M］：第七册．北京：解放军出版社，2004.421

③ 总政治部办公厅编．中国人民解放军政治工作历史资料选编［M］：第七册．北京：解放军出版社，2004.422

④ 总政治部办公厅编．中国人民解放军政治工作历史资料选编［M］：第七册．北京：解放军出版社，2004.424

⑤ 总政治部办公厅编．中国人民解放军政治工作历史资料选编［M］：第七册．北京：解放军出版社，2004.437

⑥ 诉旧社会和反动派给予劳动人民之苦

⑦ 查阶级、查工作、查斗志

要问题（当然不是无关重要的小问题或者已经会议讨论解决只待执行的问题）均需交委员会讨论，……集体领导和个人负责，二者不可偏废。军队在作战和情况需要时，首长有临机处置权”[①]。二是关于三大民主。毛泽东同志在为中央起草的《军队内部的民主运动》的党内指示中，第一次将军队内部的民主运动，概括为政治、经济、军事三大民主，并指出“部队内部政治工作方针，是放手发动士兵群众，指挥员和一切工作人员，通过集中领导下的民主运动，达到政治上高度团结、生活上获得改善、军事上提高技术和战术的三大目的”[②]。三是关于作风方法。“务必使同志们继续地保持谦虚、谨慎、不骄、不燥的作风，务必使同志们继续地保持艰苦奋斗的作风。”[③]“按照实际情况决定工作方针，这是一切共产党员所必须牢牢记住的最基本的工作方法。”[④] 四是关于新式整军运动。新式整军运动“大大提高了全军指战员为解放被剥削的劳动大众，为全国的土地改革，为消灭人民公敌蒋介石帮匪而战的觉悟性；同时就大大加强了全体指战员在共产党领导之下的坚强的团结”[⑤]。

二、在社会主义革命和建设中积极探索

在社会主义革命和建设时期，党领导全国人民有步骤地实现了从新民主主义革命到社会主义革命的转变，开始了建设有中国特色社会主义道路的探索，我军政治工作思想也在探索之中。我军由长期的战争环境转入和平环境建设，由过去的夺取政权变为保卫和参加社会主义革命和建设，如何保持战备状态，随时准备执行作战任务，成为我军政治工作面临的时代课题。

（一）在转变中丰富

从中华人民共和国成立到向社会主义过渡的实现期间，毛泽东军队政治工作思想更加丰富。

在这期间，我军政治工作适应新的形势和要求，紧紧围绕继续完成民主革命的任务、进行抗美援朝战争和建设正规化、现代化革命军队而展开，取得了丰硕的成果。首先，在继续完成民主主义革命任务中的政治工作。积极

① 总政治部办公厅编．中国人民解放军政治工作历史资料选编［M］：第九册．北京：解放军出版社，2007.825

② 总政治部办公厅编．中国人民解放军政治工作历史资料选编［M］：第三册．北京：解放军出版社，2002.312

③ 总政治部办公厅编．中国人民解放军政治工作历史资料选编［M］：第十册．北京：解放军出版社，2007.459

④ 毛泽东选集［M］：第四卷．北京：人民出版社，1991.1308

⑤ 总政治部办公厅编．中国人民解放军政治工作历史资料选编［M］：第九册．北京：解放军出版社，2007.415

开展追歼残敌和清剿土匪的思想动员；抽调数十万官兵，组织上万个工作队，开赴农村参加土地改革；动员组织大批人力物力积极参加恢复国民经济建设。其次，在抗美援朝中的政治工作。进行以爱国主义和国际主义为核心的思想教育；加强后勤政治工作；深入开展立功运动，积极瓦解敌军工作；加强部队团结，尊重朝鲜党政军民；保证圆满完成撤军任务。再次，在现代化、正规化建设初期中的政治工作。开展多个主题的思想教育，包括七届二中全会精神和整风教育，马列主义、毛泽东思想教育，党在过渡时期总路线教育，进行农业、手工业、资本主义工商业改造的教育；开展“镇反”①、“三反”② 和“肃反”③ 运动；健全政治工作体系：统一政治工作体制，调整和加强政治工作机构，颁发《中国人民解放军政治工作条例（草案）》，改建、新建各级各类军事院校；开展大规模文化教育；保证完成四次大的精简整合正规化军事训练，保证实行义务兵役制、薪金制、军衔制和颁发勋章奖章制度改革。

在这期间，毛泽东军队政治工作思想的新的主要内容有：一是关于政治工作地位作用。“过去那种只重视政治工作（重视政治工作是对的，今后也还必须重视），而忽视参谋工作的现象，必须加以坚决的改变。”④ “政治工作保证全军指挥员都具有粉碎敌人进攻、争取更大胜利的坚强斗志和高昂士气。”⑤ “中国共产党在中国人民解放军中的政治工作是我军的生命线。”⑥ 二是关于思想政治工作。“务使士气旺盛、准备充分，部队中的思想问题必须予以解答。”⑦ “加强党政军民各方面的战斗准备，清除干部中的和平思想，军队及地方武装解除其生产任务，集全力于准备作战。”⑧ “应加强政治工作，将朝鲜战局的长期性、艰巨性使全体干部和战士有充分认识与思想准备。但同时应指出胜利条件，强调克服困难，战胜困难。”⑨ 三是关于三大

① 镇压反革命运动

② 反贪污、反浪费和反官僚主义

③ 肃清暗藏的反革命分子

④ 中共中央文献研究室，中国人民解放军军事科学院编．建国以来毛泽东军事文稿［M］：中卷．北京：军事科学出版社，中央文献出版社，2010.39

⑤ 中共中央文献研究室，中国人民解放军军事科学院编．建国以来毛泽东军事文稿［M］：中卷．北京：军事科学出版社，中央文献出版社，2010.96

⑥ 总政治部办公厅编．中国人民解放军政治工作历史资料选编［M］：第十二册．北京：解放军出版社，2010.730

⑦ 中共中央文献研究室，中国人民解放军军事科学院编．建国以来毛泽东军事文稿［M］：上卷．北京：军事科学出版社，中央文献出版社，2010.179

⑧ 中共中央文献研究室，中国人民解放军军事科学院编．建国以来毛泽东军事文稿［M］：上卷．北京：军事科学出版社，中央文献出版社，2010.193

⑨ 中共中央文献研究室，中国人民解放军军事科学院编．建国以来毛泽东军事文稿［M］：上卷．北京：军事科学出版社，中央文献出版社，2010.492

原则。官兵一致方面，“战士看到干部也挖地，官兵关系就可以改善，这就是政治工作”[①]；军民一致方面，“改善军队与人民群众的关系（严格实行三大纪律，八项注意），做好居民群众工作（包括帮助受难人民解决一部分物质困难），并加强军队中的政治动员（不消灭朝鲜境内的敌人不回国），为春季作战进行充分的准备工作”[②]。瓦解敌军方面，“敌军工作必须加强”[③]。四是关于开展文化教育。“全军除执行规定的作战任务和生产任务外，必须在今后一个相当时期内着重学习文化，以提高文化为首要任务，使军队形成为一个巨大的学校，组织广大指挥员和战斗员，尤其是文化水平低的干部，参加文化学习。”[④]

（二）在曲折中发展

社会主义建设全面展开和对中国特色社会主义道路艰辛探索期间，由于党在指导思想上存在左倾错误，我军政治工作思想是曲折向前发展的。

在这期间，我军政治工作所取得的成绩是主要的，主要是继续贯彻“八大”制定的总路线，继承发扬我党我军优良传统，保证了党的路线方针政策的贯彻执行和军队建设的发展。政治工作开展了学习毛泽东著作活动；“四好”[⑤]、“五好”[⑥] 运动；学习雷锋、“南京路上好八连”和“硬骨头六连”；“两忆三查”[⑦] 等教育，开展增产节约运动；在军事训练中开展创“三手”[⑧]和学习郭兴福教学法活动；加强了平定西藏叛乱、东南沿海紧急战备和中越边境自卫作战中的政治工作，保证了各项任务的完成。但在反右斗争中，出现了扩大化，错误地开展了“反教条主义”和“反右倾机会主义”的斗争；大搞“突出政治”，宣传“以阶级斗争为纲”，“四好”、“五好”运动出现了形式主义、锦标主义倾向；精神万能论泛滥，使部队建设受到损害。1960年10月，中央军委召开扩大会议，作出了《关于加强军队政治思想工作的决议》，在“左”的思想指导下，总结了新中国成立以来的政治工作经验，有积极、正确的内容，也有着“突出政治”、片面强调人的精神作用等错误

① 总政治部办公厅编．中国人民解放军政治工作历史资料选编［M］：第十一册．北京：解放军出版社，2010.31

② 中共中央文献研究室，中国人民解放军军事科学院编．建国以来毛泽东军事文稿［M］：上卷．北京：军事科学出版社，中央文献出版社，2010.420

③ 中共中央文献研究室，中国人民解放军军事科学院编．建国以来毛泽东军事文稿［M］：中卷．北京：军事科学出版社，中央文献出版社，2010.111

④ 总政治部办公厅编．中国人民解放军政治工作历史资料选编［M］：第十一册．北京：解放军出版社，2010.354

⑤ 政治思想好、三八作风好、军事训练好、生活管理好

⑥ 政治思想好、军事技术很好、三八作风好、完成任务好、锻炼身体好

⑦ 忆阶级苦、忆民族苦；查立场、查斗志、查工作

⑧ 优等射手、特等射手、技术能手

观点。

在这期间，我军政治工作思想的主要内容有：一是关于党的领导。毛泽东同志指出“党委要抓军事。军队必须放在党委的领导和监督之下，现在基本上也正是这样做的。这是我军的优良传统。”① 邓小平同志指出“党要管党，一管党员，二管干部。对执政党来说，党要管党，最关键的是干部问题，因为许多党员都是大大小小的干部。”② 二是关于三大原则。毛泽东同志指出“现在实行了军衔制度和其他一些制度，但是，上级跟下级还是要打成一片，干部跟士兵还是要打成一片，还是要准许下级批评上级，士兵批评干部。……干部跟战士的关系应该密切，应当打成一片。军队跟人民、跟地方党政组织的关系，也应当是密切的。”③ 三是关于工作作风。毛泽东同志指出“我是历来主张军队要艰苦奋斗，要成为模范的。”“根本的是我们要提倡艰苦奋斗，艰苦奋斗是我们的政治本色。”④ 周恩来同志指出“党内要有正常的民主生活，要实事求是，要按照党章办事。”⑤

在这期间，我军政治工作思想中也存在一些左的错误思想。但老一辈无产阶级革命家本着对国家、对人民、对军队高度负责的态度，与左的错误思想不断交锋、不断斗争，才使得政治工作思想整体上还是向前发展的。思想的交锋主要集中在政治工作的地位作用和理论学习这两个方面。一是关于政治工作地位作用。林彪主张“四个第一”⑥，提出要“突出政治”，“军队工作有司令部工作，后勤工作，军事训练，文化教育等等，但政治工作做好了，人的积极性创造性发挥起来了，各种工作都能做好”⑦。林彪认为，军事训练不能搞得太多，否则就占用时间太多，就冲击了政治。他指出“1965年的工作要突出政治，大力加强思想政治工作，大抓毛主席著作的学习，在全军掀起一个更大、更广泛的学习毛著的高潮，使毛主席著作的学习成为最根本的必修课。”⑧ 罗瑞卿同志则指出“必须把政治思想工作落实到军事训

---

① 中共中央文献研究室，中国人民解放军军事科学院编．建国以来毛泽东军事文稿［M］：中卷．北京：军事科学出版社，中央文献出版社，2010.375

② 邓小平文选［M］：第一卷．北京：人民出版社，1994.328

③ 中共中央文献研究室，中国人民解放军军事科学院编．建国以来毛泽东军事文稿［M］：中卷．北京：军事科学出版社，中央文献出版社，2010.345－346

④ 中共中央文献研究室，中国人民解放军军事科学院编．建国以来毛泽东军事文稿［M］：中卷．北京：军事科学出版社，中央文献出版社，2010.328

⑤ 周恩来选集［M］：下卷．北京：人民出版社，1984.325

⑥ 人的因素第一，政治工作第一，思想工作第一，活得思想第一

⑦ 国防大学编．中国人民解放军政治工作史教学资料研究［M］：社会主义革命时期．1987.242

⑧ 国防大学编．中国人民解放军政治工作史教学资料研究［M］：社会主义革命时期．1987.361

练和其他各项工作之中，使各项工作都过得硬，不要搞空头政治。”① 叶剑英也指出“政治冲击其他，不能乱冲”，“有时政治可能大部分以至全部时间让给军事”。② 二是关于理论学习。首先，关于学习内容。林彪主张用毛泽东著作代替完整系统的学习马克思主义的理论，“什么东西是完整的、系统的？什么经典的、外国的？我说这都是糊涂观念。……主要的是应该从实际中间，学我们毛主席的智慧，学毛主席的思想，学中央发出的文件，这些都是马克思主义”③。谭政同志则提出要系统地学习马列主义毛泽东思想的计划，发布了《关于加强理论工作和理论教育的指示》，要求按统一的教学大纲，有计划有组织地实施教学。对于普及中、高等教育，总政治部也仍然坚持进行下去。邓小平同志也指出“不要把毛泽东思想同马克思主义割裂开来，好像它是另外一个东西。我们在宣传毛泽东思想的时候，一定要按照中央的指示，把学习马克思列宁主义和学习毛泽东的著作并提。”④ 肖华同志指出“高级干部就是要系统地学习马列主义理论，总政治部应该在学习中带头！”⑤ 其次，关于学习方法。林彪主张实用主义，提出了“背警句”、“学语录”和“带着问题学”、“立竿见影”等方针，使学习毛泽东著作出现了简单化、庸俗化、形式主义的偏向。罗荣桓同志则指出“内战时期我们开个训练班，十天半个月，那叫‘热炒热卖’，那时我们需要这个口号。用什么东西就学什么东西，学了就用，很解决问题。现在环境条件变了，允许我们办学校”，“有了时间，就不要停留在‘热炒热卖’那个口号上了。”⑥

（三）在失误中偏离

“文化大革命”十年，我军政治工作思想在失误中偏离了正确方向。左的错误思想在中央占据统治地位，“以阶级斗争为纲”、“无产阶级专政下继续革命”渗透到党和国家政治生活的各个方面，我军政治工作思想也发生了“左”的偏离，产生了“突出政治”、“把政治工作摆在一切工作的第一位”、“无限上纲上线”、“对毛主席指示要句句照办、字字照办”等错误思想，给

---

① 侯敬智，将一斌．中国人民解放军政治工作发展史［M］．北京：国防大学出版社，1995.290

② 侯敬智，将一斌．中国人民解放军政治工作发展史［M］．北京：国防大学出版社，1995.290

③ 国防大学编．中国人民解放军政治工作史教学资料研究［M］：社会主义革命时期．1987.257－258

④ 邓小平文选［M］：第一卷．北京：人民出版社，1994.283

⑤ 侯敬智，将一斌．中国人民解放军政治工作发展史［M］．北京：国防大学出版社，1995.282

⑥ 侯敬智，将一斌．中国人民解放军政治工作发展史［M］．北京：国防大学出版社，1995.254

我军建设和政治工作造成了重大损失。这期间，许多政治干部虽然对此进行了不同程度的抵制，减少了某些损失，但不能从根本上改变整个我军政治工作思想的偏差。

在这期间，我军政治工作贯彻执行了左的路线、方针和政策，把开展文化大革命作为中心任务，坚持“以阶级斗争为纲”，全面推行“突出政治”，遭到了建国以来最严重的挫折和损失。但同时党中央、中央军委和毛泽东同志作出了许多正确指示，老一辈革命家对林彪、江青反革命集团做过不同形式的抵制和斗争，加之我军政治工作优良传统在官兵中有深厚影响，我军政治工作仍发挥了一定的积极作用，保证了党对军队的领导；保证了全军的基本稳定，维持正常的工作秩序；保证了开展农副业生产、抢险救灾任务的完成；保证了珍宝岛自卫还击战和收复西沙作战的胜利。

在这期间，我军政治工作思想主要分正确的和错误的两个方面。正确的主要有：一是关于军队建设。邓小平同志指出“军队的整顿，一个是要提高党性，消除派性；一个是要加强纪律性”，“军队要整顿，要安定团结，要落实政策”。[①] 二是关于党的建设。毛泽东同志指出“从马克思以来，从来不讲什么计较功劳大小。你是共产党员，是整个人民群众中间比较更觉悟的一部分人。所以，我赞成这样的口号，叫做‘一不怕苦，二不怕死’的观点。”[②] 邓小平同志指出“讲到党风，就是毛泽东同志提出的‘三要三不要’[③]，这是党的原则，也是党的作风。”[④] 三是关于政治工作的方法。毛泽东提出“一定要抓好典型”，“要过细地做工作”，“开展谈心活动，这个方法很好”，“要认真总结经验”[⑤]。周恩来同志指出“必要的奖励政策不能叫物质刺激。过去实行奖励政策是需要的。”[⑥]

在错误的思想中，占主导地位的主要是林彪提出的一些思想。例如“突出政治，是头号的大好。不然的话，就是头号的大坏。”“忠于毛主席，忠于毛泽东思想，忠于毛主席的无产阶级革命路线。对毛主席、毛泽东思想、毛主席的无产阶级革命路线要无限热爱、无限信仰、无限崇拜、无限忠诚。”“我们要把政治工作摆在一切工作的第一位，不能摆在第二位、第三位，也不能和其他工作摆在同等的地位。”[⑦] 这些指导思想严重损害了政治工作的

① 邓小平文选［M］：第二卷．北京：人民出版社，1994.2－3
② 岳忠强．政治工作学总论［M］．北京：国防大学出版社，2003.92
③ 要搞马克思主义，不搞修正主义；要团结，不要分裂；要光明正大，不要搞阴谋诡计
④ 邓小平文选［M］：第二卷．北京：人民出版社，1994.13
⑤ 岳忠强．政治工作学总论［M］．北京：国防大学出版社，2003.93
⑥ 周恩来选集［M］：下卷．北京：人民出版社，1984.459
⑦ 岳忠强．政治工作学总论［M］．北京：国防大学出版社，2003.90－91

威信，阻碍了政治工作的发展。

（四）在拨乱中转折

从“文化大革命”结束到十一届三中全会召开，我军政治工作思想拨乱反正，实现转折。

在这期间，我军政治工作主要是开展了揭批“四人帮”的斗争，初步拨乱反正；广泛开展“三学”[①] 活动，开始恢复我军政治工作优良传统。1978年4月，全军政治工作会议召开，总结了我军建国以来政治工作的基本经验，特别是同林彪、江青反革命集团斗争的经验教训；指明了我军政治工作的方向、任务和方法；确立了新时期恢复和发扬我军政治工作优良传统的基本原则。但由于拨乱反正还处于起步阶段，会议决议中仍有些错误的内容，左的东西没有根本剔除，如继续肯定文化大革命理论和实践，提出“用毛主席关于无产阶级专政下继续革命的伟大理论武装全军指战员，是我军政治工作的根本任务”等。1978年12月，十一届三中全会实现了工作重心的战略转移，成为党的历史上具有深远意义的伟大转折。

邓小平同志在政工会议上的讲话，就是这一时期我军政治工作思想的集中体现。讲话主要阐述了4个问题：第一，关于实事求是。其一，提出解决问题的办法。“我们说的做的究竟能不能解决问题，问题解决得是不是正确，关键在于我们是否能够理论联系实际，是否善于总结经验，针对客观实际，采取实事求是的态度，一切从实际出发。”[②] 其二，提出怎样看待马列主义、毛泽东思想。“我们党有很多同志坚持学习马列主义、毛泽东思想，坚持把马列主义的普遍真理同革命实践相结合的原则，这是很好的，我们一定要继续发扬。”[③] 其三，提出学习贯彻马列主义、毛泽东思想的方法。“按照实际情况决定工作方针，这是一切共产党员所必须牢牢记住的最基本的思想方法、工作方法。实事求是，是毛泽东思想的出发点、根本点。”[④] 第二，关于新的历史条件。其[⑤]一，解释了新的历史条件涵义。从国家层面讲，“从民主革命到社会主义，我们经历了二十多年的战争，又经历了二十多年的和平环境，这是一个很大的变化”[⑥]；从军队层面讲，“由长期的战争环境转入和平环境，这是个最大的不同……时间不同了，条件不同了，对象不同了，

① 学雷锋、学“硬骨头六连”、学航空兵一师
② 邓小平文选［M］：第二卷．北京：人民出版社，1994.113－114
③ 邓小平文选［M］：第二卷．北京：人民出版社，1994.114
④ 邓小平文选［M］：第二卷．北京：人民出版社，1994.114
⑤ 邓小平文选［M］：第二卷．北京：人民出版社，1994.119
⑥ 邓小平文选［M］：第二卷．北京：人民出版社，1994.119

因此解决问题的方法也不同”。其二，阐述了怎样坚持军民一致、官兵一致的原则，以及怎样搞好后勤工作。第三，关于破和立。“破，在当前和今后一个时期就是要深入揭批‘四人帮’，要联系揭批林彪，肃清他们的流毒和影响。立，就是要完整准确地掌握毛泽东思想体系，在新的历史条件下，恢复和发扬我党我军的优良传统和作风。”① 第四，关于以身作则。邓小平提到了三类干部的以身作则问题。一是领导干部要以身作则。“能不能深入下去，工作能不能落实，关键要于领导干部是不是以身作则”②，“高级干部要以身作则，做执行‘三要三不要’原则的榜样，做艰苦奋斗的榜样，做实事求是的榜样”③。二是政治干部要以身作则。“政治干部不能说的是一套，做的是一套。”④ 三是后勤干部“也要以身作则，不要‘近水楼台先得月’”⑤。

三、在改革开放和社会主义现代化建设中科学发展

随着改革开放和社会主义建设的深入发展，我军已经从革命战争时期在党领导下为夺取全国政权而进行武装斗争的军队，转变为和平建设时期巩固政权，保卫和建设社会主义的军队；已经从封闭和实行计划经济条件下进行建设的军队，转变为在改革开放和发展社会主义市场经济条件下进行建设的军队。我军所处历史方位的这一重大变化，决定了军队转型是与改革开放历史转折同步的转型，是与国家现代化进程同向的转型。它不仅包括由机械化半机械化向信息化转型，而且包括由适应计划经济要求向适应社会主义市场经济发展规律转型；不仅包括军事、后勤、装备工作转型，而且包括政治工作转型。如何保证党对军队的绝对领导、保证人民军队的性质、保证各项任务的完成，是我军政治工作面临的时代课题。围绕这一时代课题，我军政治工作思想不断在继承中创新发展、科学发展，先后形成了邓小平军队政治工作思想、江泽民军队政治工作思想、胡锦涛军队政治工作思想。

（一）邓小平军队政治工作思想开启了我军政治工作思想发展的新篇章

党的十一届三中全会以后，在拨乱反正的基础上，邓小平同志充分总结历史经验教训，深刻洞察世界发展潮流，根据世界形势的新变化，调整了毛泽东关于“战争与革命是世界主要倾向”的判断，在 80 年代中期提出了“和平与发展是当代世界的主题”，为准确判断国际形势，确立新时期的发展

---

① 邓小平文选［M］：第二卷．北京：人民出版社，1994.121
② 邓小平文选［M］：第二卷．北京：人民出版社，1994.124
③ 邓小平文选［M］：第二卷．北京：人民出版社，1994.124
④ 邓小平文选［M］：第二卷．北京：人民出版社，1994.124－125
⑤ 邓小平文选［M］：第二卷．北京：人民出版社，1994.125

战略提供了科学依据，同时也为新时期政治工作的科学定位确立了新的时代坐标，实现了党的各项工作、包括政治工作从“以阶级斗争为纲”向“以经济建设为中心”的战略转移。在这基础之上，邓小平对我军政治工作进行了深入思索，提出了一系列重要思想，涵盖了政治工作的方方面面，形成了邓小平军队政治工作思想。邓小平军队政治工作思想是对毛泽东军队政治工作思想的继承和发展，是和平建设时期和改革开放条件下开展我军政治工作的科学指南。

在这期间，我军政治工作主要是组织传达学习全会精神，深入进行真理标准问题的大讨论，全面平反冤假错案；开展以“四有、三讲、两不怕”[①]为基本内容的军民共建社会主义精神文明活动；兴起和开展学习科学文化，培养军地两用人才；加强干部队伍的“四化”[②] 建设；开展“大抓基层”活动，进行四项基本原则教育和支持改革开放、服从大局教育等，保证了我军对越自卫反击战的胜利，保证了军队建设指导思想实行战略性转变、裁军100万和军队各项改革与建设的顺利发展。

1987年1月27日，中央军委做出的《关于新时期军队政治工作的决定》，进一步端正了政治工作的指导思想，标志着邓小平军队政治工作思想的全面形成，是对邓小平军队政治工作思想的概括和总结。决定主要阐述、规定了以下内容：一是对建军特别是新中国成立以来军队政治工作若干重大问题做出了正确的结论。“在历次国内革命战争和民族解放战争中，在中华人民共和国成立后军队的建设和完成各项任务中，政治工作都显示了巨大的威力。”[③] 二是我军在国家实现“三大任务”[④] 中，“肩负着重大的历史责任”[⑤]。军队要服从服务于国家经济建设这个大局，对祖国统一的神圣任务和正确方针，应有充分的认识和全面的理解，要成为维护世界和平的重要力量。三是强调政治工作是我军的生命线，“新的历史条件下必须加强我军政治工作”[⑥]。四是明确了新时期我军政治工作必须遵循的基本指导思想，即“两个服务，四个保证”[⑦]。五是指出“政治工作要在继承优良传统的基础上

① 有理想，有道德，有知识，有体力，讲军容，讲礼貌，讲纪律，不怕艰难困苦，不怕流血牺牲。

② 革命化、年轻化、知识化、专业化

③ 西安政治学院编．军队政治工作重要历史文献选编［M］．2001.132

④ 加强社会主义现代化建设，争取实现包括台湾在内的祖国统一，反对霸权主义、维护世界和平

⑤ 西安政治学院编．军队政治工作重要历史文献选编［M］．2001.133

⑥ 西安政治学院编．军队政治工作重要历史文献选编［M］．2001.134

⑦ 服务于国家的社会主义现代化建设，服务于军队的现代化建设，从政治上、思想上、组织上保证党对军队的绝对领导和人民军队的性质，保证军队的社会主义精神文明建设，保证军队内部的团结，保证军队战斗力的提高和各项任务的完成。

改革创新"[①]。六是规定适应新的历史条件而开展政治工作的内容、方针、政策和方法。主要是加强以理想、纪律为重点的思想教育；健全和发展部队的民主生活；培育部队的优良作风；注重科学文化，培养军地两用人才；大力开展军民共建精神文明；做好基层政治工作；加强干部队伍建设。七是要求"改进政治机关工作，提高政治干部素质"[②]。八是进一步强调"各级党委要成为部队统一领导和团结的坚强核心"[③]。

1987 年以后，邓小平同志针对新情况、新问题，又提出了一些新思想，使邓小平军队政治工作思想进一步丰富和发展。他强调"一个中心，两个基本点"的党的基本路线要管一百年，毫不动摇；强调警惕右，但主要是防止左，要正确开展两条线路的斗争；强调我军是党的军队，国家的军队，人民的军队，我们的军队要始终忠于党，忠于国家，忠于社会主义，忠于人民。另外，他还反复强调实事求是是马克思主义的精髓，实践是检验真理的唯一标准；学马列要精、要管用，不要提倡本本，不要搞形式主义的东西。

（二）江泽民军队政治工作思想实现了我军政治工作思想发展的新跃进

党的十三届五中全会以来，我军面临的内外环境发生了巨大的变化。东欧剧变、苏联解体，世界社会主义严重曲折；我国的改革开放进入深入发展阶段，社会主义市场经济体制逐步确立；1991 年爆发的海湾战争，催生了世界新军事变革的浪潮；"台独"分裂活动逐渐加剧，对国家统一和领土完整构成严重威胁；各种思想文化相互激荡，意识形态领域斗争错综复杂，对军队的优良传统、官兵的思想意识冲击很大。面对这些形势，江泽民同志站在时代的高度，高举邓小平理论伟大旗帜，凝聚了以他为核心的党的第三代领导集体和全体官兵的智慧，提出了"思想政治建设"这一概念，并围绕这一概念，提出了一系列关于我军政治工作的重要思想，形成了江泽民军队政治工作思想。

在这期间，我军政治工作主要组织官兵学习《邓小平文选》，学习"三个代表"重要思想，用建设有中国特色社会主义武装官兵；组织官兵学习高科技知识；落实五句话总要求，全面加强基层建设；大力开展"四个教育"[④]，保证我军圆满完成了抗洪抢险、军事演习、裁军 50 万等各项任务。1999 年 8 月，中共中央批准转发的《关于改革开放和发展社会主义市场经济条件下军队思想政治建设若干问题的决定》，是在这一阶段我军政治工作

① 西安政治学院编．军队政治工作重要历史文献选编［M］．2001.136

② 西安政治学院编．军队政治工作重要历史文献选编［M］．2001.143

③ 西安政治学院编．军队政治工作重要历史文献选编［M］．2001.144

④ 爱国奉献教育、革命人生观教育、尊干爱兵教育、艰苦奋斗教育

重要历史性文献，也是落实江泽民军队政治工作思想的明确要求。

江泽民同志强调要把思想政治建设摆在全军各项建设的首位；提出思想政治建设要担负“两个提供”[①] 的历史使命；明确思想政治建设要确保官兵政治上的坚定性和思想道德上的纯洁性；要求把坚持党对军队的绝对领导作为思想政治建设的核心；提倡两个武装，培养和造就大批高素质的新型军事人才；注重抓好“四个教育”，增强思想政治教育的“三性”[②]；主张不断改革创新，增强思想政治建设的针对性、系统性、创造性等。江泽民军队政治工作思想是对邓小平军队政治工作思想的继承与发展，是对改革开放和发展社会主义市场经济条件下我军政治工作客观规律的正确认识，是我军政治工作思想发展的又一杰出成果。

（三）胡锦涛军队政治工作思想提升了我军政治工作思想发展的新境界

党的十六大以来，我军所处的国内外环境发生了重大变化。国际上，战略形势总体上保持缓和稳定，但局部战争和武装冲突此起彼伏，传统安全威胁和非传统安全威胁相互交织，政治、安全领域引发新的矛盾和冲突的因素增多。西方敌对势力继续对我推行西化、分化政治图谋，鼓吹军队“非党化、非政治化”和“军队国家化”，加大思想文化渗透力度；国内，随着改革开放深入推进，国家利益不断拓展，各种社会矛盾进一步凸显，事关国家发展安全的问题日益突出，政治安全和社会稳定面临着诸多挑战。胡锦涛同志着眼于时代背景，居安思危，系统地总结了新世纪新阶段我军思想政治建设的实践经验，提出了关于我军政治工作的一系列新思想、新观念、新论断，形成了胡锦涛军队政治工作思想。胡锦涛军队政治工作思想既与毛泽东、邓小平、江泽民军队政治工作思想一脉相承，又结合新的形势和新的实践，做出了创造性发展，是新时期加强和改进我军政治工作的强大思想武器，体现了我军政治工作思想的新境界。

在新世纪新阶段，胡锦涛明确提出我军“为中国共产党巩固执政地位提供重要的力量保证，为维护国家发展的重要战略机遇期提供坚强的安全保障，为维护国家利益提供有力的战略支撑，为维护世界和平与促进共同发展发挥重要作用”新的历史使命，指出“现代化水平与打赢信息化条件下局部战争的要求不相适应，军事能力与履行新世纪新阶段我军历史使命的要求不相适应”两个主要矛盾依然存在，提出军队必须主动适应世界新军事变革趋

① 为打赢未来高技术战争提供强大精神动力，为保持人民军队的性质、本色和作风提供可靠政治保证

② 针对性、系统性、创造性

势，奋发有为地把中国特色军事变革推向前进；必须按照革命化、现代化、正规化相统一的原则加强全面建设。对此，我军政治工作主要在全军深入开展了学习实践科学发展观活动；以能力建设和先进性建设为主线，加强党组织建设；积极推进和落实军队人才战略工程；深入开展思想政治教育，大力培育当代革命军人核心价值观；完善法规制度，颁布了新的《中国人民解放军政治工作条例》、《中国共产党军队委员会工作条例》、《中国人民解放军思想政治教育大纲》等，有效保证了我军反恐维稳、抢险救灾、国际维和、国际救援等任务的胜利完成。

胡锦涛同志强调要把思想政治建设作为军队的根本性基础性建设抓紧抓好；提出从思想上、政治上、组织上确保我军始终成为党绝对领导下的人民军队，确保国防和军队建设科学发展，确保有效履行新世纪新阶段我军历史使命，是新世纪新阶段我军思想政治建设必须着力解决的时代课题；要求把科学发展作为国防和军队建设的重要指导方针，把以人为本作为建军治军的理念；要大力培育当代革命军人核心价值观；要深入开展我军历史使命教育、理想信念教育、战斗精神教育、社会主义荣辱观教育；要增强思想政治建设的科学性；要注重增强军事软实力等。

第四章　我军政治工作思想的基奠
——毛泽东军队政治工作思想

“人民解放军建立了自己强有力的革命的政治工作，这是我军战胜敌人的重大因素。”①

——毛泽东②

毛泽东（1893－1976），湖南湘潭人，伟大的无产阶级革命家、政治家、军事家和理论家，中国共产党第一代领导集体核心，中华人民共和国、中国人民解放军的缔造者，我军政治工作形成、发展的主要奠基人。他坚持把马克思主义基本原理与中国革命斗争、人民军队建设实践相结合，以开辟革命道路的政治魄力和创造马克思主义新思想的理论勇气，形成了独具特色的毛泽东军队政治工作思想。毛泽东军队政治工作思想，是关于我军政治工作问题的科学理论体系，反映了我军政治工作的基本规律，代表了中国共产党人在无产阶级军队政治工作理论上的创新，是毛泽东军事思想的重要组成部分。

一、毛泽东军队政治工作思想形成的历史条件

一切科学先进的思想，必然是在特定的历史条件下形成的。毛泽东军队政治工作思想也不例外，它是在特定的历史条件下产生、发展起来的。

（一）马克思主义是毛泽东军队政治工作思想形成的理论基础

马克思主义是马克思和恩格斯在总结19世纪中叶欧洲工人运动实践的基础上，批判地继承、改造德国的古典哲学、英国的古典政治经济学和法国的空想社会主义而创立的，是一个博大精深的科学理论体系，包括哲学、政治经济学和科学社会主义三个组成部分。马克思主义“吸收和改造了两千多年来人类思想和文化发展中一切有价值的东西”③，是整个毛泽东军队政治

① 总政治部办公厅编．中国人民解放军政治工作历史资料选编［M］：第九册．北京：解放军出版社，2007.191

② 总政治部办公厅编．中国人民解放军政治工作历史资料选编［M］：第九册．北京：解放军出版社，2007.191

③ 列宁选集［M］：第四卷．中共中央马克思恩格斯列宁斯大林著作编译局编译．北京：人民出版社，1995.299

工作思想体系的理论基础，没有马克思主义，就不会有毛泽东军队政治工作思想。

虽然在毛泽东同志关于军队政治工作问题的文稿和谈话中，成段引用革命导师语录的情况并不多，但如果我们用比较的方法进行研究，就很容易看出来马克思主义和毛泽东军队政治工作思想的必然联系以及后者对前者的继承。马克思主义辩证唯物论认为物质决定意识，意识是人脑对客观世界的反映，又对物质具有巨大的能动的反作用，理论一经群众掌握，就会变成改造世界的物质力量；毛泽东则强调思想上建军，认为“在一定物质基础之上，思想掌握一切，思想改变一切”①，指出“军队的基础在士兵，没有进步的政治精神贯注于军队之中，没有进步的政治工作去执行这种贯注，就不能达到真正的长官和士兵的一致，就不能激发官兵最大限度的抗战热忱，一切技术和战术就不能得着最好的基础去发挥它们应有的效力”②。马克思主义认识论认为认识的程序是实践——认识——再实践——再认识，循环往复，以至无穷。主观和客观、理论和实践、知和行的统一是具体的历史的统一；毛泽东则提出了“从群众中来、到群众中去”和实事求是的作风和方法。马克思主义唯物史观认为人民群众是社会物质财富的创造者，是社会精神财富的创造者，是社会变革的决定力量；毛泽东则认为革命战争是群众的战争，只有动员群众才能进行战争，只有依靠群众才能进行战争，提出了“紧紧地和中国人民站在一起，全心全意为人民服务，就是这个军队的唯一宗旨”③，强调一切为了群众，一切依靠群众，要同人民群众保持最密切的联系。马克思主义建军理论认为关于无产阶级政党要掌握革命领导权；毛泽东则强调“在兵权问题上患幼稚病，必定得不到一点东西……我们的原则是党指挥枪，而绝不允许枪指挥党”④。毛泽东军队政治工作思想之所以在诸多方面表现出对马克思主义的继承性，是因为他善于运用马克思主义的方法观察和处理军队政治工作的实际问题，他曾指出“我们的眼力不够，应该借助于望远镜和显微镜。马克思主义的方法就是政治上军事上的望远镜和显微镜”⑤。这是毛泽东吸收和运用马克思主义的集中体现，也是马克思主义作为我军政治工作思想的理论基础的集中反映。

---

① 毛泽东选集［M］：第三卷．北京：人民出版社，1991.1094

② 总政治部办公厅编．中国人民解放军政治工作历史资料选编［M］：第四册．北京：解放军出版社，2004.191

③ 总政治部办公厅编．中国人民解放军政治工作历史资料选编［M］：第七册．北京：解放军出版社，2004.697

④ 总政治部办公厅编．中国人民解放军政治工作历史资料选编［M］：第四册．北京：解放军出版社，2004.231

⑤ 毛泽东选集［M］：第四卷．北京：人民出版社，1991.212

（二）革命战争和人民军队建设实践是毛泽东军队政治工作思想形成的根本条件

一般来说，产生于一定时代的思想家的理论，除了具有其思想或理论渊源之外，还必须有其丰富的社会实践基础。实践条件和实践对思想的需求，制约和决定思想生成的内容；思想又在指导实践中不断丰富和发展。人民军队革命战争和建设的实践，为毛泽东军队政治工作思想体系形成和发展创造了根本的条件。

20世纪上半世纪，中国是一个半殖民地半封建的国家。帝国主义、封建势力和官僚买办资产阶级三位一体的统治，对人民大众进行残酷的剥削和压迫，造成中国经济上的贫穷落后，政治上对外没有民族独立，对内没有民主自由，社会发展极不平衡。当时的中国，工人阶级的人数很少，农民阶级占人口的绝大多数，并且在地租、高利贷、苛捐杂税、军阀混战的环境中备受剥削和掠夺，极度贫困。在这样一个基本国情的基础上，毛泽东创造性地提出了农村包围城市的革命道路，把广大农村作为根据地，领导着一支以农民为主要成分的新型无产阶级军队，进行了长期而又复杂的革命战争和军队建设的实践。毛泽东领导着这支军队经历了土地革命战争、抗日战争、解放战争和抗美援朝战争，以及边境自卫反击战的实践；经历了同国内反动派、日本帝国主义、号称世界第一流的美帝国主义军队作战的实践；经历了以武装战争夺取政权的战争和防止战争、进行国民建设的实践。在这长期、复杂、激烈的军事斗争和军队建设的实践中，我军多处于敌强我弱的条件下。艰难困苦，玉汝于成。以毛泽东为代表的中国共产党人，通过强有力的政治工作，妥善解决了实践过程中所遇到的一个又一个难题，形成了具有中国特色的军队政治工作思想，有力地保证了弱小的革命武装从无到有，从小到大，迭挫国内外强大的敌人。历史表明，如果没有国共合作的第一次革命战争的实践，毛泽东就不可能认识农民问题和无产阶级领导权问题的重要性，也不可能认识武装斗争和掌握军队的极端重要性，不可能提出“政权是由枪杆子中取得的”① 和“没有一支人民的军队，便没有人民的一切”②。如果不是面对一支以农民为主要成分的军队，毛泽东就不会提出要大力加强思想政治工作，增强对官兵的政治教育；要努力克服各种非无产阶级思想，使广大官兵逐步树立起无产阶级世界观；要大力增强官兵的纪律观念，并在军队中实行民主等一套行之有效的政治工作方法和措施。由此可见，人民军队革命

---

① 总政治部办公厅编．中国人民解放军政治工作历史资料选编［M］：第二册．北京：解放军出版社，2002.8

② 总政治部办公厅编．中国人民解放军政治工作历史资料选编［M］：第一册．北京：解放军出版社，2002.752

战争和建设的实践，是毛泽东军队政治工作思想体系形成和发展的沃土。

（三）毛泽东军队政治工作思想的形成与中华民族优秀军事文化遗产有着密切联系

"一切划时代的体系的真正的内容都是由于产生这些体系的那个时期的需要而形成起来的。所有这些体系都是以本国过去的整个发展为基础的，是以阶级关系的历史形式及其政治的、道德的、哲学的以及其他的后果为基础的。"① 毛泽东军队政治工作思想同中华民族优秀军事文化遗产有着密切的历史联系，他继承和发扬了其中的精华。

中华民族历史上战争繁多，兵学兴盛，留下了相当丰富的军事文化遗产。兵书见诸著录的在4000部以上，现存约有500部，内容涉及战争和军队建设的各个方面，自然也包括一些属于政治工作范畴的内容。毛泽东从中汲取了丰富的养料，将其与现实武装斗争和军队建设的具体情况和实际需要有机地结合起来，提出了许多我军政治工作的重要思想。例如，在《孙子兵法》中，孙武把"道"列为决定战争胜负条件"五事"之首，并解释到"道者，令民与上同意也"②，意思是要使全体军民与国君和将领思想上取得一致，上下同心，才能取得战争的胜利。毛泽东同志则吸收了这一思想，认为政治动员是战争取胜的首要条件，要把战争的政治目的告诉军队和人民，使每个士兵每个人民都明白为什么要打仗，打仗和他们有什么关系，使大家齐心一致，贡献一切给战争。赖传珠在《古田会议前后》这篇文章中回忆了毛泽东吸收古代军事遗产，用以说明政治工作作用的一个事例：一九三四年五月，毛泽东同志在红四军二纵队大队以上干部会上，给大家讲了《三国演义》中，诸葛亮用"激将法"鼓起老将黄忠的勇气打败曹营名将夏侯渊的故事，接着指出，我们要学习诸葛亮善于做宣传鼓动工作，激发战胜敌人的勇气。但我们用不着"激将法"，我们要用宣传鼓动工作提高战士的阶级觉悟，启发大家的革命英雄主义。③ 毛泽东同志在解释军民一致原则的时候，指出"这就是秋毫无犯的民众纪律，宣传、组织和武装民众，减轻民众的负担，打击危害军民的汉奸卖国贼，因此军民团结一致，到处得到人民的欢迎"④。"秋毫无犯的民众纪律"这一思想及其用语，就是从中国古代军事遗产中引用过来的。"秋毫无犯"一词最早见于《史记·淮阴侯列传》，汉王刘邦拜韩

① 马克思恩格斯文集［M］：第一卷．中共中央马克思恩格斯列宁斯大林著作编译局编译．北京：人民出版社，2009.544

② 孙子兵法［M］．上海：古籍出版社，2007.64

③ 星火燎原［M］：第二集．星火燎原编辑部，1982.46

④ 总政治部办公厅编．中国人民解放军政治工作历史资料选编［M］：第四册．北京：解放军出版社，2004.60

信为大将军，韩信分析了楚汉双方的形势，指出项羽由于残酷无道而失民心后说："大王之入武关，秋毫无所害，除秦苛法，与秦民约法三章耳……"[①]。韩信认为，不骚扰民众，不损害民众的利益，获得民众的拥护，是战胜敌军的重要因素之一。显然，毛泽东同志所说的"秋毫无犯"与古代军事家所说的"秋毫无所害"的意思是相同的。这样的例子还有很多，有人做过一个统计，在公开发表的毛泽东著作中引用五四运动以前的中国历史资料共218处，其中引文94处，涉及中国历代人物和典籍的64处，涉及中国历史事件和战例的60处。[②] 其中，不乏对关于政治工作的问题论述。可以看出，毛泽东军队政治工作思想是在中华民族优秀军事文化遗产的基础上加以改造的。

二、毛泽东军队政治工作思想的主要内容

毛泽东军队政治工作思想博大精深，内容极其丰富，覆盖了我军政治工作的方方面面，形成了一个完整的科学体系。

（一）"共产党领导的革命的政治工作是革命军队的生命线"

作为人民军队的伟大统帅，毛泽东同志非常重视政治工作，认为政治工作是我军生存、壮大的决定性因素。他一贯主张和坚持我军政治工作的"生命线"地位作用，这是整个毛泽东军队政治工作思想体系的基本立足点。

1. "生命线"思想的形成过程

在我军建军之初，毛泽东同志就认识到在人民军队中建立政治工作的必要性和重要性，并付诸了实践。在1927年的三湾改编中，为了改造旧军队，实行支部建在连上，保证了党的领导；实行民主制度，确立了新型的官兵关系。这些为建设一支新型的人民军队奠定了基础。在赣南闽西根据地建设过程中，红军得以发展和壮大，但也暴露出一些问题。由于缺乏理论指导和实践经验，说不清红军该如何建、怎样管，官兵的思想比较混乱。领导层内部经常围绕如何建军、如何带兵等问题，不断爆发激烈的争论。当时，存在着多种错误思想，如单纯军事观点、极端民主化、绝对平均主义、个人主义、流寇思想等。毛泽东同志在《井冈山的斗争》中指出了解决之道："红军成分，一部分是工人、农民，一部分是游牧无产者。游民成分太多，当然不好。但天天在战斗，伤亡又大，游民分子却有战斗力，能找到游民补充已属不易。在这种情况下，只有加紧政治训练的一法。"[③] 可以看出，当时毛泽

① 贞观政要［M］：第六卷．上海：古籍出版社，2006.381

② 廖国良，李士顺，徐焰．毛泽东军事思想发展史［M］．北京：解放军出版社，2007.16

③ 总政治部办公厅编．中国人民解放军政治工作历史资料选编［M］：第一册．北京：解放军出版社，2002.156

东已经对政治工作的必要性和重要性有了明确认识，并且把“加紧政治训练”、统一思想看做是走出困境的唯一解决之道。1929年12月28日，毛泽东在古田会议决议中，对上述各种错误思想的表现、来源、危害等作了分析，对政治工作的地位和作用、方针、内容、方法等都做了明确的规定。他明确指出“红军党内最迫切的问题，要算是教育的问题，为了红军的健全与扩大，为了斗争任务之能够负荷，都要从党内教育做起。不提高党内政治水平，不肃清党内各种偏向，便决然不能健全并扩大红军，更不能担负重大的斗争任务。因此，有计划地进行党内教育，纠正过去之无计划的听其自然的状态，是党的重要任务之一”①。虽然当时并没有明确提出“生命线”的论断，但我们从“最迫切的问题”、两个“不能”、“重要任务之一”这些用词中可以看出，“生命线”思想已经基本确立。

“生命线”最早论断是在1932年7月21日中共中央《给苏区中央局及苏局闽赣两省委信》中出现的。信中说：“政治工作在红军中有决定的意义，……必须充实现有军队的政治工作，……政治工作不是附带的，而是红军的生命线。”② 1934年2月，全国红军第一次政治工作会议召开，王稼祥、朱德、周恩来、贺昌都从不同角度论述了政治工作是红军的生命线。此后，“生命线”思想在全党全军达成了共识。

1944年，毛泽东同志在修改谭政《关于军队政治工作问题》的报告时，亲笔增写了“共产党领导的革命的政治工作是革命军队的生命线”③。新中国成立后，毛泽东继续坚持并发展了“生命线”思想。1954年，他在审定修改新中国第一部《中国人民解放军政治工作条例（草案）》时，亲笔恢复了“中国共产党在中国人民解放军中的政治工作是我军的生命线”④，代替了原来的“战斗力的保证”的笼统说法。1955年，毛泽东将“生命线”思想发展到了其他领域，在《中国农村的社会主义高潮》的按语中，进一步提出了“政治工作是一切经济工作的生命线。在社会经济制度发生根本变革的时期，尤其是这样”⑤。

综上所述，“生命线”思想是在长期的革命斗争和人民军队建设的实践中逐步形成的，是对我军政治工作地位作用的形象比喻和科学概括，也是毛

---

① 总政治部办公厅编．中国人民解放军政治工作历史资料选编［M］：第一册．北京：解放军出版社，2002.348

② 总政治部办公厅编．中国人民解放军政治工作历史资料选编［M］：第二册．北京：解放军出版社，2002.174

③ 中共中央文件选集［M］：第十四册，北京：中央文献出版社，1990.207

④ 中共中央文献研究室，中国人民解放军军事科学院编．建国以来毛泽东军事文稿［M］：中卷．北京：军事科学出版社，中央文献出版社，2010.206

⑤ 毛泽东文集［M］：第五卷．北京：人民出版社，1996.449

泽东等老一辈无产阶级革命家一贯坚持的重要思想。

2. "生命线"思想的科学含义

"生命线"思想，是毛泽东丰富和发展马克思列宁主义的一个重要命题，说明了政治工作是我军能否保持本色、能否发展壮大、能否克敌制胜的决定性因素，其科学含义有下述两方面。

其一，政治工作保证了我军的性质和方向。

建军初期，我军是以农民小生产者为主要成分的。如何将这支军队建设成一支党领导的新型无产阶级人民军队，是一个摆在面前的重大现实问题。毛泽东主张用无产阶级思想唤起农民，教育农民，把农民逐步改造成具有政治觉悟的革命者。在后来的峥嵘岁月中，逐步发展完善了我军的政治工作。我军政治工作是党在军队中开展的思想工作和组织工作。通过政治教育，使党的路线方针和政策得以贯彻执行，实现了我军始终与党保持高度一致，使我军在任何情况下都牢记全心全意为人民服务的唯一宗旨，实现了把党和人民的利益放在高于一切的位置；通过建立和健全党组织，使党成为统一领导和团结的核心，实现了党对军队的绝对领导。历史证明，我军之所以能够保持无产阶级的性质和人民军队的本色，保持正确的方向，其根本原因就是坚持了政治工作的生命线地位。

其二，政治工作保证了军队建设和各项任务的完成。

政治工作的生命线地位，集中体现在了保证军队建设和各项任务的完成上。早在 1934 年 1 月，毛泽东同志在第二次全国工农代表大会上指出"要从政治教育去提高红军的自觉的纪律，使他们明白这是保证战争胜利的重要武器。"① 可见，那时毛泽东已经把政治教育作为"保证战争胜利的重要武器"了。1942 年 12 月，他在陕甘宁边区高级干部会议工作报告时，从军民关系、军内关系的角度，指出"部队政治工作的中心内容，就是保障部队生产计划与教育计划的完成以及在实施者两项计划时保障自己部队与党政民发生正确的关系，保障自己部队上下级的正确关系，保障政治干部的纯洁性。政治工作如果在这些方面没有完成自己的任务，那么，这种政治工作就是失败的"②。1952 年 12 月，他在给中国人民志愿军的电报中指出"政治工作保证全军指战员都具有粉碎敌人进攻争取更大胜利的坚强斗志和高昂士气"③。通过以上论述，可以看出毛泽东认为政治工作的"生命线"地位主要体现在

① 总政治部办公厅编．中国人民解放军政治工作历史资料选编 [M]：第二册．北京：解放军出版社，2002.566

② 总政治部办公厅编．中国人民解放军政治工作历史资料选编 [M]：第一册．北京：解放军出版社，2002.566

③ 总政治部办公厅编．中国人民解放军政治工作历史资料选编 [M]：第七册．北京：解放军出版社，2004.428－429

两个方面：一是保证军队建设，二是保证各项任务的完成。这两方面是一个有机整体，互相促进的。

3. 正确对待政治工作的“生命线”地位

一切事物都具体地表现为一定的度。度是事物保持质的规定性的界限，超出了一定的度，事物就会发生质变。毛泽东深知这一辩证唯物主义原理，他在强调政治工作的“生命线”地位作用的同时，又反对过分强调政治工作而忽视其他工作的做法。

早在古田会议决议中，毛泽东就批判了轻视政治工作的单纯军事观点，深刻指出：“这种路线发展下去，便有走到脱离群众，以军队垄断政权，离开阶级地位之危险，如国民党军队所走的道路一样”①，并规定“红军的军事机关与政治机关，在前委指导下工作，平行地执行工作”②。正如毛泽东亲自修改的《关于军队政治工作问题》的报告中指出的“政治工作在任何一部分革命军队中，都应有其适当的地位，都应适当强调它的作用，否则这个部队的工作就要受到损失……对于政治工作地位的过分强调是不对的，但是没有必要的强调，没有必要的地位，也是不对的”③。

在我军的历史上，不仅出现过轻视政治工作的倾向，还发生过将政治工作抬高到不适当的地位的倾向。特别是文化大革命时期，林彪大搞所谓的“突出政治”，提出“政治可以冲击其他”的错误口号，歪曲了毛泽东思想，使我军政治工作受到严重挫折。1971 年，在外地巡视期间，毛泽东同各地负责人谈话时告诫道：“你们要过问军事，不能只当文官，还要当武官。……现在是只搞文不搞武，我们军队成了文化军队了。一好带三好，你那一好也许带得对，也许带得不对。还有那些积极分子代表大会，到底效果如何，值得研究。”④ 批评一好，就是批评了“突出政治”的极端做法。

（二）“我们的原则是党指挥枪，而决不容许枪指挥党”

人民军队是中国共产党缔造和领导的。为了保持人民军队的无产阶级先进性质和正确的方向，使其成为执行党的政治任务的有力工具，就必须始终将其置于党的绝对领导之下。这是人民军队建军的根本原则。保证党对军队的绝对领导，是我军政治工作的根本任务，也是毛泽东军队政治工作思想科

① 总政治部办公厅编．中国人民解放军政治工作历史资料选编［M］：第一册．北京：解放军出版社，2002.338

② 总政治部办公厅编．中国人民解放军政治工作历史资料选编［M］：第一册．北京：解放军出版社，2002.360

③ 总政治部办公厅编．中国人民解放军政治工作历史资料选编［M］：第七册．北京：解放军出版社，2004.429

④ 中共中央文献研究室，中国人民解放军军事科学院编．建国以来毛泽东军事文稿［M］：下卷．北京：军事科学出版社，中央文献出版社，2010.377

学体系的重要内容之一。

1．“枪杆子里面出政权”

建设一支新型的人民军队，是党领导武装斗争的首要问题。毛泽东同志根据马克思主义暴力革命的学说和中国第一次大革命失败的惨痛教训，早在党的八七会议上，就提出了“政权是由枪杆子中取得的”①。在三湾改编中，毛泽东实行了支部建在连上，班排设党小组，连以上设立党代表，营团建立党委。这些措施，从组织上已经确立了党对军队的领导制度。在古田会议决议中，毛泽东明确提出，“一切工作在党的讨论和决议后，再经过群众路线去执行”②，强调在军队中要建立党的“领导的中枢”③，“一成决议，便须坚决执行”④；对党员作正确路线的教育，这些就从思想上、政治上、组织上确立了党对军队的绝对领导。抗日战争时期，毛泽东同志根据党内两条路线斗争的历史经验，进一步指出了党直接掌握军队的重要性。他针对张国焘的分裂主义、军阀主义错误，指出“共产党员不争个人的兵权（决不能争，再也不要学张国焘），但要争党的兵权，要争人民的兵权”⑤。他告诫全党“在兵权问题上患幼稚病，必定得不到一点东西……枪杆子里面出政权。我们的原则是党指挥枪，而决不容许枪指挥党……谁想夺取国家政权，并想保持它，谁就应有强大的军队”。⑥ 新中国成立后，毛泽东同志再次强调“党委要抓军事。军队必须放在党委的领导和监督之下，现在基本上也是这样做的，这是我军的优良传统”⑦。正是我军坚持了党对军队的绝对领导这一根本原则，才能经受住了各种考验，保持住了人民军队的本色，为打败强大敌人，建立新中国，保卫人民的利益，做出了重大贡献。

2．政治工作保证党对军队实施政治领导、思想领导和组织领导

党对军队的绝对领导，关系到我军的性质、军队建设的方向。1936 年，毛泽东同志在总结土地革命战争经验时指出“共产党的这种绝对的领导权，

① 总政治部办公厅编．中国人民解放军政治工作历史资料选编［M］：第二册．北京：解放军出版社，2002.8

② 总政治部办公厅编．中国人民解放军政治工作历史资料选编［M］：第一册．北京：解放军出版社，2002.339

③ 总政治部办公厅编．中国人民解放军政治工作历史资料选编［M］：第一册．北京：解放军出版社，2002.339

④ 总政治部办公厅编．中国人民解放军政治工作历史资料选编［M］：第一册．北京：解放军出版社，2002.340

⑤ 总政治部办公厅编．中国人民解放军政治工作历史资料选编［M］：第四册．北京：解放军出版社，2004.231

⑥ 总政治部办公厅编．中国人民解放军政治工作历史资料选编［M］：第四册．北京：解放军出版社，2004.231

⑦ 中共中央文献研究室，中国人民解放军军事科学院编．建国以来毛泽东军事文稿［M］：中卷．北京：军事科学出版社，中央文献出版社，2010.375

是使革命战争坚持到底的最主要的条件”①。因此，政治工作必须把保证党对军队的绝对领导当成根本任务，放在首要的位置。政治工作保证党对军队的绝对领导，主要体现在政治、思想和组织三方面。

政治工作保证党的政治领导，就是要通过政治工作的宣传教育，使广大官兵清楚党的路线、方针、政策，并以此来凝聚军心，使之内化为官兵的自觉行动。抗日战争初期，不少人对抗日民族统一战线持有怀疑、抵触的消极情绪。《党的新任务面前红军政治工作的任务（草案）》中，明确规定：今后红军政治工作的中心任务，就是要有计划地“加强对于整个红军部队干部的基本政治教育和党的新政策的教育”②，有力地保证了党的抗日民族统一战线政策的贯彻执行。1944 年 4 月，在毛泽东亲自修改过的谭政《关于军队政治工作问题》的报告中，明确指出“这种政治工作的基本原则，是以民族民主革命的纲领教育军队，是以人民革命的精神教育军队，使革命军队内部趋于一致，使革命军队与革命人民、革命政府，趋于一致，使革命军队完全服从革命政党的政治领导，提高军队战斗力。”③

政治工作保证党的思想领导，就是要通过政治工作灌输马克思主义，使官兵不断提高政治觉悟，树立无产阶级的世界观和方法论。思想是行为的先导，思想的进步，才能带来工作的进步。毛泽东同志指出，“无产阶级思想领导的问题，是一个非常重要的问题”④，“掌握思想领导是掌握一切领导的第一位”⑤。早在古田会议决议中，毛泽东就规定将马克思列宁主义的研究作为党内教育的材料。他在《中国共产党在抗日时期的任务》中强调指出：在全党中提高马克思列宁主义的理论水平是完全必要的，因为只有这种理论，才是引导中国革命走向胜利的指南针。毛泽东强调对马克思主义的学习的同时，也指出，把马克思主义理论“不是当做教条看待，而应当看做是行动的指南。不应当只是学习马克思列宁主义的字母，而是学习他们观察问题的立场与方法”⑥。

政治工作保证党的组织领导，就是建立健全党的各级组织，加强党的各种组织工作及其活动的开展。毛泽东同志在建立人民军队政治工作的实践

① 毛泽东选集［M］：第一卷．北京：人民出版社，1991.184

② 总政治部办公厅编．中国人民解放军政治工作历史资料选编［M］：第三册．北京：解放军出版社，2002.616

③ 总政治部办公厅编．中国人民解放军政治工作历史资料选编［M］：第七册．北京：解放军出版社，2004.425

④ 总政治部办公厅编．中国人民解放军政治工作历史资料选编［M］：第一册．北京：解放军出版社，2002.164

⑤ 毛泽东文集［M］：第二卷．北京：人民出版社，1993.435

⑥ 总政治部办公厅编．中国人民解放军政治工作历史资料选编［M］：第四册．北京：解放军出版社，2004.460

中，建立了一套严密的政治工作组织制度——党的委员会制度、政治委员制度、政治机关制度、支部建在连上的制度、共青团制度、连队军人委员会制度，有力地保证了党对军队的绝对领导，是我军政治工作优良传统的重要内容。毛泽东认为，党委制是保证集体领导，防止个人包办的党的重要制度，实行集体领导，才能使枪杆子置于党的领导之下，防止个人野心家用枪杆子指挥党。在他亲自审定的1954年颁布的《中国人民解放军政治工作条例(草案)》规定："党委统一的集体领导下的首长分工负责制，为党对军队的领导制度。一切重要问题，包括有关方针、政策、计划的问题，保证上级指示的执行问题，对部队的思想领导问题，干部调配、处理问题，以及部队工作的统一安排问题等等，除紧急情况得由有关首长紧急处理外，均由党的委员会讨论，做出决定，属于军事工作方面的由军事指挥员负责组织实施执行，属于政治工作方面的由政治委员负责组织实施执行。"①

(三)"全心全意地为中国人民服务，就是这个军队的唯一宗旨"

军队是从属于一定阶级的，是为一定阶级利益服务的暴力工具。阶级性决定了军队的建军宗旨。我军是党领导下的无产阶级性质的人民军队，阶级性与人民性从根本上是一致的。毛泽东同志确立的我军全心全意为人民服务的宗旨，是指导我军包括政治工作在内的所有工作的根本准则。全心全意为人民服务，是整个毛泽东军队政治工作思想体系的根本出发点。

1. 我军政治工作是在这一宗旨下形成的

坚持全心全意为人民服务的宗旨，是无产阶级新型人民军队的本质特征，是我军建军原则的核心，是用无产阶级面貌改造军队的根本方针，也是毛泽东的一贯思想。1927年秋收起义时，毛泽东同志就把自己创建的第一支军队取名为工农革命军，使士兵明白是为自己为人民打仗的。在古田会议决议中，他又规定，人民军队必须确立为人民打仗，为人民建立革命政权的斗争方向，要求进行建军宗旨教育。抗日战争时期，毛泽东同志反复强调军队要服务于人民，他指出"我们的军队，是真正人民的军队。我们的每一指战员，以至于每一个炊事员、饲养员，都是为人民服务的。我们的部队要和人民打成一片，我们的干部要和战士们打成一片。与人民利益适合的东西，我们就要坚持下去，与人民利益矛盾的东西，我们就要努力改掉，这样我们就能无敌于天下"②，这就使人民军队建立起了团结一致的内部和外部关系。1945年4月，毛泽东同志在党的第七次全国代表大会上，明确提出"这个

① 总政治部办公厅编．中国人民解放军政治工作历史资料选编［M］：第十二册．北京：解放军出版社，2010.729-730

② 总政治部办公厅编．中国人民解放军政治工作历史资料选编［M］：第七册．北京：解放军出版社，2004.557

军队之所以有力量，是因为所有参加这个军队的人，都具有自觉的纪律；他们不是为着少数人的或狭隘集团的私利，而是为着广大人民群众的利益，为着全民族的利益，而结合，而战斗的。紧紧地和中国人民站在一起，全心全意地为中国人民服务，就是这个军队的唯一宗旨。”① 他还指出“在这个宗旨下面，这个军队形成了为人民战争所必需的一系列的政治工作，其任务是为团结我军，团结友军，团结人民，瓦解敌军和保证战斗胜利而斗争”②。可见，我军所特有的政治工作是依存于这个建军宗旨而存在的，一切政治工作都必须建立在这个宗旨之上。

2. 政治工作是实现建军宗旨的重要手段

既然全心全意为人民服务是我军的唯一宗旨，是创建我军的根本目的，是统揽我军建设的总纲，那么，我军包括政治工作在内的所有活动都应该是实现这一宗旨的手段。

对待人民利益的态度如何，直接关系到全心全意为人民服务的宗旨的实现。毛泽东同志强调“应该使每个同志明了，共产党人的一切言论行动，必须合乎最广大人民群众的最大利益，为最广大人民群众所拥护为最高标准。”③ 通过强有力的政治工作，引导官兵树立人民利益高于一切的价值取向，这是实现我军宗旨的基础。

毛泽东同志在《论联合政府》中明确指出：在这个宗旨下面，这个军队具有一往无前的精神，它要压倒一切敌人，而决不被敌人所屈服。不论在任何艰难困苦的场合，只要还有一个人，这个人就要继续战斗下去。在这个宗旨下面，这个军队有一个很好的内部和外部的团结。在内部——官兵之间，上下级之间，军事工作、政治工作和后勤工作之间；在外部——军民之间、军政之间、我友之间，都是团结一致的。在这个宗旨下面，这个军队形成了为人民战争所必需的一系列的战略战术。在这个宗旨下面，在游击战争的条件下，全军做到了利用战斗和训练的间隙，从事粮食和日用必需品的生产，借以克服经济困难，改善军队生活和减轻人民负担。④ 毛泽东同志所提及的这些，既是在全心全意为人民服务宗旨的统领下，我军取得一个又一个胜利的重要因素，也是政治工作所取得的重要内容，从侧面也体现了政治工作对实现我军宗旨的贡献。

---

① 总政治部办公厅编．中国人民解放军政治工作历史资料选编［M］：第七册．北京：解放军出版社，2004.697

② 总政治部办公厅编．中国人民解放军政治工作历史资料选编［M］：第七册．北京：解放军出版社，2004.698

③ 毛泽东选集［M］：第三卷．北京：人民出版社，1991.1096

④ 总政治部办公厅编．中国人民解放军政治工作历史资料选编［M］：第七册．北京：解放军出版社，2004.698

3. 政治工作要坚持群众路线的作风和方法

毛泽东同志指出“我们共产党人区别于其他任何政党的又一个显著的标志，就是和最广大的人民群众取得最密切的联系。”① 这种最密切的联系不仅体现在一切以人民的利益为重，还体现在具体的工作作风和方法上。要实现全心全意为人民服务的宗旨，政治工作就要坚持群众路线的作风和方法。只有坚持了群众路线的作风和方法，才能确保政治工作的正确方向，确保政治工作的深入人心，确保政治工作的实际效果。

毛泽东同志认为“在我党的一切实际工作中，凡属正确的领导，必须是从群众中来，到群众中去。”② “从群众中集中起来又到群众中坚持下去，以形成正确意见，这是基本的领导方法。”③ 毛泽东对群众路线的基本内容作了具体阐述，他指出“这就是说，将群众的意见（分散的非系统的意见）集中起来（经过研究，化为集中的系统的意见），又到群众中去做宣传解释，化为群众的意见，使群众坚持下去，见之于行动，并在群众行动中考验这些意见是否正确。然后再从群众中集中起来，再到群众中坚持下去。如此无限循环，一次比一次地更正确、更生动、更丰富”④。这种解释，是毛泽东同志对马克思主义认识论的灵活运用。另外，毛泽东同志对从群众路线体现的“集中与坚持”进行了补充说明：“必须采取一般号召和个别指导相结合的方法”，“从许多个别指导中形成一般意见（一般号召），又拿这一般意见到许多个别单位中去考验（不但自己这样做，而且告诉别人也这样做），然后集中新的经验（总结经验）。做成新的指示去普遍地指导群众”⑤。只有坚持从群众中来，到群众中去，相信群众，依靠群众，引导群众，才能了解群众的思想脉搏，才能发现群众的新鲜经验，政治工作才能具有针对性，其效果才能得以检验。

（四）“整个军队的方向就是政治工作的方向”

“整个军队的方向就是政治工作的方向”这一思想的正式提出，是在1944年谭政同志《关于军队政治工作问题》的报告中。这个报告是谭政根据毛泽东同志的指示起草的，初稿形成后，又经毛泽东同志多次修改，经周恩来同志多方征求意见，中央书记处扩大会议审定形成的。

1. 政治工作的任务只能根据我军的基本任务与当前具体任务去规定

军队的方向与政治工作的方向具有一致性，也必然导致了军队的任务与

---

① 毛泽东选集［M]：第三卷．北京：人民出版社，1991.1094
② 毛泽东选集［M]：第三卷．北京：人民出版社，1991.899
③ 毛泽东选集［M]：第三卷．北京：人民出版社，1991.900
④ 毛泽东选集［M]：第三卷．北京：人民出版社，1991.899
⑤ 毛泽东选集［M]：第三卷．北京：人民出版社，1991.900

政治工作的任务的一致性。离开了军队的基本任务与当前具体任务，政治工作就会无的放矢，生命线的地位作用也就无从谈起。

《报告》中明确指出："整个军队的方向就是政治工作的方向。因此，政治工作的任务，只能根据我军的基本任务与当前具体任务去规定，不能在我军基本任务与当前具体任务以外再有所谓政治工作的独立任务。政治工作就是以革命精神教育军队，从思想上、政治上与组织上去保证这些任务的完成。"①《报告》还具体分析了政治工作任务与整个军队任务的本质联系，指出"如果在这方面强调政治工作的独立性、特殊性，把政治工作任务与整个军队任务分离起来，那便是不对的，那便会产生政治工作与军事工作目标不一致，使政治工作脱离实际，显得空虚的原因。任何组织形式，工作方式，工作方法，都是根据情况与任务而产生的，是从属于一定情况与任务的，是应该依据情况与任务的变更而变更的，政治工作的组织形式，工作方式，工作方法，也是如此。所以，离开军队的具体任务去谈政治工作的组织形式，工作方式，工作方法，把组织形式，工作方式，工作方法与整个军队的具体任务相分离，并把它看成绝对的东西，那是不能不变成教条主义、形式主义的东西。"② 可见，只有把政治工作的任务和我军的基本任务与当前具体任务有机地结合起来，使政治工作不游离于军队任务之外，才能使政治工作发挥应有的作用。

2. 政治工作要结合其他工作一道去做

政治工作的任务必须根据我军的基本任务与当前具体任务去规定，就要求政治工作必须渗透到其他各项工作之中，结合各项任务一道去做。

政治工作同军事工作、后勤工作一样，是党在军队中整个工作的重要组成部分，都是为实现党的政治目的而服务的。政治工作对其他工作起服务作用，实现政治与技术、红与专的统一，才能真正发挥政治工作的威力。否则，政治工作就会成为空中楼阁，就会变成无对象、无内容、无基础的"空头政治"了。1941 年，总政治部在《关于军队政治工作的决定（草案）》中指出：应当使所有政治工作人员懂得照顾全盘，并从全盘的利益出发，懂得局部利益必须与全盘利益一致，只顾局部利益是不对的，因局部利益损害全盘利益更是不对。这里的"照顾全盘"，既是指军队的整体任务，也是指政治工作人员要考虑到其他方面的工作，要使政治工作于其他工作结合起来。只有这样，才能把政治工作做到实处。

① 总政治部办公厅编．中国人民解放军政治工作历史资料选编［M］：第七册．北京：解放军出版社，2004.429

② 总政治部办公厅编．中国人民解放军政治工作历史资料选编［M］：第七册．北京：解放军出版社，2004.429

（五）“官兵一致的原则”，“军民一致的原则”，“瓦解敌军的原则”

1937年10月25日，毛泽东同志在同英国记者贝特兰谈话时，明确提出了我军政治工作的三大原则。他讲到：“八路军更有一种极其重要和极其显著的东西，这就是它的政治工作。八路军的政治工作基本原则有三个，即：第一，官兵一致的原则，这就是在军队中肃清封建主义，废除打骂制度，建立自觉纪律，实行同甘共苦的生活，因此全军是团结一致的。第二，军民一致的原则，这就是秋毫无犯的民众纪律，宣传、组织和武装群众，减轻民众的经济负担，打击危害军民的汉奸卖国贼，因此，军民团结一致，到处得到人民的欢迎。第三，瓦解敌军和宽待俘虏的原则，我军的胜利不但是依靠我军的作战，而且依靠敌军的瓦解。”① 这三大原则，是我军正确处理内部关系、军队与地方政府和人民群众关系，以及开展对敌斗争的基本准则，是实现政治工作根本目的的基础，是毛泽东军队政治工作思想的关键点。

1. 官兵一致

毛泽东同志官兵一致的思想，开始于我军初创时期，并贯穿于他领导军队的始终。官兵一致，主要包括以下方面的内容：

其一，尊重战士的民主权利。毛泽东同志认为实现官兵一致的重要前提是尊重士兵的民主权利。早在三湾改编时，毛泽东同志就提出了在部队内实行民主制度，规定官长不许打骂士兵，官兵平等，并在连以上建立由士兵民主选举产生的士兵委员会，保障士兵民主权利，奠定了建设新型人民军队的基础。他在《论持久战》中指出“很多人对官兵关系、军民关系弄不好。以为是方法不对，我总告诉他们是根本态度（或根本宗旨）问题，这态度就是尊重士兵和尊重人民。”②

其二，官兵平等。毛泽东同志在古田会议决议中指出“官兵之间只有职务的分别，没有阶级的分别，官长不是剥削阶级，士兵不是被剥削阶级”③，从而，进一步明确了官兵一致的阶级基础。毛泽东同志认为，“我们都是来自五湖四海，为了一个共同的革命目标，走到一起来了”④，只有分工的不同，没有高低贵贱之分，都是为人民服务的。因此，干部与战士上下一致，在政治上要一律平等，在生活上要同甘共苦。1949年10月24日，毛泽东同志在同绥远负责人谈话时说：“干部要参加生产指挥和劳动。劳动可以改

① 总政治部办公厅编．中国人民解放军政治工作历史资料选编［M］：第七册．北京：解放军出版社，2004.60

② 总政治部办公厅编．中国人民解放军政治工作历史资料选编［M］：第七册．北京：解放军出版社，2004.192

③ 总政治部办公厅编．中国人民解放军政治工作历史资料选编［M］：第一册．北京：解放军出版社，2004.356

④ 毛泽东选集［M］：第三卷．北京：人民出版社，1991.1005

造思想，改造人。战士看到干部也挖地，官兵关系就可以改善，这就是政治工作”①。

其三，官兵团结。毛泽东同志在《一九四五年的任务》的演说中指出“军队内部的团结，非常之重要。我们八路军新四军，历来依靠官兵一致，获得了光荣的胜利”②，并号召在全部队内“举行拥干爱兵运动”。1957 年 3 月 20 日，毛泽东同志在南京党员干部会议上说到：“现在实行了军衔制度和其他一些制度，但是，上级跟下级还是要打成一片，干部跟士兵还是要打成一片，还是要准许下级批评上级，士兵批评干部”，“不要因为有了军衔制度和其他一些制度。而使上下级、官兵、军民、军队同地方的密切关系受到损害”③。正是在毛泽东同志官兵一致思想的指引下，才保证了军队内部的高度团结，才能达到“团结自己，战胜敌人”的根本目的。

2. 军民一致

军民一致，是我军性质和全心全意为人民服务的宗旨所决定的，是处理军队与人民群众的重要原则。毛泽东同志在《八连颂》中有这样的感慨：军民团结如一人，试看天下谁能敌？可见，军民一致在他心中所占的分量。因此，他始终把处理好军民关系，争取人民群众的支持放在重要位置。

一方面，军队要服务于人民。毛泽东同志认为人民军队与人民群众，如鱼之于水，要密切同人民群众的联系。人民军队来自人民，依靠人民，服务于人民，要紧紧地和人民站在一起。早在秋收起义时，毛泽东同志就经常教育干部战士不能侵犯群众利益，不拿群众一点东西。在带领起义部队进军井冈山时，毛泽东同志制定了三大纪律——“行动听指挥，不拿老百姓一个红薯，打土豪要归公”，在遂川分兵时又提出了六项注意——“上门板、捆铺草、说话和气、买卖公平、借东西要还、损坏东西要赔”，后来又加上“洗澡避女人”和“不搜俘虏腰包”两项，成为八项注意，密切了军民关系，有效地争取了群众的支持。他在古田会议决议中，明确指出“红军的打仗不是单纯地为了打仗而打仗，乃是为了宣传群众、组织群众、武装群众，并帮助群众建立政权才去打仗的，离开了对群众宣传组织、武装和建设革命政权等项目标，就完全失去了打仗的意义，也就失去了红军存在的意义”④。毛泽

① 总政治部办公厅编．中国人民解放军政治工作历史资料选编［M］：第十一册．北京：解放军出版社，2010.31

② 总政治部办公厅编．中国人民解放军政治工作历史资料选编［M］：第七册．北京：解放军出版社，2004.610

③ 中共中央文献研究室，中国人民解放军军事科学院编．建国以来毛泽东军事文稿［M］：中卷．北京：军事科学出版社，中央文献出版社，2010.345－346

④ 总政治部办公厅编．中国人民解放军政治工作历史资料选编［M］：第一册．北京：解放军出版社，2002.338

东同志把群众看做是军队生存的根基，是取得革命胜利的“最重要的条件”。他教育官兵时指出“同志们，真正的铜墙铁壁是什么？是群众，是千百万真心实意地拥护革命的群众。这是真正的铜墙铁壁，是什么力量也打不破的，完全打不破的。”① “人民这个条件，对于红军是最重要的条件”②。他认为“只有坚决地广泛地发动全体的民众，方能在战争的一切需要上给以无穷无尽的供给。”③

另一方面，人民要拥护军队。毛泽东认为，人民要获得自身的解放，谋得自身的利益，必须要有一个自己的军队，“没有一个人民的军队，便没有人民的一切”④。因此，人民群众要拥护和支援自己的军队。历史证明，我军之所以能在敌强我弱、艰难困苦的条件下，最终取得了革命战争的辉煌胜利，都是依靠党领导下的人民群众的无私支持和帮助。

3. 瓦解敌军

瓦解敌军，以达到不战而屈人之兵，或是用最小的代价换取最大的胜利，是我军克敌制胜的重要法宝，也是毛泽东同志一贯坚持的主张。

早在红军创建初期，毛泽东同志就把瓦解敌军作为我军政治工作的基本原则之一。在1928年的新城大捷后，他就制定了四项宽待俘虏政策：一、对俘虏不打、不骂、不杀、不虐待；二、不搜腰包；三、去留自愿；四、对俘虏伤病兵给予治疗。毛泽东同志特别强调要团结溶化俘虏兵，指出“尤其是新来的俘虏兵，他们感觉国民党军队和我们军队是两个世界”，“红军像一个火炉，俘虏兵过来马上就熔化了”。⑤ 他认为“对敌军的宣传，最有效的方法是释放俘虏和医治伤兵。敌军的士兵和营、连、排长被我们俘虏过来，即对他们进行宣传工作，分为愿留愿去两种，愿去的即发路费释放。这样就把敌人所谓‘共匪见人就杀’的欺骗，立即打破。”⑥ 在古田会议决议中，毛泽东同志具体规定了对敌军宣传的方法和宽待俘虏的政策。在抗日战争时期，毛泽东同志为八路军新四军制定了“团结友军，争取伪军，孤立和打击日军”的工作方针，有力地保证了战争的胜利。解放战争时期，针对国民党军队内部嫡系歧视杂牌，嫡系内部也矛盾重重，许多将领反战的情况，我党我军对反对内战的国民党军人尤其是长期受歧视的杂牌军展开了积极的争取

① 毛泽东选集［M］：第一卷．北京：人民出版社，1991.139

② 毛泽东选集［M］：第一卷．北京：人民出版社，1991.207

③ 毛泽东选集［M］：第一卷．北京：人民出版社，1991.492

④ 总政治部办公厅编．中国人民解放军政治工作历史资料选编［M］：第一册．北京：解放军出版社，2002.752

⑤ 总政治部办公厅编．中国人民解放军政治工作历史资料选编［M］：第一册．北京：解放军出版社，2002.157

⑥ 总政治部办公厅编．中国人民解放军政治工作历史资料选编［M］：第一册．北京：解放军出版社，2002.158

工作，敌军成建制地起义投诚就有150万人以上，大大加速了国民党反动政权的崩溃。

要做好瓦解敌军的工作，首先要在军事打击的基础上，对敌实行强大的政治攻势达到政治上的争取。对于任何一场战争而言，军事打击都是主要的，没有军事打击，政治瓦解是不会迅速显效的。在平津战役中，如果没有对天津的重点打击，没有对傅作义兵团的全面包围，是不可能实现北平和平解放的。其次，要贯彻执行宽待俘虏的政策。在古田会议决议中，毛泽东同志就指出了“优待敌方俘虏兵，是对敌宣传的极有效方法。”① 毛泽东同志特别强调要尊重已经放下武器的敌军俘虏的人格，“不加侮辱，不搜财物，不要自首，一律以诚恳和气的态度对待之。不论他们如何反动，均取这种态度”②。1962年9月7日，毛泽东同志会见拉丁美洲国家的青年和学生代表的谈话中说到：“蒋介石军队的士兵百分之八十以上是能够改造成为解放军的。俘虏过来以后，对他们做一两个礼拜的思想工作，他们就跟着我们一起拿起枪来了。”③

（六）“掌握思想教育，是团结全党进行伟大政治斗争的中心环节”

毛泽东同志认为“在一定物质基础之上，思想掌握一切，思想改变一切”④，也就是说，在具备一定物质条件的基础上，人们的思想正确与否，主观努力的程度如何关乎事业成败。因此，毛泽东同志非常重视思想教育，根据列宁提出的“灌输”理论，于1945年4月，他在党的第七次代表大会上明确指出：“掌握思想教育，是团结全党进行伟大政治斗争的中心环节。如果这个任务不解决，党的一切政治任务是不能完成的”⑤。

经归纳，毛泽东强调的思想教育，主要包括下述三方面的内容。

一是马克思主义理论的教育。中国共产党是用马克思主义武装起来的，党的路线、方针、政策，都是以马克思列宁主义为依据制定的。毛泽东曾指出，“马克思、恩格斯、列宁、斯大林的理论，是‘放之四海而皆准’的理论。”⑥ 马克思列宁主义是我们行动的指南。没有马克思列宁主义，就没有中国革命战争的胜利，就没有中国建设的胜利。所以，毛泽东反复强调要加

---

① 总政治部办公厅编．中国人民解放军政治工作历史资料选编［M］：第一册．北京：解放军出版社，2002.353

② 总政治部办公厅编．中国人民解放军政治工作历史资料选编［M］：第五册．北京：解放军出版社，2004.619

③ 中共中央文献研究室，中国人民解放军军事科学院编．建国以来毛泽东军事文稿［M］：下卷．北京：军事科学出版社，中央文献出版社，2010.146

④ 总政治部办公厅编．中国人民解放军政治工作历史资料选编［M］：第七册．北京：解放军出版社，2004.420

⑤ 毛泽东选集［M］：第三卷．北京：人民出版社，1991.1094

⑥ 毛泽东选集［M］：第二卷．北京：人民出版社，1991.533

强对马克思主义理论的学习。他反对照搬照抄马克思列宁主义词句的教条主义，对学习的目的和方法进行了明确的说明："对于马克思主义的理论，要能够精通它、运用它，精通的目的全在于应用。如果你能应用马克思列宁主义的观点，说明一个两个实际问题，那就要受到称赞，就算有了几分成绩。被你说明的东西越多，越普遍，越深刻，你的成绩就越大"①。

二是克服非无产阶级思想的教育。毛泽东同志认为，开展思想教育，用无产阶级思想克服各种非无产阶级思想，是清除官兵各种非无产阶级思想，树立无产阶级思想的根本途径。在古田会议决议中，毛泽东同志指出"四军党内各种非无产阶级意识非常之浓厚，对于党的正确路线之执行，加了极大的妨碍。若不彻底纠正，则中国广大革命战争加于四军的任务，是决然担负不起来的。"② 毛泽东同志对开展思想教育的重要作用作了更加明确的说明，他指出"军队的基础在士兵，没有进步的政治精神贯注于军队之中，没有进步的政治工作去执行这种贯注，就不能达到真正的官长和士兵的一致，就不能激发官兵最大限度的抗战热忱，一切技术和战术就不能得着最好的基础去发挥它们应有的效力"③。可见，毛泽东同志认为思想的进步可以催生各项工作的进步。

三是党的政治目的的教育。毛泽东在《论持久战》中专门对政治动员进行了论述，他指出"什么是政治动员呢？首先是把战争的政治目的告诉军队和人民。必须使每个士兵每个人民都明白为什么要打仗，打仗和他们有什么关系。抗日战争的政治目的是'驱逐日本帝国主义，建立自由平等的新中国'，必须把这个目的告诉一切军民人等，方能造成抗日的热潮，使几万万人齐心一致，贡献一切给战争"④。他还反复强调"如此伟大的民族革命战争，没有普遍和深入的政治动员，是不能胜利的……这一着实在是头等重要"⑤，"我们之所以不惜反反复复说到这点，实在是没有这一点就没有胜利。没有许多必要的东西固然也没有胜利，然而这是胜利的最基本的条件"⑥。可见，没有深入的党的政治目的的教育，官兵就不会有一个正确的

---

① 毛泽东选集［M］：第三卷．北京：人民出版社，1991.815

② 总政治部办公厅编．中国人民解放军政治工作历史资料选编［M］：第一册．北京：解放军出版社，2002.337

③ 总政治部办公厅编．中国人民解放军政治工作历史资料选编［M］：第四册．北京：解放军出版社，2004.191

④ 总政治部办公厅编．中国人民解放军政治工作历史资料选编［M］：第四册．北京：解放军出版社，2004.188

⑤ 总政治部办公厅编．中国人民解放军政治工作历史资料选编［M］：第四册．北京：解放军出版社，2004.188

⑥ 总政治部办公厅编．中国人民解放军政治工作历史资料选编［M］：第四册．北京：解放军出版社，2004.192

认识，党赋予军队的各项任务也就无从谈起了。

（七）“军队也需要民主主义”

“民主制作为类概念的国家制度”①，是属于政治范畴的。毛泽东同志将这一政治范畴引入到军队建设上，提出“中国人民不但需要民主主义，军队也需要民主主义”②，是我军民主制度的伟大开创者。

1. “政治、经济、军事三方面的民主”

毛泽东同志明确指出了实行民主的重要作用，“红军的物质生活如此菲薄，战斗如此频繁，仍能维持不敝，除党的作用外，就是靠实行军队内的民主主义”，“军队内的民主主义制度，将是破坏封建雇佣军队的一个重要武器”③。他在《评西北大捷兼论解放军的新式整军运动》中，把我军20年来实行的民主制度，进一步概括为“在部队中进行的政治、经济、军事三方面的民主”④，简称为三大民主。三大民主是我军政治工作的主要内容和根本方法。在军队实行民主，是毛泽东的一大创举。

毛泽东同志对于三大民主有着明确的内容规定。他指出“官兵待遇平等，士兵有开会说话的自由”，“士兵对于干部中的坏分子有揭发其错误和罪恶的权利”，“士兵在必要时，有从士兵群众中推选他们相信的下级干部候选人员、以待上级委任的权利”；“必须使士兵选出的代表具有协助权（不是超过）连队首长管理连队的给养和伙食”；“必须在练兵时实行官兵互教，兵兵互教；在作战时，实行在火线上连队开各种大、小会。在连队首长指导下，发动士兵群众讨论如何攻克敌阵，如何完成战斗任务”。⑤

对于三大民主，毛泽东同志总结到“这样就使部队万众一心，大家想办法，大家出力量，不怕牺牲，克服物质条件的困难，群威群胆，英勇杀敌”，“这样的军队，将是无敌于天下的”⑥。

2. 民主是团结自己、战胜敌人的手段

我军实行三大民主的目的在哪里？毛泽东同志从哲学高度给出了答案。

---

① 马克思恩格斯全集［M］：第三卷．中共中央马克思恩格斯列宁斯大林著作编译局编译．北京：人民出版社，2005.280

② 总政治部办公厅编．中国人民解放军政治工作历史资料选编［M］：第一册．北京：解放军出版社，2004.157

③ 总政治部办公厅编．中国人民解放军政治工作历史资料选编［M］：第一册．北京：解放军出版社，2004.157

④ 总政治部办公厅编．中国人民解放军政治工作历史资料选编［M］：第九册．北京：解放军出版社，2007.415

⑤ 总政治部办公厅编．中国人民解放军政治工作历史资料选编［M］：第九册．北京：解放军出版社，2007.415

⑥ 总政治部办公厅编．中国人民解放军政治工作历史资料选编［M］：第九册．北京：解放军出版社，2007.312

他指出，“要求抽象的自由、抽象的民主的人们认为民主是目的，而不承认民主是手段。民主这个东西，有时看来似乎是目的，实际上，只是一种手段。马克思主义告诉我们，民主属于上层建筑，属于政治这个范畴。这就是说，归根结蒂，它是为经济基础服务的”①。可见，毛泽东同志认为三大民主就是一种手段。他在《军队内部的民主运动》中，指出了民主作为一种手段，要达到的目的——“部队内部政治工作方针，是放手发动士兵群众、指挥员和一切工作人员，通过集中领导下的民主运动，达到政治上高度团结、生活上获得改善、军事上提高技术和战术的三大目的”②。这“三大目的”，说到底，就是实现“团结自己、战胜敌人”。同时，毛泽东还把民主作为“部队内部政治工作的方针”③。

正确贯彻民主制度、有效开展民主活动需要处理好民主与集中、自由与纪律的辩证统一关系，这也是毛泽东重点强调的问题。关于民主与集中，毛泽东指出“这些都是一个统一体的两个矛盾着的侧面，它们是矛盾的，又是统一的，我们不应当片面地强调某一个侧面而否定另一个侧面……不可以没有民主，也不可以没有集中”④。毛泽东还明确指出，军队内部的民主必须是集中领导下的民主，必须是有统一领导的民主。关于民主与自由，毛泽东指出“民主与自由都是相对的……民主是对集中而言，自由是对纪律而言”⑤。他强调在我们的军队中，不允许任何破坏纪律的现象存在，也反对以维护纪律为由，限制官兵应有的民主和自由。

（八）“政治路线确定以后，干部就是决定的因素”

干部是构成军队的骨干部分，是军事行动和军队建设的指挥者和决策者。“是存亡安危在于枹端，奈何无重将也”，干部队伍建设的如何，决定着军队的胜败和国家的存亡。干部工作是我军政治工作的重要组成部分，关于干部队伍建设思想是毛泽东政治工作思想的重要组成部分。

建设一支优秀干部队伍，是军队强大、国防稳固，事业兴旺的基础。毛泽东同志在各个时期，对加强干部队伍建设都有论述。1937 年他在《为争取千百万群众进入抗日民族统一战线而斗争》中指出“我们党要自觉地造就成万数的干部，要有几百个最好的群众领袖。党依靠这些人而联系党员和群众，依靠这些人对于群众的坚强领导而达到打倒敌人之目的。要把在全党和

① 毛泽东文集［M］：第七卷．北京：人民出版社，1999.208－209

② 总政治部办公厅编．中国人民解放军政治工作历史资料选编［M］：第九册．北京：解放军出版社，2007.312

③ 总政治部办公厅编．中国人民解放军政治工作历史资料选编［M］：第九册．北京：解放军出版社，2007.312

④ 毛泽东文集［M］：第七卷．北京：人民出版社，1999.209

⑤ 毛泽东文集［M］：第七卷．北京：人民出版社，1999.209

全国发现许多新的干部和领袖，作为一种任务。”① 1938 年在《中国共产党在民族战争中的地位》中又提出，“现有的骨干还不足以支撑斗争的大厦，还须广大地培养人才……在政治路线确定之后，干部就是决定的因素。因此，有计划地培养大批的新干部，就是我们的战斗任务。”② 1944 年他在《一九四五年的任务》中指出“为着战胜日本侵略者，需要广大的有能力的干部。我们现有的干部，比较从前增加很多，但是仍感不足。”③ 1956 年他在党的八届二中全会上指出：“东欧的一些国家很不稳定，一个重要的原因就是他们没有这样一套干部。我们有在不同革命时期经过考验的这样一套干部，就可以‘任凭风浪起，稳坐钓鱼船’。”④

1. 才德兼备、又红又专的干部标准

有了正确的衡量干部的标准，才能在考察干部时防止单凭“个人印象”论长短。军队的性质和宗旨不同，衡量干部的标准自然也不同。我军作为无产阶级的人民军队，衡量干部的标准就是毛泽东提出的“才德兼备”、“又红又专”。

1938 年，毛泽东同志提出了“才德兼备”的标准。他指出“中国共产党是在一个几万万人的大民族中领导伟大革命斗争的党，没有多数德才兼备的领导干部，是不能完成其历史任务的。”⑤ 1957 年，毛泽东同志在党的八届三中全会上提出了“又红又专”的标准，“专搞政治，不懂业务，也不行。……各行各业的干部都要努力精通技术和业务，使自己成为内行，又红又专”⑥。才德兼备、又红又专是全面衡量干部的标准。毛泽东同志提出的这个标准是具体的，他在讲到干部问题时从不同方面作了论述。比如，在政治、工作方面，“这些干部和领袖懂得马克思列宁主义，有政治远见，有工作能力，富于牺牲精神，能独立解决问题，在困难中不动摇，忠心耿耿地为民族、为阶级、为党而工作”；在思想方面，“这些人不要自私自利，不要个人英雄主义和风头主义，不要懒惰和消极性，不要自高自大的宗派主义，他们是大公无私的民族的阶级的英雄”；在团结方面，“他们要能够团结大多数人。所谓团结大多数人，包括从前反对自己反对错了的人，不管他是哪个山头的，不要记仇，不能‘一朝天子一朝臣’”。毛泽东同志还指出“不但要看

① 毛泽东文集［M］：第一卷．北京：人民出版社，1993.277

② 毛泽东选集［M］：第二卷．北京：人民出版社，1991.526

③ 总政治部办公厅编．中国人民解放军政治工作历史资料选编［M］：第七册．北京：解放军出版社，2004.613

④ 毛泽东选集［M］：第五卷．北京：人民出版社，1744.327

⑤ 毛泽东选集［M］：第二卷．北京：人民出版社，1991.526

⑥ 侯鲁梁．毛泽东建军思想概论［M］．北京：解放军出版社，2007.317

干部的一时一事，而且要看干部的全部历史，这是识别干部的主要方法。”①

2. 任人唯贤的干部路线

任人唯贤是毛泽东同志使用干部的根本原则。坚持任人唯贤，也就是坚持用“才德兼备”、“又红又专”的标准去衡量、选择和使用干部。只有任人唯贤，才能保证干部的正确任用，才能保证各项任务的顺利完成，保证我军的顺利发展。

在干部使用问题上，他指出“我们民族历史中从来就有两个对立的路线：一个是‘任人唯贤’的路线，一个是‘任人唯亲’的路线。前者是正派的路线，后者是不正派的路线。共产党的干部政策，应是以能否坚决地执行党的路线，服从党的纪律，和群众有密切的联系，有独立的工作能力，积极肯干，不徇私利为标准，这就是‘任人唯贤’的路线。”② 他列举了张国焘实行“任人唯亲”路线，组织小派别，叛党而去，给我党我军造成了很大损失的教训，来说明坚持“任人唯贤”的重要性，“鉴于张国焘的和类似张国焘的历史教训，在干部政策问题上坚持正派的公道的作风，反对不正派的不公道的作风，借以巩固党的统一团结，这是中央和各级领导者的重要的责任”③。

三、毛泽东军队政治工作思想的理论品格

毛泽东军队政治工作思想作为一种独立的军队政治工作思想体系，具有鲜明的理论品格，是党性和群众性的辩证统一，理论性和实践性的辩证统一，继承性和创造性的辩证统一、科学性与指导性的辩证统一。

（一）党性和群众性的辩证统一

旧中国半殖民地半封建社会的性质，决定了斗争的主要对象是帝国主义、封建主义和官僚资本主义。在俄国十月革命的影响下，产生了以马克思主义为指导的无产阶级政党——中国共产党。毛泽东军队政治工作思想是在党领导人民军队夺取政权的武装斗争中形成和发展的，是为实现党的政治目的，即争取战争胜利和建设一支新型人民军队而服务的，必然会具有鲜明的党性。简单地说，党性也就是人民军队阶级性的升华，集中体现着人民的根本利益，把坚持全心全意为人民服务的宗旨作为政治工作的出发点和落脚点，把坚持党对军队的绝对领导当做政治工作的根本任务。

① 侯鲁梁．毛泽东建军思想概论［M］．北京：解放军出版社，2007. 318－319

② 总政治部办公厅编．中国人民解放军政治工作历史资料选编［M］：第四册．北京：解放军出版社，2004. 217

③ 总政治部办公厅编．中国人民解放军政治工作历史资料选编［M］：第四册．北京：解放军出版社，2004. 217

新型人民军队的创建，有着独特的规律性，有着与创建其他类型军队所不同的要求。毛泽东的一切军事实践活动，都是围绕着创建一支强大的人民军队这一目标的实现展开的，他认真总结创建新型人民军队的经验，提出了许多适合于人民军队建设的政治工作思想，例如虚心倾听群众的意见；相信群众、依靠群众；从群众中来，到群众中去；领导和群众相结合；一般与个别相结合等思想，这些思想充分体现了马克思列宁主义方法论的运用，具有广泛的群众性。

可以看出，毛泽东军队政治工作思想的党性蕴含着群众性，它的群众性是党性的必然要求，因此，两者是辩证统一的。

（二）理论性和实践性的辩证统一

毛泽东军队政治工作思想充分揭示了我军建设和我军政治工作的基本规律，是对我军政治工作实践的理论层次的科学总结，具有浓厚的理论性。例如坚持官兵一致、军民一致、瓦解敌军的三大原则；坚持用马克思主义理论和党的路线、方针、政策教育部队；坚持在军内实行政治民主、经济民主、军事民主的三大民主；坚持任人唯贤的干部政策等。这些思想具有较强的稳定性，无论时代和形势如何发展变化，都闪耀着理论的光辉。

毛泽东军队政治工作思想不是空洞的说教，它的全部内容都是用来指导我军政治工作实践的。而这些具体的思想也只有在实践中，它才能真正实现其价值，它的正确性才能得到充分检验并不断得到新的发展。例如，毛泽东同志在强调党对军队的绝对领导的同时，制定了一系列的组织制度：支部建在连上制度、党的委员会制度、政治委员制度、政治机关制度等，有力地保证了党对军队的绝对领导。从实践中来，到实践中去，这充分体现了毛泽东军队政治工作思想的实践性特征。

理论上的正确并不代表实践上的可行，而毛泽东军队政治工作思想是理论性与实践性的辩证统一，这种统一，体现在已经历史证明了的我军政治工作所取得的辉煌战绩中。

（三）继承性和创造性的辩证统一

“如果没有革命理论，没有历史知识，没有对实际运动的深刻的了解，要取得胜利是不可能的。”[①] 毛泽东军队政治工作思想是在继承马克思主义基本理论，继承中华民族优秀军事文化历史遗产的基础上形成和发展的，一些思想可以从这两者之中找到原型（见“毛泽东军队政治工作思想形成的历史条件”部分），体现了它的继承性。

① 毛泽东选集［M］：第二卷．北京：人民出版社，1991.526

毛泽东军队政治工作思想虽然具有继承性，但并不是简单地照搬照抄，搞拿来主义，而是强调理论与实际相结合，在吸收的基础上进行了符合我军实际情况的发挥和创造。纵观毛泽东军队政治工作思想的每一步发展，每一分成熟，都是个不断创新的过程，都体现着鲜明的创造性。例如，毛泽东同志在带领秋收起义部队进军井冈山时，制定了三大纪律、六项注意。而随着情况的发展，他审时度势，及时改为了八项注意，密切了军民关系，有效地争取了群众的支持；他没有受苏联红军采用单一首长制影响，主张实行双长制，创造性地提出了“党委统一的集体领导下的首长分工负责制”，有效地保证了党对军队的正确领导；他非常重视官兵的思想政治教育，创造了“整风”的方法，采取整风运动的形式对全党、全军进行马克思主义的普遍教育，使全党全军统一了思想，加强了团结。

毛泽东军队政治工作思想的创造性是在继承性基础上进行的，创造性是对继承性的超越，二者辩证统一在对马列主义军队政治工作理论的坚持和创新发展上。也正是因为这种辩证统一，才能产生既继承马克思主义的一般原理，又符合我国国情和军情的毛泽东军队政治工作思想体系，才能在我军政治工作上走出了一条具有中国特色的正确道路。

四、毛泽东军队政治工作思想的历史地位

毛泽东军队政治工作思想是我党领导中国革命和军队建设事业几十年积累起来的宝贵财富，是我军在新民主主义革命时期出色地完成历史使命的根本保证。毛泽东军队政治工作思想，在我军政治工作思想发展史上具有非常重要的奠基性地位。

（一）毛泽东军队政治工作思想是中国化的马克思主义军事科学

马克思、恩格斯首先提出了武装工人阶级，建设无产阶级军队的思想，但由于历史的局限性，对无产阶级军队中的政治工作有所涉及，但并没有形成一个完整的体系。列宁、斯大林在俄国十月革命胜利后，建立了一支以工人阶级为主体的军队，并提出了无产阶级军队政治工作的基本理论。

毛泽东同志对于在中国这个特定社会条件下建设无产阶级军队有着深刻的认识，他运用马克思主义基本原理去分析问题、解决问题，并把马克思主义军事理论与中国具体的国情、军情相结合，创造性提出政治工作是革命军队的生命线，制定党委统一的集体领导下的首长分工负责制，主张用无产阶级思想教育作为革命主体的农民，创建军队内部的民主制度，正确界定政治工作与整个军队工作的关系等一整套具有中国特色的军队政治工作思想，形成了毛泽东军队政治工作思想体系，成功解决了把以农民为主要成分的革命军队建设成为一支无产阶级性质的人民军队的问题，对丰富和发展马克思主

义军事科学做出了卓越的贡献，是中国化的马克思主义军事科学。

（二）毛泽东军队政治工作思想是中国革命战争和军队建设的重要法宝

恩格斯曾指出“一个民族要想站在科学的最高峰，就一刻也不能没有理论思维。”[①] 同样的道理，一支军队想要跻身于世界雄狮劲旅之林，就一刻也不能没有科学理论的指导。毛泽东军队政治工作思想作为一种无形的军事资源，是中国革命战争胜利和军队建设发展必不可少的条件，是中国革命战争和军队建设的重要法宝。

1840年鸦片战争以后，中国逐渐成为半殖民地半封建社会。中国人民为了反对帝国主义的侵略和国内反动阶级的压迫，从太平天国、义和团运动到辛亥革命，接连不断地进行革命武装斗争，然而这些斗争最终都以失败告终。事实证明，农民、资产阶级都不能正确地解决中国革命武装的理论和实践问题。以毛泽东为代表的中国共产党人，深刻认识到了建立一支党领导下的新型人民军队的重要性，并在领导中国革命战争和军队建设实践中，创造性地开展了一系列的行之有效的政治工作，逐步形成了毛泽东军队政治工作思想。在毛泽东军队政治工作思想的指导下，强有力的政治工作确保了人民军队的无产阶级性质，确保了党对军队的绝对领导，确保了军队高度团结统一和强大战斗力，确保了军队各项任务的完成。最终，党领导这支军队打败了强大的敌人，推翻了帝国主义、封建主义和官僚资本主义三座大山，创立了新中国。在中国，革命时间之长、规模之大、情况之复杂、条件之艰难、斗争之激烈，在世界战争史上是前所未有的，而我军所取得的胜利之辉煌也是举世瞩目的。而毛泽东军队政治工作思想，作为总结的经验，升华的思想，是胜利的重要保障。可以这样说，没有毛泽东军队政治工作思想，就没有党领导下的新型的人民军队；没有党领导下的新型人民军队，就没有新中国。毛泽东军队政治工作思想是我军政治工作取得累累硕果的光辉记录，是被战争和军队建设的实践检验过的正确军事理论，是中国革命战争和军队建设的重要法宝。

（三）毛泽东军队政治工作思想是我军政治工作思想发展的科学指南

一个革命性思想的伟大意义，不在于它否定、终结某种历史，而在于开辟、指导未来。毛泽东军队政治工作思想正是这种伟大的革命性、开创性思想，它的生命力不仅在于过去的辉煌，更在于未来的发展，在于随社会进程的曲线而螺旋式升华。毛泽东同志提出和总结的关于我军政治工作的基本原理，不但有效地解决当时军队面临的各种内外矛盾，并且具有较强的稳定性

① 马克思恩格斯全集［M］：第三卷．中共中央马克思恩格斯列宁斯大林著作编译局编译．北京：人民出版社，2005.567

和普遍指导意义，为后来我军政治工作思想的发展奠定了基础，明确了方向。毛泽东军队政治工作思想是我军政治工作思想发展的基奠，为我军政治工作思想发展提供了一个科学指南。邓小平军队政治工作思想、江泽民军队政治工作思想、胡锦涛军队政治工作思想都是对毛泽东军队政治工作思想的继承和发展。

时代在变，真理永恒。毛泽东军队政治工作思想强调的政治工作是我军的生命线，坚持党对军队的绝对领导，官兵一致、军民一致、瓦解敌军，实事求是和群众路线的根本作风和方法等科学论断，将永远闪耀着光辉，指引我军政治工作思想的创新发展，使其真正适应新形势，完成新任务，实现新进步。

第五章　周恩来等对毛泽东军队政治工作思想的贡献和发展

“毛泽东思想是马克思列宁主义在中国的运用和发展被实践证明了的关于中国革命的正确的理论原则和经验总结，是中国共产党集体智慧的结晶。我党许多卓越领导人对它的形成和发展都作出了重要贡献，毛泽东同志的科学著作是它的集中概括。”

——《关于建国以来党的若干历史问题的决议》①

本章仅以此题，说明毛泽东军队政治工作思想主要是毛泽东的军队政治工作思想，但又绝不仅仅是毛泽东个人思索的结果，它实质上是以毛泽东为代表的中国共产党人集体创造的结晶。在毛泽东军队政治工作思想形成和发展的过程中，周恩来、刘少奇等人均做出了自己的贡献。他们关于我军政治工作的思想观点，同样推动了我军政治工作的发展，丰富了毛泽东军队政治工作思想体系。

一、周恩来对毛泽东军队政治工作思想的贡献和发展

周恩来（1898－1976），江苏淮安人，党和国家卓越的领导人，我军的创始人之一。他为党、为国家、为人民军队做出了历史性的卓越贡献。周恩来是我党最早从事革命军队政治工作的重要领导者，具有丰富的军队政治工作实践经验，发表了大量论及军队政治工作的讲话和文章，是毛泽东军队政治工作思想形成和发展的主要参加者和贡献者。

周恩来同志先后担任过黄埔军校政治部主任，国民革命军第一军政治部主任、国民革命军总政治部副主任、中共两广区常委兼军事部长、中共中央组织部部长、军事委员会书记、中国工农红军总政治委员、中央革命军事委员会副主席、中国人民解放军总参谋长等军队要职，长期从事军队政治工作，特别是他早期在领导国民革命军政治工作的实践中，为我党在后来独立领导军队和创建我军政治工作奠定了最初的基础。周恩来同志对毛泽东军队政治工作思想的形成和发展发挥了重要作用，突出表现在两点：一是在1929年9月，周恩来同志主持起草了给红四军前委的指示信即“九月来

① 施善玉，鲍同．中国共产党党史知识集成［M］．北京：长征出版社，2001.688

信”。信中明确了政治工作的任务，肯定了党对军队的领导制度，是我党我军历史上第一次比较系统地阐述建军思想的全军性的文件，对古田会议的召开发挥了至关重要的作用。而古田会议决议，成为我军政治工作思想史上的里程碑，是毛泽东军队政治工作思想形成的标志。二是在遵义会议上，周恩来同志坚决支持毛泽东的正确军事与政治路线，对确立毛泽东的领导地位，恢复政治工作的优良传统，发挥了十分重要的作用。也正是在遵义会议后，毛泽东军队政治工作思想才得以独领风骚，支配了全党全军的。

周恩来同志的军队政治工作思想主要体现在《军队中政治工作》、《国民革命军及军事政治工作》、《给红四军前委的指示信》、《一切政治工作为着前线上的胜利》、《抗战军队的政治工作》等讲话和著作中。

（一）“政治工作是红军的生命线”

周恩来同志对我军政治工作的重要地位和作用始终有着深刻的认识，在我党我军历史上最早提出了政治工作是我军生命线的思想。

1．“生命线”观点的雏形

早在黄埔军校担任政治部主任期间，周恩来同志就秘密建立起中共黄埔特别支部，主持了宣传马列主义、开展政治训练等政治工作。这是中国共产党在军队建立的最早的党组织，开创了我党在革命军队中开展政治工作的先河。周恩来同志认为革命数十年之所以没有取得成功，是因为军队“不知人民痛苦，不知政治意义”，因此，必须要建立真正的革命军队，必须使每名官兵知道“军士之打仗是为人民而打的，若非为人民而打之仗，彼等必不去打。能如此者为党军，不能如此者非党军。”① 北伐战争的失败，使周恩来同志进一步认识到了政治工作在军队中的重要性。1928 年 7 月，周恩来同志代表中央所作的六大军事报告中，在关于“建立红军的原则”中指出“红军一定有政治工作，党员政治工作，政治部是在军队中最高机关”②。1929 年 8 月，针对红四军当时内部存在的一些对政治工作的错误看法，周恩来同志在给红四军前委的指示信中严肃指出“红军中政治部工作及宣传队组织（或如你们所称‘宣传兵’）是红军中政治命脉，其作用不减于战斗兵”③。这是历史上我党首次把政治工作提到了“政治命脉”的高度，是“生命线”思想的雏形。

2．“生命线”观点的正式提出

1934 年 2 月，周恩来同志在红军第一次全国政治工作会上，明确提出

① 佟明忠．中外军队政治工作思想通史［M］．北京：军事科学出版社，1997.424

② 总政治部办公厅编．中国人民解放军政治工作历史资料选编［M］：第一册．北京：解放军出版社，2002.91

③ 总政治部办公厅编．中国人民解放军政治工作历史资料选编［M］：第一册．北京：解放军出版社，2002.235

了“生命线”思想。他指出“政治工作是红军的生命线，你们是领导者，每一次战斗中的胜利离不开你们，离不开政治工作。”[①] 周恩来同志还认为政治工作要服从服务于“前线上的胜利”，“战斗动作问题，战术问题，后方勤务问题都要求我们政治工作要有很好的配合和保障，一切政治工作，要服从整个作战计划；一切政治工作都要为着前线上的胜利”[②]，这是周恩来为确保我军政治工作的正确方向做出的特别思想贡献。1938 年 1 月 10 日周恩来发表了《抗战军队的政治工作》一文，进一步指出“革命的政治工作是民族革命的生命线”[③]。他还具体说明了政治工作为什么是生命线，“改造军队最重要的一环，就是建立革命的政治工作制度。只有在抗战军队中把政治工作实际地建立起来，才能把民族抗战的战斗力提高，才能把官与兵、军与民联结成一条心，像一个人一样，为民族的独立自由而战斗到底！”[④] 他总结了第一次国内革命战争和苏联红军、西班牙政府军的战斗经验，认为取得胜利的主要原因之一就是“由于革命军队有坚强的革命政治工作”，“政治力量超过了敌人，提高了战斗力，保障了军队本身及军队与人民的团结”，“因此，我们可以肯定地说，以革命主义为基础的革命政治工作是一切革命军队的生命线与灵魂！”[⑤] 周恩来同志严厉批评了那些轻视、诋毁政治工作的错误观点，指出“这些非难政治工作的理由，不是不了解政治工作本身的错误，就是故意反对军队中的革命政治工作，而不想军队革命化”[⑥]。

周恩来同志关于“革命政治工作是一切革命军队的生命线”的重要思想，为我军政治工作的创立和发展奠定了重要的思想基础，为毛泽东的“共产党领导的革命的政治工作是革命军队的生命线”思想提供了重要借鉴。

（二）“革命军队的政治工作的基本目的，是提高革命军队的战斗力，保障战争的胜利”

周恩来同志明确指出“革命军队的政治工作的基本目的，是提高革命军

① 总政治部办公厅编．中国人民解放军政治工作历史资料选编［M］：第二册．北京：解放军出版社，2002.622

② 总政治部办公厅编．中国人民解放军政治工作历史资料选编［M］：第二册．北京：解放军出版社，2002.674

③ 总政治部办公厅编．中国人民解放军政治工作历史资料选编［M］：第四册．北京：解放军出版社，2004.96

④ 总政治部办公厅编．中国人民解放军政治工作历史资料选编［M］：第四册．北京：解放军出版社，2004.96

⑤ 总政治部办公厅编．中国人民解放军政治工作历史资料选编［M］：第四册．北京：解放军出版社，2004.96－97

⑥ 总政治部办公厅编．中国人民解放军政治工作历史资料选编［M］：第四册．北京：解放军出版社，2004.97

队的战斗力，保障战争的胜利”[①]。那么，如何“提高革命军队的战斗力”呢？周恩来同志从不同方面给予了阐述，总结起来，主要集中在以下两点。

1.“向每个部队的全体官兵实施革命的政治工作”

周恩来同志非常重视思想政治教育工作。从内容上来看，周恩来关于政治工作的很多论述，特别是早期的论述，都是针对政治教育的，并没有进行“政治教育”与“政治工作”的区分，很多时候都是通用的。

周恩来同志指出要“向每个部队的全体官兵实施革命的政治工作，发挥革命的前进的人生观，使之了解国际大势、国内形势、日本状况，以及如何争取抗战最后的胜利，高度地提高战士的民族觉醒与自我牺牲精神”[②]。周恩来同志在《国民革命军及军事政治工作》的讲话中指出，要“使军阀军队渐渐觉悟，革命军队确实具有革命观念”，并要求政治教育要围绕以下内容开展：“（1）党化，要使官佐士兵及一切群众晓得党的理论、主义、政策，因为革命军是党的军队，革命军的行动要依着党的政策的缘故。（2）要使士兵了解本身生活的环境。现在的士兵都是由于社会上经济不安的因素里面崩溃出来的。（3）要使官长士兵群众晓得时代的政治。革命都是由于政治上经济上不安的环境里发生出来。所以，当现在社会经济不安的革命进行中，一定要遵循党的政策，打倒帝国主义。”[③] 建军初期，周恩来针对红军农民占主要成分的特殊军情，他指出，军队中农民成分的增加，当然会成为党内和军内种种不正确思想的来源，这在以农为本的中国是不可避免的，但“这并不是危险现象”，问题的关键，是“要多使之受到无产阶级的教育，接受无产阶级的领导，以趋于党的一致”。[④] 针对红军的不断扩大，周恩来非常重视军队如何克服各种非无产阶级思想，他深刻指出“我们要以政治工作来欢迎这大批新战士，巩固他们，训练他们，帮助他们学习本事”，“特别要与不正确的观念做斗争，要求得在思想上的一致，时时要注意生活的改善，克服一切的困难，这些是巩固我们部队的重要工作”[⑤]。

2.“只有严整的军纪可以集中革命力量”

周恩来同志认为严格的纪律是军队建设的重要方面，是战斗力的重要保

---

① 总政治部办公厅编．中国人民解放军政治工作历史资料选编［M］：第四册．北京：解放军出版社，2004.98

② 总政治部办公厅编．中国人民解放军政治工作历史资料选编［M］：第四册．北京：解放军出版社，2004.98

③ 原政治学院编．军队政治工作历史资料［M］：第一册．北京：战士出版社，1982.94－95

④ 总政治部办公厅编．中国人民解放军政治工作历史资料选编［M］：第二册．北京：解放军出版社，2002.236

⑤ 总政治部办公厅编．中国人民解放军政治工作历史资料选编［M］：第二册．北京：解放军出版社，2002.621－622

障之一。他指出“革命党员守纪律，比在任何政党中还要紧要，这是革命重要的一个原则”，“只有严整的军纪可以集中革命力量”，“假使没有这个要素，一定不能把反革命的陈炯明，假革命的杨希闵、刘震寰打倒，将来更不能把我们的仇人一概打倒”[①]。

在强调严格纪律的同时，周恩来同志指出要区别于军阀军队，不能实施强迫的和机械的军事纪律，而是各位同志心甘情愿遵守的，并对如何运用政治工作加强军队纪律做了详尽的说明。他指出军队政治工作必须“建立革命军队自觉的革命军风纪。民族革命军队的军风纪的建立，部队的巩固，是建立在政治的民族的觉悟之上的，而不是依靠皮鞭、军棍、打骂及肉刑的。军队与人民的团结是建筑在每个官兵自觉地爱护民众、保护民众的利益上的，而不是依靠压迫、摧残强迫、命令所能成功的。对于犯错误犯纪律的分子，主要是要采取说服教育的方式，只有在万不得已时才执行纪律条令。因此，只有充分的政治教育，官兵间互相的了解与信任，军民间互相爱护，才有革命军队的自觉纪律。政治机关的政治工作，必须从加强政治工作与改善士兵待遇中，来建立革命的军风纪。”[②] 这样，就把政治工作如何能加强军队的纪律，已经讲的再清楚不过了。

（三）“必须坚持革命政党对军队的领导”

周恩来同志历来重视党对军队的领导。他主张军队要“党化”，就是其思想的突出表现。他提出“革命军队是实现革命党理论的先锋”，“革命军队的行动要依着党的政策”，“革命军队是革命的工具，必须坚持革命政党对军队的领导，要使军队成为革命政党实现革命目的的工具”。[③] 这是周恩来建设革命军队思想的根本原则。

周恩来亲自组建的叶挺独立团，就在团建立了党支部，营建立了党小组，规定党支部是领导核心，一切重大问题由党组织决定，从而在制度上保证了党对军队的领导。红军时期，在向党的六大所作的军事报告上，周恩来同志再次重申“中国共产党的一切军事工作都应集中于中国共产党中央军事部”[④]。随后，在给红四军的指示信中，周恩来同志针对“有些同志对一切重大问题由党来决定，感到不满”，明确指出“党的一切权力集中于前委指导机关，这是正确的，决不能动摇”，并透彻说明了当时实行的“集权制”，

① 王金海．周恩来对我军政治工作的卓越贡献［J］．西安政治学院学报．2009（4）：57

② 总政治部办公厅编．中国人民解放军政治工作历史资料选编［M］：第四册．北京：解放军出版社，2004. 99

③ 原政治学院编．军队政治工作历史资料［M］：第一册．北京：战士出版社，1982. 30－33

④ 总政治部办公厅编．中国人民解放军政治工作历史资料选编［M］：第一册．北京：解放军出版社，2002. 126

“党的一切权力集中于前委领导机关”，这种集权制是“当然是指集体领导组织中的集权，绝不是个人的集权”，“绝对不是说党的一切工作一切事务一切问题都要拿到支部中去讨论解决——这是极端民主化的主张”。[①] 在红军第一次全国政治工作会上，周恩来同志又深刻指出“政治工作的任务是巩固红军，是提高红军战斗力，保障命令的执行，为党的路线而斗争”[②]，这里，周恩来强调政治工作要“为党的路线而斗争”，就是强调政治工作要保障党对军队的领导权。随着战争形势的不断发展，周恩来同志在不同时期多次强调要坚持党的领导，他先后提出：“党的领导作用要绝对的提高，红军中只能有党的领导”[③]；“人民解放军是劳动人民的军队，为中共所创造和领导，不容有第二个党在内活动和发展”[④]；“我们军队如果没有中国共产党的领导，要它成为一支既有高度军事素养，又有高度政治觉悟的革命军队是不可能的”[⑤]。另外，他特别强调要建立健全党委制，认为“这是保证党的领导，保证战争胜利的根本因素”[⑥]。

（四）“政治工作要非常机动、紧张、灵活、坚定和迅速”

周恩来同志特别强调要注意开展军队政治工作的方法，指出“为着保障每一个战斗的胜利，政治工作要非常机动、紧张、灵活、坚定和迅速”[⑦]。

周恩来同志认为开展政治工作，要目的与方法兼顾。他对冯玉祥的军队、法国革命军队和苏军的政治工作总结到：“冯玉祥的军队有宗教运动，因此，他的军队格外团结、朴实、耐苦、廉洁、守纪律。这是宗教运动的效果。可是他的目的是错误的。法国革命时期的军队，也有政治工作，宣传目的是对的，可是其方法不对，所以结果（形成了）拿破仑第一帝制。”“最近苏俄红军的政治工作目的也对，方法极好，我们革命军里政治组织就是效法红军。”[⑧]

周恩来同志非常重视政治工作的方法。早在黄埔军校任政治部主任期间，他就创造了许多内容丰富、灵活多样的政治工作形式，如组织剧社、请

---

① 总政治部办公厅编．中国人民解放军政治工作历史资料选编［M］：第一册．北京：解放军出版社，2002.235

② 总政治部办公厅编．中国人民解放军政治工作历史资料选编［M］：第二册．北京：解放军出版社，2002.670

③ 总政治部办公厅编．中国人民解放军政治工作历史资料选编［M］：第一册．北京：解放军出版社，2002.540

④ 周恩来军事文选［M］：第三卷．北京：人民出版社，1997.328

⑤ 周恩来军事文选［M］：第四卷．北京：人民出版社，1997.390

⑥ 周恩来军事文选［M］：第四卷．北京：人民出版社，1997.440

⑦ 总政治部办公厅编．中国人民解放军政治工作历史资料选编［M］：第二册．北京：解放军出版社，2002.671

⑧ 佟明忠．中外军队政治工作思想通史［M］．北京：军事科学出版社，1997.431－432

名人作报告、出版革命刊物、开展谈心活动等，取得了较好的效果。周恩来同志认为开展政治工作要注意三点：一是要与解决实际问题相结合。周恩来同志提出在开展政治工作的同时，要“努力注意改善士兵待遇与生活”，“如果政治机关的政治工作不能和改善士兵生活待遇联系起来，政治工作就成为‘卖狗皮膏药’”①。他还提出要把群众的日常生活也纳入党的关注范围，“党的指导绝不要忽略群众日常生活上许多未解决的问题”，只有从群众的现实利益出发，才能最大限度地调动群众的积极性。周恩来在宣传民众的问题上，他具体指出“红军四军经过许多群众未曾发动的地方；不要只是提出一般的政治口号，应该细心去了解群众日常生活的需要，从群众日常生活斗争引导到政治斗争以至武装斗争”②。只有这样，提出的口号才能深入人心。二是要结合其他工作一道去做。周恩来同志一贯主张政治工作要结合其他工作去做，要充分发挥政治工作的保障作用。他指出“我们还要加紧学习军事技术和战术，还要从政治工作来保障”，要使部队的“供给、卫生、交通机关健全起来，不断的供给前方，成为很大的力量。这正是我们目前最薄弱的部门，这要靠我们政治工作的努力”。③“后方勤务机关的政治工作，是不能脱离前线战争的。”④ 可见，周恩来同志认为政治工作可以也应该在结合的基础上，保障各项任务的完成，“政治工作应在部队中，在下层、在前线、在敌人后方，这是我们政治工作的方向”⑤。三是要根据不同情况采取不同方法。周恩来同志主张政治工作的方法不能千篇一律，要因地制宜，灵活掌握，才能实现效果的最大化。他具体指出“要根据每一部队的历史、组织、习惯、组成成分、官兵关系等等不同的情况，要根据各地的社会、经济、政治、人民等等不同的复杂条件，采取灵活的方式去进行，不要造成军事与政治对立，不要造成格格不入的现象，不要脱离军民。要以耐心说服诱导的精神，争取官兵和人民的信任，团结他们在革命主义与政纲的领导下面坚决奋斗”⑥。

另外，关于政治教育的方法，周恩来同志还具体提出了“四个必须”，

---

① 总政治部办公厅编．中国人民解放军政治工作历史资料选编［M］：第四册．北京：解放军出版社，2004.99

② 总政治部办公厅编．中国人民解放军政治工作历史资料选编［M］：第一册．北京：解放军出版社，2002.283

③ 总政治部办公厅编．中国人民解放军政治工作历史资料选编［M］：第二册．北京：解放军出版社，2002.622

④ 总政治部办公厅编．中国人民解放军政治工作历史资料选编［M］：第二册．北京：解放军出版社，2002.670

⑤ 周恩来军事文选［M］：第二卷．北京：人民出版社，1997.86

⑥ 总政治部办公厅编．中国人民解放军政治工作历史资料选编［M］：第四册．北京：解放军出版社，2004.101

即“军队的政治教育，必须与军事教育并重，必须有经常的政治教育时间，必须有革命内容的政治教育材料，必须开展指挥员、战斗员中的充分讨论，耐心解释一切疑难与误解，反对政治工作的形式主义与宗教仪式，提高战士们学习研究的兴趣。只有这样，政治教育才能深入”①。

（五）“休戚相关，守望相助”

周恩来同志一贯坚持“相信群众，依靠群众”的基本观点，一贯重视群众工作。他认为，革命战争是民众战争，须臾也离不开人民群众的支持，革命“若无人民援助”，就“不足以负重大责任”。他深刻指出“我们不要以为反革命派的势力很大，反革命派的气焰日涨，我们只要下团结的决心，我们有工人可以武装，有农民可以自卫，有兵士可以作先驱，……我们的实力便在此处。”他在总结第一次东征和平定杨、刘叛乱时，指出“打平东江，不是军队的能力，是工人、东江农民，与革命军联合的势力”，也只有坚持工人、农民“与革命军人好似兄弟互助一样”，“休戚相关，守望相助”，才能获取革命的胜利。②

周恩来同志认为，开展群众工作，使革命军队与群众“休戚相关，守望相助”主要包括三个方面的内容。其一，要切实保护人民的利益。周恩来同志强调“军队所到之地，必须禁止拉夫拉车和征粮征草，买卖要公平，不扰民，不害民。在军事上必须人民帮助时，要召集民众的真正的代表会议，说服人民，鼓动人民，使人民自愿的帮助军队”③。

其二，要动员和组织人民。周恩来同志认为开展群众工作，“最要紧的是使广大群众明了帝国主义的罪恶”④，要在动员的基础上组织群众。他在建军初期先后提出了“整个红军的游击，更充分负有发动群众实行土地革命建立苏维埃政权的使命。谁忽视了这一点，谁就要将红军带向流寇土匪的行径”⑤，“红军尤要加紧帮助发动群众斗争以取得广大群众拥护”⑥，“凡红军一切行动要避免单纯的军事行动，要与群众斗争取得密切联系”⑦ 等一系列

① 总政治部办公厅编．中国人民解放军政治工作历史资料选编［M］：第二册．北京：解放军出版社，2002.98

② 金冲及．周恩来传［M］：二．北京：中央文献出版社，2008.106

③ 总政治部办公厅编．中国人民解放军政治工作历史资料选编［M］：第二册．北京：解放军出版社，2002.99

④ 原政治学院编．军队政治工作历史资料［M］：第一册．北京：战士出版社，1982.95

⑤ 总政治部办公厅编．中国人民解放军政治工作历史资料选编［M］：第一册．北京：解放军出版社，2002.234

⑥ 总政治部办公厅编．中国人民解放军政治工作历史资料选编［M］：第一册．北京：解放军出版社，2002.281

⑦ 总政治部办公厅编．中国人民解放军政治工作历史资料选编［M］：第一册．北京：解放军出版社，2002.288

光辉思想。周恩来同志在“九月来信”中指出“没收地主豪绅财产是红军几样的主要来源，但一定要经过群众路线”，“对于需用品可渐次做到又群众路线去找出路”①，这是我党我军历史上，首次出现“群众路线”的提法。抗战时期，他提出“中华民族处在生死存亡的决定关头，迫切需要抗战军队的牺牲奋斗到底的战斗力，迫切需要军队与人民团结共赴国难。争取持久抗战的最后胜利”。② 他还要求，军队政治机关要时刻站在人民的立场，保护人民的利益，“政治机关必须给人民自主权利，宣传动员人民，帮助与领导人民组织起来，武装起来”③。

其三，发动人民肃清汉奸。周恩来同志指出，日本特务机关散布全国，汉奸到处横行。抗日军队为着巩固自己作战的战场与后方，为着提高军队与人民的政治警觉性，政治机关必须注意动员人民，配合人民进行锄奸运动。

周恩来同志的这些关于群众工作的主要观点，闪耀着人民战争思想的光辉，为毛泽东确立军民一致的原则，提供了有益的经验。

（六）“使敌军瓦解和涣散”

早在大革命时期，周恩来同志就提出了关于敌军政治工作的思想。他在《工农兵大联合，打倒帝国主义》的政治报告中指出：兵匪的行为，虽然“可恶可厌”，但“兵匪都是失业的工人农民”，“他们与我们工农受同样深的痛苦，惟有受痛苦的人，才体恤痛苦的人”，“惟有受痛苦的工农阶级去搭救他”，“使他不为军阀所利用，不为帝国主义做走狗，而成为革命的军人”。④ 他主持制定的东征军总政治部《战时政治宣传大纲》，要求对敌军俘虏“要殷勤安慰之，优待之”，“经常地对敌军宣传煽动，抓住敌军中每一个可能利用的机会，使敌军瓦解和涣散，因而减弱敌人的战斗力量”，“在火线上，即在战斗中，也要进行对敌军的喊话或散发传单，使敌军动摇”。随着革命形势的发展，周恩来同志又提出“兵变是兵运的目的”，“兵运工作是一种群众工作，是党的战斗任务”⑤，要求有计划地把部队兵变与工农武装相配合。他在上海主持举办兵运工作培训班，将经过培训的中共党员派往国民党军中潜伏，秘密做兵运工作。解放战争时期，周恩来同志又进一步要求把瓦解敌军工作的重点放在领导层，先后争取了国民党军众多高级将领率部队起义，

---

① 总政治部办公厅编．中国人民解放军政治工作历史资料选编［M］：第一册．北京：解放军出版社，2002.285－286

② 总政治部办公厅编．中国人民解放军政治工作历史资料选编［M］：第四册．北京：解放军出版社，2004.98

③ 总政治部办公厅编．中国人民解放军政治工作历史资料选编［M］：第四册．北京：解放军出版社，2004.100

④ 原政治学院编．军队政治工作历史资料［M］：第一册．北京：战士出版社，1982.38－39

⑤ 周恩来军事文选［M］：第一卷．北京：人民出版社，1997.139

取得了巨大成绩。

周恩来同志对战时瓦解敌军工作总结了四条具体内容：第一，要经常对国民党军进行宣传、煽动工作，使敌军瓦解和涣散，以削弱其战斗力。第二，在战斗过程中应积极开展对国民党军的喊话宣传和散发传单等工作，以动摇敌之军心，瓦解敌之士气，使其不战自溃。第三，严格执行优待俘虏政策。严禁打骂俘虏和掠夺其私人财物，对俘虏不但要给予优待，还应在经过教育后视情将其放回去做策反工作。第四，在国民党军被围困或人民解放军大军压境的关键时刻，应及时写信或派人向其高级将领做工作，劝其起义或投诚，走向革命的光明大道。

周恩来同志的这些关于对敌工作的主要观点，为后来毛泽东确立瓦解敌军的原则奠定了一定的思想基础。

（七）"我们在军队里做政治工作，要以身作则，严守纪律"

正人先正己，周恩来同志认为政治工作人员素质高低、形象好坏，直接影响着军队政治工作的实际效果，"对政治工作人员的选择与培养必须慎重"①。

周恩来同志对军队政治工作人员有着明确的要求，"我们在军队里做政治工作，要以身作则，严守纪律，常常表示勇敢的态度，比士兵更要勤苦"②。他指出"政治工作人员本身必须在思想上政治上行动上能够做全体官兵的模范，忠实于革命主义，以百折不挠的意志，艰苦耐劳的作风，去影响全体官兵，以谦逊和睦的态度，耐心说服的精神，去团结全体官兵。只有这样，才能提高政治工作的威信，推动政治工作的前进，发展政治工作的效果"③。他强调"必须集中全国优秀的政治工作人才，必须不断地培养全国前进的青年干部，分配到全国军队的政治工作中去，才能保障政治工作任务的完成。一切对人员安排位置滥竽充数的观念，都是危害政治工作的"④。

周恩来同志这样要求政治工作人员，也是这样要求自己的。无论是在黄埔军校任政治部主任，还是新中国成立后任开国总理，许多与周恩来患难与共的多年老战友或者是身边的普通工作人员，都为周恩来大无畏的气魄、杰出的才能、高超的工作艺术所折服，他坚定的共产主义信念、深厚的阶级感情、渊博的学识、平等的民主精神、真诚的待人态度都给人们留下了深刻的

① 总政治部办公厅编．中国人民解放军政治工作历史资料选编 [M]：第四册．北京：解放军出版社，2004.101

② 原政治学院编．军队政治工作历史资料 [M]：第一册．北京：战士出版社，1982.95

③ 总政治部办公厅编．中国人民解放军政治工作历史资料选编 [M]：第四册．北京：解放军出版社，2004.99

④ 总政治部办公厅编．中国人民解放军政治工作历史资料选编 [M]：第四册．北京：解放军出版社，2004.101

印象，是后人学习的典范。

综上所述，周恩来军队政治工作思想几乎涉及了我军政治工作的各个方面，并且每个方面相辅相成，为建立新型人民军队提供了思想基础和理论依据，对毛泽东军队政治工作思想的形成与发展发挥了重要作用，是马克思主义军事理论宝库的珍品。无论现在还是将来，周恩来军队政治工作思想都是加强和改进我军政治工作强有力的思想武器，是永远值得我们学习和研究的。

二、刘少奇对毛泽东军队政治工作思想的贡献和发展

刘少奇（1898—1969），湖南宁乡人，党的第一代领导核心的主要成员，国家和军队杰出的领导人。在长期的革命斗争生涯和领导中国革命的过程中，他坚持把马克思主义与中国的具体实际相结合，善于把实践经验提高到理论高度，提出了一系列关于我军政治工作的重要思想，有效地充实、丰富、发展了毛泽东军队政治工作思想，是我党我军宝贵的精神财富。

刘少奇同志先后担任过红八军团党中央代表、三军团政治部主任、北方局书记、中原局书记、华东局书记、新四军政治委员、中央军委副主席兼中国人民解放军总政治部主任等军队职务，在军队政治工作方面，有着许多真知灼见，对我军的政治建设、思想建设和组织建设都发挥了重要作用，很有必要深入研究。需要说明的是，由于刘少奇同志长期从事党务工作，他的一些重要思想和论述大部分是针对全党的。尽管刘少奇同志较少对我军政治工作做出专门的论述，但针对党的工作也就必然包括党在军队中开展的政治工作。刘少奇同志的军队政治工作思想主要体现在《论共产党员的修养》、《论党员在组织上和纪律上的修养》、《人为什么会犯错误》、《论党内斗争》等经典著作中。

（一）“用毛泽东思想来武装我们的党员和革命的人民”

在我党我军历史上，刘少奇同志首次科学地、系统地阐述了毛泽东思想，明确了毛泽东思想的指导地位，为我军政治工作提供了理论指南和基本遵循。这也是刘少奇同志最大的思想贡献之一。

1. 对毛泽东思想在理论上的概括

刘少奇同志在党的第七次全国代表大会上对毛泽东思想进行了全面的评价，高高举起了毛泽东思想的伟大旗帜。他指出“在中国共产党产生以来，产生了，发展了我们这个民族的特出的、完整的关于中国人民革命建国的正确理论。……这是我们党和我国人民在长期奋斗中最大的收获与最大的光荣，它将造福于我国民族至遥远的后代。这个理论，就是毛泽东思想，就是

毛泽东同志关于中国历史、社会与中国革命的理论与政策。”[①] 刘少奇同志将毛泽东思想高度概括为九个方面：“这就是毛泽东同志关于现代世界情况及中国国情的分析，关于新民主主义的理论与政策，关于解放农民的理论与政策，关于革命统一战线的理论与政策，关于革命战争的理论与政策，关于革命根据地的理论与政策，关于建设新民主主义共和国的理论与政策，关于建设党的理论与政策，关于文化的理论与政策等。这些理论与政策，完全是马克思列宁主义的，又完全是中国的。这是中国民族智慧的最高表现和理论上的最高概括。”[②] 刘少奇同志认为正是因为有了毛泽东“这样的伟大的领袖”和“大批久经锻炼的，以毛泽东思想武装起来并团结在毛泽东同志周围的中坚干部”，才使“我们是不可战胜的，并将战胜民族的和人民的一切敌人”[③]。

2. 对宣传、学习毛泽东思想的具体要求

刘少奇对如何宣传、学习毛泽东思想提出了具体要求，他指出“现在的重要任务，就是动员全党来学习毛泽东思想，宣传毛泽东思想，用毛泽东思想来武装我们的党员和革命的人民，使毛泽东思想变为实际的不可抗拒的力量。为此目的，一切党校和训练班，必须用毛泽东同志的著作为基本教材；一切干部，必须系统地研究毛泽东同志的著作；一切党报，必须系统地宣传毛泽东思想；为了适应一般党员的水准，党的宣传部门，应将毛泽东同志的重要著作，编为通俗的读物”[④]。这些也是对我军政治工作的要求，为我军后来夺取解放战争的胜利奠定了思想基础和精神动力。

（二）“必须绝对服从党的领导，完全执行党的政策和命令”

刘少奇同志关于我军必须绝对服从党的领导的思想，不仅对皖南事变后的新四军的重建发挥了重要作用，也对我军的革命化建设具有重要的指导意义。

刘少奇同志在领导华北局的工作时，就提出要对华北各种抗日组织和武装加以改造，“第一，必须加强对部队的政治教育，在政治上巩固部队，加强纪律，并提高对日作战的勇气与牺牲精神”[⑤]。这里，强调的“在政治上巩固部队”，也就是说要坚持党的领导，刘少奇同志把这一点放在“第一”的首要位置，可见对坚持党的领导的重视程度。

1941 年 1 月，皖南事变发生后，中共中央、中央军委要求重建新四军，

---

① 刘少奇选集 [M]：上卷．北京：人民出版社，1981.333
② 刘少奇选集 [M]：上卷．北京：人民出版社，1981.335
③ 刘少奇选集 [M]：上卷．北京：人民出版社，1981.337
④ 刘少奇选集 [M]：上卷．北京：人民出版社，1981.337
⑤ 刘少奇选集 [M]：上卷．北京：人民出版社，1981.87

并任命陈毅为代理军长、刘少奇为政治委员。刘少奇同志到任后，调整了组织机构，把整个新四军调编为 7 个师、一个独立旅，并加紧进行政治教育，要求全军认真总结皖南事变的教训，切实提高服从党的领导的自觉性。中共中央作出了《关于项袁错误的决定》，指出皖南事变的发生，主要是新四军副军长和中央军委新四军分会书记项英在政治上、军事上坚持右倾投降主义错误所造成的恶果，也是项英和新四军政治部主任袁国平对中央的指示阳奉阴违，一切迁就国民党，放弃党在统一战线中的独立性和斗争性，而造成的一次血的教训。根据这个决定，刘少奇同志主持华中局于 5 月 16 日在盐城召开了由各区党委和各师主要负责干部参加的高级干部会议。刘少奇同志在会上深刻分析了项英、袁国平错误的实质及根源：一是他们不了解中国革命的特点，不了解中国的统一战线是民族的，是对资产阶级的统一战线，把对国民党、对资产阶级的合作看作为投降，看作为一切服从它，以至于他们在部队中只进行统一战线教育，没有进行阶级教育。而项、袁的统一战线教育并不是我们党的抗日民族统一战线教育，实质是资产阶级教育、蒋介石的教育。二是他们对中国革命形势的估计是不正确的，不相信在敌人后方能够建立根据地，以至于在对部队教育中，皖南斗争是否能坚持，为什么要坚持，坚持的具体方法、任务、前途等，他们都从来不讲，没有在实际上建立和发展党的抗日武装。三是在基本的政治路线与军事路线上与中央有原则的分歧，以致发展到拒不执行中央关于北移的命令。四是没有把皖南部队看做是党的武装，而是当做自己的私人财产，以个人的风头、利害关系来确定部队的行动。在总结的这四点原因之中，后两点都是关于项英、袁国平没有坚持党的领导的问题。刘少奇同志接着指出部队应该从项英、袁国平错误中汲取教训：一是要加强党性学习和教育，这是一个绝大的问题。所谓党性，就是一切为党为无产阶级利益打算，每个党员都要把它贯彻到实际行动中去。二是要加强党内统一战线教育。统一战线是革命成功的三个法宝之一，是无产阶级对待抗日的各阶级、各阶层的一种政策，要注意弄清无产阶级与资产阶级合作中怎样保持独立性，阶级斗争与统一战线，三民主义与共产主义的关系等问题。三是在反对项、袁的错误斗争中，必须提高党的纪律，巩固党的组织，加强党的团结。四是要加强学习。学习可以解决问题；不学习，什么机会主义都看不清楚。① 以上这四点既是刘少奇同志对汲取教训的总结，也是对坚持党的领导的具体要求。

同年 6 月中旬，华中军分会又在盐城召开扩大会议。刘少奇同志在关于

① 以上资料转引自蒋一斌，侯敬智．党的三代领导核心军队政治工作思想研究［M］．西安政治学院训练部，2001，103－104

建军工作的报告中，强调指出“我们新四军是党军，党军是执行党的政策和任务的工具”①，“新四军必须绝对服从党的领导，完全执行党的政策和命令。来完成党的任务”②。会议根据刘少奇同志的这一思想，提出了政治工作的具体目标，即保证党对军队绝对的领导，养成全军服从党的领导的天性和执行党的政策的完整性、执行命令的坚决性。刘少奇的这一思想，为当时新组建的新四军指明了根本方向。

（三）“我们在军队中的工作也是群众工作，也要走群众路线”

在我党我军历史上，虽然群众路线是由周恩来最早提出的，但刘少奇同志是对党的群众路线进行理论概括、系统阐述的第一人，并强调“我们在军队中的工作也是群众工作，也要走群众路线”③，为我军政治工作的基本路线和根本方法指明了方向。

1. 对群众路线的理论概括

在党的七大上，刘少奇同志把群众路线提到了党的根本政治路线的高度，指出“党的群众路线，是我们党的根本的路线，也是我们党的根本的组织路线”，并要求“我们党的一切组织与一切工作必须密切地与群众相结合”。④ 他对群众路线进行了理论概括：“党的群众路线，就是我们党领导骨干和党内党外广大群众密切结合的路线，就是从群众中来又到群众中去的路线，就是指导方法上的一般号召与个别指导相结合的路线”⑤。这一理论概括，既是对党的无产阶级性质的根本体现，又是对党的行为准则的根本要求。在这一理论的指导下，我军紧紧与人民站在一起，以人民的利益为行动的最高准则，坚持全心全意为人民服务的宗旨，从而使我军获得了群众的拥护，力量的源泉。

2. 对贯彻群众路线的具体要求

刘少奇同志还具体归纳了群众路线的 4 个根本观点，只有牢固树立这 4 个观点，才能坚定不移地贯彻好党的群众路线。“第一，就是一切为了人民群众的观点。”⑥ 这是我党我军无产阶级性质的集中体现，是全心全意为人民服务宗旨的客观要求。刘少奇同志认为“共产党除了人民的利益与目的

---

① 国防大学编．中国人民解放军政治工作史教学资料研究［M］：新民主主义革命时期．1987.347

② 国防大学编．中国人民解放军政治工作史教学资料研究［M］：新民主主义革命时期．1987.350

③ 刘少奇选集［M］：上卷．北京：人民出版社，1981.355

④ 刘少奇选集［M］：上卷．北京：人民出版社，1981.342

⑤ 刘少奇选集［M］：上卷．北京：人民出版社，1981.348

⑥ 刘少奇选集［M］：上卷．北京：人民出版社，1981.348

外，没有其他的利益和目的”①，“人民的利益，即是党的利益。除了人民的利益之外，党再无自己的特殊利益。最广大人民群众的最大利益，即是真理的最高标准，即是我们党员一切行动的最高标准”②。我党我军只有真正服务于人民，以群众利益作为行动的最高准则，才能密切地与群众联系在一起，才能获得人民群众衷心的拥护和无私的支持。“第二，就是一切向人民群众负责的观点。”③ 向人民负责，是在为人民服务的基础上对我党我军提出的更高层次的要求。“我们要善于为人民服务，要服务得很好，而不要服务得很坏。因此，我们在人民面前，一切都不应采取轻率态度，而应采取严肃负责的态度。”④ 对人民负责、对上级领导机关负责、对党负责这三点是内在统一的，“每个党员对人民负责，即是对党负责，对人民不负责，即是对党不负责”⑤。“第三，就是相信群众自己解放自己的观点。”⑥ 要对人民群众具有充分的信任，要正确认识到党只能是人民群众的引领者，伟大事业的成功的决定力量在于人民群众，在具体工作中要注重集合群众的智慧，发挥群众的力量。“第四，就是向人民群众学习的观点。”⑦ 马克思主义的历史唯物主义认为，人民群众是真正的英雄，是历史的创造者，在人民群众中蕴藏着无穷无尽的智慧和力量，因此，要与群众打成一片，做群众的知心朋友，虚心向群众学习，在群众中吸取营养。只有这样，我们的事业才能兴旺发达、永不衰竭。

（四）“宣传工作要走在一切工作的前面”

刘少奇同志一贯重视宣传教育工作，强调“宣传工作要走在一切工作的前面”。他认为解决思想问题，提高思想觉悟是做好各项工作的前提和基础，“思想觉悟提高了，才有行动的自觉”⑧。从宣传教育的对象上看，刘少奇关于宣传教育的主要观点可以大体分为下述三方面。

1. 对官兵的宣传教育

刘少奇同志认为在物质条件一定的前提下，宣传教育发挥的作用是根本性的。当新四军受项、袁错误路线的影响，不准也不敢向国民党还击时，刘少奇同志指示“人不犯我我不犯人，人若犯我我必犯人，要坚决反击，并做

① 刘少奇选集［M］：上卷．北京：人民出版社，1981.177

② 刘少奇选集［M］：上卷．北京：人民出版社，1981.360

③ 刘少奇选集［M］：上卷．北京：人民出版社，1981.349

④ 刘少奇选集［M］：上卷．北京：人民出版社，1981.349

⑤ 刘少奇选集［M］：上卷．北京：人民出版社，1981.360

⑥ 刘少奇选集［M］：上卷．北京：人民出版社，1981.350

⑦ 刘少奇选集［M］：上卷．北京：人民出版社，1981.362

⑧ 转引自蒋一斌，侯敬智．党的三代领导核心军队政治工作思想研究［M］．西安政治学院训练部，2001，109－110

到有理、有利、有节。但要把这些道理向广大干部战士做深入地动员和教育，使他们不受错误思想的束缚，坚决勇敢打击敌人”。在开展刘少奇要求的动员和教育之后，官兵战斗情绪高涨，效果显著，取得了战斗的胜利。1942年，他考察华中山东根据地时，在给陈毅同志等的信中指出“在反攻之前，我们的主要任务是坚持斗争，坚持原有根据地，无须主动进行对敌决定胜负的战斗。因此，我们的主力就无须较大的发展，也不可能发展，而以加紧整训教育为主，提高其质量，以及将来在发展扩大时有必要的良好基础”①。在这里，刘少奇已经把整训教育看做是争取反攻胜利的基础加以强调了。另外，除了对官兵进行思想教育以外，刘少奇同志还要求加强基本理论的教育。在1951年5月召开的全国第一次宣传工作会议上，他指出“现在我们党对基本理论的宣传教育注意不够，有些忽视。加强基本理论的宣传教育，应当成为我们党的重要工作之一”②。

2. 对群众的宣传教育

刘少奇同志非常重视对群众的宣传教育，他指出“如果全国人民与根据地内人民的政治动向，是决定战后新中国动向的基本力量的话，那么我们在今后的一切工作中，就要特别注意吸引全国人民与根据地内人民在政治上倾向我们，并且坚决地拥护我们和我们一道共同为民主自由的新中国而战斗的人民”③，“如果根据地内基本群众的组织程度与觉悟程度的提高，是我们坚持抗战与创造战后的新中国所依靠的基础，那么我们就要用一切努力来提高基本群众的组织程度与觉悟程度。就应把对群众的教育工作提到第一位，就应为提高群众的觉悟程度而进行一切的努力，必须对群众进行广大而深入的教育工作特别是群众积极分子的教育”④。“要特别注意”、“用一切努力”、“提到第一位”、“进行一切的努力”这些字眼，足以说明刘少奇同志对群众宣传的重视程度了。

3. 对敌军的宣传教育

在卢沟桥事变前，刘少奇同志领导北方局工作时，就注重对国民党军队进行宣传工作。他后来对这些工作进行了总结：“（一）通过各种关系同中、上层军官进行接洽与联络；（二）通过群众救国运动向军队进行各种宣传鼓动；（三）用各种形式在军队中进行秘密的宣传组织工作，把许多公开半公开的刊物输送到军队中去。这些工作对于当时在华北的二十九军、五十二军

① 刘少奇选集［M］：上卷．北京：人民出版社，1981.223
② 刘少奇选集［M］：上卷．北京：人民出版社，1981.87
③ 刘少奇选集［M］：上卷．北京：人民出版社，1981.224
④ 刘少奇选集［M］：上卷．北京：人民出版社，1981.227

及宋哲元本人的转向抗日，起了极大的推动作用。”① 刘少奇总结的这三点经验，不仅仅在当时起了极大的推动作用，也为后来我军开展瓦解敌军的工作提供了有益的借鉴。

刘少奇同志注重宣传教育的观点，不仅在战争年代发挥了重要作用，最大限度地调动了广大官兵和人民群众的积极性，对今天加强我军思想政治建设仍具有强烈的针对性和现实指导意义。

（五）“加紧学习和修养”

刘少奇同志的又一重要思想贡献是他不仅是在我党我军历史上，也是在马克思主义发展的历史上，首次系统地对党员的党性修养问题进行了阐述。由于长期从事党务工作，刘少奇同志对这方面有着深入的研究，其思想教育了无数的党员，特别是对战争年代我军广大干部的影响更为深刻，对保持党员的先进性发挥了重要作用。

加强每一名党员的党性修养，是这个政党兴旺发达的客观要求。刘少奇同志认为一名共产党员之所以要加强党性修养，主要是由于两点原因：“（一）是从旧社会中生长教育出来的，他总带着旧社会中各种思想意识（包括成见，旧习惯，旧传统）的残余；（二）没有经过长期的革命实践，因此，他还不能真正深刻地认识敌人，认识自己，认识社会发展和革命斗争的规律性”②。刘少奇同志认为，只有通过实践才能弥补这两方面的缺陷。他指出，共产党员“要学习历史上的革命经验（前人的实践）而外，还必须亲自参加到当时的革命斗争中，在革命的实践中，发挥主观能动性，加紧学习和修养。只有这样他才能真正深刻认识敌人和自己，才能发现自己原来不正确的思想习惯、成见并加以改正，从而提高自己的觉悟，培养革命的品质，改善革命的方法等。所以，革命者改造和提高自己，必须参加革命的实践；同时也离不开在实践中的自我修养和学习”③。

刘少奇同志将党性修养高度概括成理论修养、思想意识修养、组织上和纪律上的修养三个主要方面，具体包括马克思列宁主义理论修养；无产阶级的革命战略战术修养；无产阶级的思想意识和道德品质的修养；坚持党内团结，进行批评和自我批评，遵守纪律的修养；艰苦奋斗的工作作风的修养；善于联系群众的修养；各种科学知识的修养等④，并强调这些方面是个统一整体，相辅相成，缺一不可。这些论述，不仅是对党性修养内涵的科学概

① 刘少奇选集［M］：上卷．北京：人民出版社，1981.349－350
② 刘少奇选集［M］：上卷．北京：人民出版社，1981.99
③ 刘少奇选集［M］：上卷．北京：人民出版社，1981.99
④ 刘少奇选集［M］：上卷．北京：人民出版社，1981.109

括，也为共产党员如何加强党性修养指明了方向。

（六）“党内斗争，主要的是思想斗争”

正确开展党内斗争是我军政治工作的重要内容，是保证党的团结统一、加强军队中党的建设的重要手段。刘少奇同志认为建设一个强大的党，必须要在每个党员加强自身修养的同时，还要正确开展党内斗争，“党内斗争是保持党的纯洁与独立，保证党的行动在代表无产阶级最高利益的路线上进行，保持党的无产阶级性质所完全不可缺少的”①。只有经过党内斗争，才能解决矛盾，解决分歧和用无产阶级思想战胜各种非无产阶级思想。

刘少奇同志明确界定了什么是党内斗争：“党内斗争是原则的斗争，是为拥护这一个或那一个原则而实行斗争。为确定这一个或那一个斗争目标来进行斗争，为选择这一个或那一个达此目标的斗争方式而斗争。”② 党内斗争，“主要的是思想斗争，它的内容是思想原则上的分歧与对立。在党内，由于同志间原则上的分歧与对立，虽然可以发展到政治上的分歧，在某种情形下，甚至不可避免地发展到党内组织上的分歧，但它的实质，它的内容，基本上还是一种思想斗争”③。可见，刘少奇同志将党内斗争定位为思想斗争，这样，就为正确开展党内斗争指明了方向，把党内斗争与对敌斗争区别开来。他坚决反对那些以搞党内斗争而出名的“打手”、“斗争家”，反对“压迫手段”、“打击政策”、“惩办主义”，主张“要从思想上、原则上去解决问题之后，才能在组织上、行动上解决问题”。

刘少奇同志认为正确开展党内斗争要注意四点：一是思想上、原则上的对立和组织上、方式上尽可能的不对立；二是适当的批评，适当的态度和适当的方式，反对“过”与“不及”；三是注意政策，划清界限，要划清正确和错误的界限，划清原则问题与非原则问题的界限，划清党内斗争与党外斗争的界限；四是开展两条路线斗争。

在社会主义市场经济不断发展，对外开放不断深入的今天，我军政治工作遇到了许多前所未有的新情况、新要求、新挑战，重温刘少奇同志的这些光辉思想，在坚持党对军队的绝对领导、加强军内党的建设、加强官兵的思想政治教育等方面仍具有巨大的指导作用和现实意义。

三、朱德对毛泽东军队政治工作思想的贡献和发展

朱德（1886－1976），四川仪陇人，党和国家卓越的领导人，我军的创

---

① 刘少奇选集［M］：上卷．北京：人民出版社，1981.180

② 刘少奇选集［M］：上卷．北京：人民出版社，1981.187

③ 刘少奇选集［M］：上卷．北京：人民出版社，1981.179－180

始人和领导人之一。在1930年—1954年之间的各个时期，朱德都是人民军队的最高长官，担任过红军总司令、八路军总司令、中国人民解放军总司令，1955年被授予元帅军衔，毛泽东称他为红司令。戎马一生的他，虽然未曾担任过军队政治工作的领导职务，但他仍然高度重视党和军队的政治建设，时时关注军队政治工作，并提出了一整套军队政治工作的思想，对毛泽东军队政治工作思想做出了创造性的理论贡献，为我军政治工作提供了理论依据。他的政治建树与军事建树一样，为人民军队的成长壮大做出了巨大的贡献。

朱德同志的军队政治工作思想主要体现在《怎样创造铁的红军》、《论抗日游击战争》、《论游击战争》、《党是军队的绝对领导》、《论军队的管理问题》、《八路军、新四军的英雄主义》、《目前形势和军队建设问题》等著作和讲话中。

（一）“政治工作是军队的灵魂”

朱德同志在领导人民军队进行革命战争的各个历史时期，都非常注重强调政治工作在军队中的重要地位和作用。早在1934年中国工农红军第一次全国政治工作会议上，时任红军总司令的朱德，还有周恩来、王稼祥等人都针对部分同志重视政治工作不够的倾向，明确阐述了“政治工作是红军的生命线”。朱德同志指出“红军要有政治工作才能保证他为本阶级利益而牺牲，他才是英勇无敌的百战百胜的红军。这是过去政治工作收得的伟大效果。”①他强调“红军的战斗力，不仅是靠军事技术的条件来决定，最主要的是靠红军的政治觉悟、政治影响”，因此，“我们不仅要加强前方兵团的政治工作，同样要加紧预备队、游击队的政治工作”。②

朱德同志在以后的革命斗争中，不仅坚持政治工作是军队的生命线的观点，始终把政治工作放在军队建设的首位，而且还进一步阐述了这一观点。1938年为加强政治工作在抗日战争中的地位和作用，他在《论抗日游击战争》中指出，政治要素是一切战争要素中最主要的作战要素，部队的“政治素质，关系于战斗力和战争方法”，“我们应当认识政治要素在战争中的重要地位。我们每个政治家，每个抗日军人，每个有民族觉悟的炎黄子孙，都要竭力于注意抗日的政治战争”。③ 他要求抗日军队的领导者不仅仅是军事人

① 总政治部办公厅编．中国人民解放军政治工作历史资料选编［M］：第二册．北京：解放军出版社，2002.619

② 总政治部办公厅编．中国人民解放军政治工作历史资料选编［M］：第二册．北京：解放军出版社，2002.650

③ 总政治部办公厅编．中国人民解放军政治工作历史资料选编［M］：第四册．北京：解放军出版社，2004.236

才，而且是政治人才。朱德同志还具体提出了抗日战争中政治战争的三个要点：第一，整顿内部，求得部队本身钢铁般的团结。他认为，部队官兵如果从个人私利出发，闹意见，闹派别，以升官发则、人吃人喝、个人光荣为目的，就不可能有部队内部的团结。“只有以同一政治目标，完全站在保卫民族、国家和人民的立场上，不惜牺牲自己的身家性命以求得抗日民族自卫战争最后胜利”[①]，才能“除去内部队员中不正确的观念和坏的习惯行为”[②]，把部队团结成为坚强的队伍，使之号令如山，上下一致。并要求部队指挥员关心部下，同甘共苦，以身作则，大公无私，以获得部下的拥护和爱戴。第二，“以群众为堡垒，把群众团结在自己周围。如果抗日游击队如果不能团结群众、维护群众利益，不能使群众成为游击队的良好依托，那么，这样的游击队将会没有出路”。[③] 在军民关系上，朱德同志要求军队支持地方工作，尊重地方政府，帮助人民生产，减轻民众负担，一切部队都不要片刻放松拥政爱民的工作，这是得到人民长期支持的重要条件。他把抗日游击队与群众的关系比作鱼水关系，他指出：“鱼在水中才能生存和长大，抗日游击队有了群众依托才能生存和长大”[④]。假如抗日游击队离开了群众，那就无从生存和发展。第三，加强政治宣传，瓦解敌军作战意志。他主张用种种切实可行的方法，揭破敌人欺骗的政治宣传，使敌军明了我们抗日自卫战争的政治意义，尤其是要从政治上心理上瓦解敌伪，使之丧失战斗力，“使他们不反对以至同情我们的抗日自卫战争，使他们厌恶以至反对丑恶残暴的进行侵略战争的日本军阀和汉奸”[⑤]。朱德同志指出，如果舍弃或者一忽略上述三要点，不但难以战胜强敌，而且连自身的生存和发展也会发生极大的困难，因此，要求“把抗日游击战争要求的政治战争这一武器，提到最主要的地位，吸收全体队员不懈怠地来进行政治工作”[⑥]。实际上，朱德提出的政治战争三要点与毛泽东讲的官兵一致、军民一致、瓦解敌军的军队政治工作的三大原则是完全一致的。

1945 年，朱德同志在中国共产党第七次代表大会上作的《论解放区战

① 总政治部办公厅编．中国人民解放军政治工作历史资料选编［M］：第四册．北京：解放军出版社，2004.236

② 总政治部办公厅编．中国人民解放军政治工作历史资料选编［M］：第四册．北京：解放军出版社，2004.236

③ 总政治部办公厅编．中国人民解放军政治工作历史资料选编［M］：第四册．北京：解放军出版社，2004.236

④ 总政治部办公厅编．中国人民解放军政治工作历史资料选编［M］：第四册．北京：解放军出版社，2004.236

⑤ 总政治部办公厅编．中国人民解放军政治工作历史资料选编［M］：第四册．北京：解放军出版社，2004.237

⑥ 总政治部办公厅编．中国人民解放军政治工作历史资料选编［M］：第四册．北京：解放军出版社，2004.237

场》的军事报告中，进一步将“政治工作是红军的生命线”思想深化发展为“政治工作是军队的灵魂”。他指出“八路军、新四军既把为人民服务、保卫祖国作为宗旨，则政治工作便成为这种军队的灵魂”①。政治工作的主要特点是，在于提高官兵的政治自觉性，发扬他们爱国、爱人民和改造自己的热情；在于团结本军和友军；在于团结军队和人民，提高人民保卫祖国和民主主义的政治觉悟，帮助人民的文化教育工作；在于从政治上心理上瓦解敌伪，使之丧失战斗力；巩固和提高军队本身的战斗力，保证命令之执行。“我们的军队之所以是人民的军队，所以能达到官兵团结和军民团结，我们进行的战争之所以是人民的战争，所以能进行人民的战略战术，所以能打胜仗，都是和这种政治工作不能分开的。”② 他还指出“没有政治觉悟的勇敢，只是血气之勇，有了政治觉悟的自觉的勇敢，乃是大勇”。“我们的军队，政治觉悟最高，所以是打不垮的”。③

朱德同志的“政治工作是军队的灵魂”这一思想为正确认识政治工作在军队建设中的地位和作用，加强军队政治工作提供了重要理论依据，丰富发展了毛泽东军队政治工作思想。

（二）“工农红军只有在共产党正确领导之下才能完成它的历史的伟大的任务”

朱德同志在长期的革命与建设实践中，深刻认识到党对军队绝对领导的极端重要性。这个思想贯穿于整个革命与军事生活的全过程，并多次进行了理论概括与实际运用。他在《怎样创造铁的红军》一文中指出“创造铁的红军是目前党的最迫切最重要的任务之一。”④ 他认为，铁的红军必须具备6个基本条件，而党的绝对领导是基本条件之一，“工农红军只的有在共产党正确领导之下才能完成它的历史的伟大的任务”⑤，并且强调：“无产阶级先锋队（共产党）经过红军中的政治委员与政治机关（政治部及政治处）实行它的领导作用”。⑥ 这就从建军的高度确立了党对军队绝对领导的地位和作用，在建军宗旨等方面补充和发展了古田会议的建军思想。

---

① 总政治部办公厅编．中国人民解放军政治工作历史资料选编［M］：第七册．北京：解放军出版社，2004.712

② 总政治部办公厅编．中国人民解放军政治工作历史资料选编［M］：第七册．北京：解放军出版社，2004.713

③ 总政治部办公厅编．中国人民解放军政治工作历史资料选编［M］：第七册．北京：解放军出版社，2004.709

④ 总政治部办公厅编．中国人民解放军政治工作历史资料选编［M］：第一册．北京：解放军出版社，2002.736

⑤ 总政治部办公厅编．中国人民解放军政治工作历史资料选编［M］：第一册．北京：解放军出版社，2002.

⑥ 总政治部办公厅编．中国人民解放军政治工作历史资料选编［M］：第一册．北京：解放军出版社，2002.

朱德同志随后在全国红军第一次政治工作会议上强调："我们红军从游击队到现在大规模的正规红军，这是从政治工作领导得来的，也就是从党和无产阶级领导下发展起来的。如果没有政治工作，没有党和无产阶级的领导，是不会产生红军的。"① 他在讲到党的工作时指出"我只说到党在部队中起核心作用，有些还未做到。"② 他列举了郭炳生叛变一例加以说明，并指出游击队的党还比较弱，必须加强领导，这充分体现了他实事求是的一贯作风。为坚持这一思想，朱德同志与张国焘企图用枪指挥党的图谋作了坚决的斗争。

进入抗日战争后，中国工农红军改编为国民革命军第八路军，因受国民党当局的干涉，一度取消政治委员和政治机关原有制度，使我军政治工作受到削弱。在《关于恢复政治委员和政治机关原有制度的意见》中，他提出了具体的意见："团以上或独立营执行党代表制度，争取党代表名义的公开，党代表的职权一般与过去政委相同，应是负责保证党的路线与上级命令之执行，领导政治工作与党的工作。对党及政治工作有最后决定权力。"③ 这正是朱德坚持这一思想的生动写照。1940 年 8 月，朱德同志为总结八路军、新四军中党的领导工作经验，撰写了《党是军队的绝对领导者》一文，反映了朱德同志这一思想更趋于成熟。他指出："党是军队的绝对领导者，是革命战斗任务完成的保证者。一切党的路线与政策，在部队中都要经过党的组织去执行。""因此，为着保证党在军队中的绝对领导，就得使党与行政的关系正确地建立起来。"④ "行政系统对党组织的关系，应当是：必须经过政治委员制度来领导，党经过政治机关来进行党的工作；行政系统必须遵守与执行党的路线，服从党的决议，完成党所给它的任务，使党健全起来，使党起核心作用。"⑤ 这就从理论上进一步明确了党实施绝对领导的原则、方法。

建国后，朱德同志多次强调要坚持党对军队的绝对领导。在 1953 年 12 月至 1954 年 1 月召开的全国军事系统党的高级干部会议期间，他赞同毛泽东的意见，认为实行党委统一的集体领导下的首长分工负责制非常必要。朱德同志为正确处理军队与党的关系提供了基本依据，为党指挥枪根本制度的

---

① 总政治部办公厅编．中国人民解放军政治工作历史资料选编［M］：第二册．北京：解放军出版社，2002.619

② 总政治部办公厅编．中国人民解放军政治工作历史资料选编［M］：第二册．北京：解放军出版社，2002.650

③ 总政治部办公厅编．中国人民解放军政治工作历史资料选编［M］：第四册．北京：解放军出版社，2004.56

④ 总政治部办公厅编．中国人民解放军政治工作历史资料选编［M］：第五册．北京：解放军出版社，2004.355

⑤ 总政治部办公厅编．中国人民解放军政治工作历史资料选编［M］：第五册．北京：解放军出版社，2004.356

确立作出了思想理论贡献。

（三）“要从政治工作来领导提高红军的军事技术与战术”

朱德同志在创建人民军队过程中，一直从事军事工作，在革命与战争为主题的时代，一切工作均需服从战争需要，要集中一切力量来配合军队作战。朱德深知这一点，他在全国红军第一次政治工作会议上的讲话中，多次强调这个问题。他指出“以后我们还要从政治工作的角度领导提高红军的军事技术与战术，成为战术家的军队。我们政治委员、政治工作人员不仅是领导，自己也要努力学习战术，很艺术的打仗，将敌人消灭下去，造成铁的红军，那才真是百战百胜的红军，以少胜多的红军。”① 朱德同志的这一思想为提高我军的战斗力起了积极作用，并未正确处理政治工作于军事工作的关系提供了根本依据。

针对政治工作和军事工作存在两张皮的现象，他强调：“我们要巩固思想上的一致、行动上的一致去消灭阶级敌人，但这是不够的。我们还要使红色战士学会使用新式武器，了解现代战术。”“政治工作要保证新的战术在平时学习好，战时能够运用，要保证命令百分之百的执行。对于条令和军委命令要研究、要执行，不执行就是违抗命令。”② 他在《八路军抗战两年来的经验教训》中指出“我们不仅要依靠政治的进步，而且要依靠军事的进步。军事的进步，又需要政治的进步作为保障。我们一定要加强政治的进步，来保证战略战术的提高，一定要争取全国战略的主动，一定要大大地加强全国军队的机械化。”③ 朱德同志经常教导官兵要重视提高军事技术，他号召全党学习军事与军事技术。他在《党员军事化》中指出“我希望全党同志都要读苏联工农红军的战斗条令和野外条令两本书。不仅在军事学校中要讲授此书，而且在我们党的学校，如中央党校、马列学院，都应该教授这两本战术的基本经典。不仅新干部应当学习，而且老干部也决不能自满，必须研究这两本书，来综合和整理自己的战斗经验。无论男女老幼，只要是党员，都必须学习这两本书。”“我们党员不仅要学习军事技术，而且应当过军事生活，一切行动军事化。”④ 他在《军事教育必须从实际出发》中精辟地指出：“资产阶级的军事学家总是强调技术的作用，他们说：‘只有掌握良好的技术，才会有旺盛的士气。’而我们则应把这句话改过来说：“旺盛的士气，还应该

① 总政治部办公厅编．中国人民解放军政治工作历史资料选编［M］：第二册．北京：解放军出版社，2002.620

② 总政治部办公厅编．中国人民解放军政治工作历史资料选编［M］：第二册．北京：解放军出版社，2002.649

③ 总政治部办公厅编．中国人民解放军政治工作历史资料选编［M］：第四册．北京：解放军出版社，2004.605

④ 朱德军事文选［M］．北京：解放军出版社，1998.424

同掌握良好的技术结含起来。因为旺盛的士气，在我们革命的军队中，是经常保持着的，不畏难，不惧险，进攻在前，退却在后，视死如归。但也必须看到，我们军队之所以会有如此旺盛的士气，乃是依靠政治上的优势，而技术上则缺乏基础，这不单是我军的装备不如敌人，而且重要的是我们很多同志对现有技术的掌握还非常不够。因此，过去不知有多少可爱的同志作了可以避免而未能避免的牺牲，不知有多少可以全部歼灭敌人的机会而未能全部歼灭。这个血的教训应该好好地接受。可以设想：假定我们能进一步地掌握技术，把旺盛的士气同掌握技术结合起来，那么我军士气必然会更加高涨，作战能力与信心必然会更加提高，给敌人的杀伤必然会更大，自己的损失则会更少。”①

针对我军在重视政治训练的同时，存在忽视技术训练和战术训练的倾向，朱德同志指出：“过去我们军队中，有不尊重体力与技术的倾向，似乎以为军队只要有了政治觉悟就够了。这是很错误的。过去我们不是也打了胜仗吗？不错，过去也打了胜仗，但打了胜仗，不是说我们的技术已经好了，已经够了。我们有了政治觉悟，再加上体力好，技术好，就可以打更大的胜仗，更少伤亡。应该说，上述这种错误的倾向，近年来已经改正过来了。在前年冬天和去年冬天，都进行了很大规模的练兵运动，有的地区发展成为全民练兵。”② 建国以后，朱德同志更加重视通过政治工作领导提高军事技术的问题。他在《八一杂志发刊词》中强调：“我们不仅要学习过去二十多年来打败国内外敌人的经验和学习志愿军的作战经验，更要学习苏联打败了法西斯德国、日本的先进军事科学，我们还要向当前的敌人——美帝国主义学习，从而更有效地战胜敌人。”③

（四）“要以思想教育为主，同时以执行纪律为辅”

我军在长期的革命与建设中，发挥思想教育的优势，把以农民为主要成分的广大宫兵培养成无产阶级坚强战士，夺取了战争的胜利。因此，毛泽东同志指出：掌握思想教育，是团结全党进行伟大政治斗争的中心环节。朱德同志也是这一思想的积极倡导者和实践者。但在实际工作中，一些同志过分倚重思想教育的作用，而有忽视纪律的倾向。建国后朱德同志分管党的纪律检查工作，他针对党内一些腐败现象屡禁不止的问题，曾提出了一系列加强廉政建设的思想，具有很强的针对性和指导意义。他指出“要接受过去整风时期和土改整党时期的经验。过去整风时期，主要是靠教育，主要是改造思

① 朱德军事文选［M］．北京：解放军出版社，1998.460-461

② 朱德军事文选［M］．北京：解放军出版社，1998.525

③ 总政治部办公厅编．中国人民解放军政治工作历史资料选编［M］：第十一册．北京：解放军出版社，2010.

想，在毛泽东同志‘惩前毖后，治病救人’的正确方针下，在改造党员干部的思想上，特别是改造小资产阶级知识分子出身的党员干部的思想上，曾经收到了巨大的效果，其成绩之大，影响之深、可以说是空前的。但其缺点是很多地方对于改造思想作片面的理解，对于必须执行的纪律也不执行了。因此，有些思想不好的同志，动辄以思想未搞通为借口，掩盖其不服从组织和违犯党的纪律的错误行为，这不能不说是经验教训之一。"① 他强调："要以思想教育为主，同时以执行纪律为辅。对于那些党曾告诫在先而仍违反政策和纪律以及违反了纪律仍拒不改正的党员干部，必须给以应有的纪律处分。"②

他还进一步提出了具体的方法："主要的方法有三个：第一，领导自上而下逐级地经常地抓紧纪律检查工作，同发扬党内外的民主、开展批评与自我批评相结合。这两个方面同时夹攻，错误的思想行为就能暴露出来，犯错误的同志就能得到大家帮助教育。第二，党内的教育工作同执行纪律相结合。党内教育工作是主要的，必须不断地提高每个党员干部的政治、思想水平，才能使他们克服和避免错误，但对那些犯了错误仍不肯改正的同志，都必须执行纪律。因此，党内的教育工必须以执行纪律为辅，不要一结合就分不清主辅，随意去处分党员及干部。第三，发现问题及时处理，随时总结经验，在党刊和报纸上公布，以教育全党和人民。这一条是很重要的，发现了问题，一定要及时处理，及时纠正，不要积累起来算总账，以免党员干部的错误越弄越大，积重难返，最后把政治生命也葬送了。处理以后，要随时总结经验，在党刊和报纸上公布出来。这点很有作用，值得提倡。"③ 这些重要思想，鞭辟入里，切中时弊，至今仍有很现实的指导意义。

（五）"新英雄主义运动是我们推进工作，培养干部和教育群众的很好的很重要的方法"

朱德同志身为我军缔造者之一，历来重视激发军队的战斗士气，认为这是政治工的任务之一。他多次强调政治工作要激发革命的英雄主义精神。他在纪念抗战七周年所作的《八路军新四军的英雄主义》一文中系统地阐述了这一思想。他在文章中对军内一些人错误地认为英雄主义都是旧的名词、旧的事物，是出风头、争名利、个人突出等个人主义的产物进行了辨析，鲜明地提出："八路军、新四军的英雄主义，不是为个人利益打算，为反动势力

① 总政治部办公厅编．中国人民解放军政治工作历史资料选编［M]：第十一册．北京：解放军出版社，2010.263

② 总政治部办公厅编．中国人民解放军政治工作历史资料选编［M]：第十一册．北京：解放军出版社，2010.

③ 总政治部办公厅编．中国人民解放军政治工作历史资料选编［M]：第十一册．北京：解放军出版社，2010.

服务的旧英雄主义，而是新英雄主义，革命的英雄主义，群众的英雄主义。”“革命的英雄主义，是视革命的利益高于一切，对革命事业有高度的责任心和积极性，以革命之忧为忧，以革命之乐为乐，赤胆忠心，终身为革命事业奋斗，而不是斤斤于个人打算，为了革命的利益和需要，不仅可以牺牲自己的某些利益，而且可以毫不犹豫地贡献出自己的生命。”① 他认为我军过去有意识地开展部队中的英雄主义运动做得很不够，并列举很多抗战中可歌可泣的英雄集体和模范人物，认为这些英雄模范所起的榜样作用，使得我军各方面的工作得到了巨大的进步，造成了崭新的局面。他强调指出“许多经验已经证明，新英雄主义运动是我们推进工作，培养干部和教育群众的很好的很重要的方法。因而，党、政、军、民、学各个方面，都应该在革命工作中进行革命的竞赛，开展新英雄主义运动。”②

朱德同志认为过去军队基层之所以在典型宣传中效果不显著，是因为没有把新英雄主义运动做一种推进工作、培养干部和教育群众的重要办法，没有郑重地有系统地去进行这个工作。他对开展新英雄主义运动的重要意义和应该注意的问题作了论述。他认为，第一，新英雄主义是群众性的运动，需要在正确的工作方向的指导下，为争取实现目前可能实现的目标，打动人人的积极性、创造性，开展普遍的革命同志的友谊竞赛，形成一种勇往直前的风气，造成一种热火朝天的运动。第二，这是一个团结群众、培养干部的重要方法。第三，这是教育群众的重要方法，也是进行部队政治工作的重要方法。他进一步指出，以群众所最熟悉的和最钦佩的群众英雄及其业绩来教育群众，以群众英雄的活榜样号召大家前进，这就打破了教条主义的空谈，使教育产生出力量，因此，我们要运用这种方法，使之成为提高官兵民族觉悟与阶级觉悟的一个有计划的经常的工作，成为我们进行部队政治工作的一个重要方法。最后，他强调：“在抗战进入第八个年头，英雄主义运动已经开始的今天，我英勇的全体将士，必能更加奋勉，普遍开展战斗、生产和群众工作中的英雄主义运动，在战斗员之间，指挥员之间，各种人员之间，在各个部门，各单位之间，发动战斗，生产与群众工作中的英雄主义竞赛，形成一种热火朝天的伟大运动。”③

朱德同志号召开展新英雄主义运动，把新英雄主义主义运动当做是一种推进工作、培养干部和教育群众的重要方法来提倡，有力推动了杀敌立功运

① 总政治部办公厅编．中国人民解放军政治工作历史资料选编［M］：第五册．北京：解放军出版社，2004.544

② 总政治部办公厅编．中国人民解放军政治工作历史资料选编［M］：第五册．北京：解放军出版社，2004.546

③ 总政治部办公厅编．中国人民解放军政治工作历史资料选编［M］：第五册．北京：解放军出版社，2004.547

动，使全军在历次战争和国防建设中不断涌现出新的英雄，不断发扬光大了我人民解放军的一往无前的伟大英雄气概。

（六）“不仅政治机关、政治干部要做政治工作，军事机关、军事干部也要做政治工作”

我军政治工作制度建立以后，有了专职的军事、政治干部，有了各自的业务工作。一些同志特别是军事干部易产生政治工作主要由政治机关、政治干部负责的倾向。朱德同志对这种倾向非常重视，在很多文章、讲话中给部队干部灌输政治工作要依靠军事、政治干部一道去做的思想。

早在 1929 年 5 月 23 日，朱德同志在给中共中央的信中指出“四军以连次战役，颇有损失，然士兵的精神却甚好，我们现在很注意训练工作，加强红军同志对于政治的认识，以与敌人作坚决的持久的斗争。”① 他在陕甘宁晋绥联防军高级干部会议上所作的报告《论军队的管理问题》中，针对练兵与带兵问题讲了军政干部如何做好政治工作的问题。他循循善诱地指出“练兵必先从政治着手。练心就是做政治工作，启发战士们的阶级觉悟，使他们从不觉悟到觉悟。有些同志不懂得这个道理，还是同过去国民党军队那样的练法差不多，认为只要强迫战士们做就行了。这是要不得的。以后指挥员一定要注意这个问题，连长更要特别注意。不仅练战士的军事技术，而且要练军心，做好政治工作。这个工作政治指导员当然要负责，连长也要负责。”② 朱德同志多次重申这一思想。他在华东野战军第 1 兵团团以上干部会议上所作《目前形势和军队建设问题》的讲话中指出：“军事工作与政治工作是部队建设的两个重要方面，只能都搞好，不能只搞好一个。军政干部一定要团结，不能闹独立性。”③ “今后不仅政治机关、政治干部要做政治工作，军事机关、军事干部也要做政治工作。我们部队能打仗，就是靠党的力量，政治的力量。军事指挥员要认识，只有政治领导加强了，有坚强的政治工作，部队才能巩固，士气才能提高，才能打胜仗。”④

四、罗荣桓、谭政对毛泽东军队政治工作思想的贡献

（一）罗荣桓对毛泽东军队政治工作思想的贡献

罗荣桓（1902—1963），湖南衡山人，1955 年 9 月被授予中华人民共和

① 朱德军事文选［M］．北京：解放军出版社，1998.6

② 总政治部办公厅编．中国人民解放军政治工作历史资料选编［M］：第七册．北京：解放军出版社，2004.311

③ 总政治部办公厅编．中国人民解放军政治工作历史资料选编［M］：第九册．北京：解放军出版社，2007.490

④ 总政治部办公厅编．中国人民解放军政治工作历史资料选编［M］：第九册．北京：解放军出版社，2007.490

国元帅军衔，是十大元帅中的唯一一位从事政治工作的人，被称之为“政工第一帅”。罗荣桓从大革命时期就跟随毛泽东南征北战，担任过我军的各级政治主官，长期负责政治工作，积累了丰富的政治工作经验。他坚决贯彻执行毛泽东的建军路线，积极践行毛泽东军队政治工作思想，为人民军队的建军治军奋斗了一生，为毛泽东军队政治工作思想的形成和发展做出了不可磨灭的贡献。罗荣桓同志逝世后，毛泽东同志在悼诗中写到：“君今不幸离人世，国有疑难可问谁”。由此可以看出，罗荣桓曾发挥的重要作用。

罗荣桓同志的军队政治工作思想主要体现在他所撰写的大量著作中，例如《略谈连队的政治工作》、《克服在执行游击战中认识上的一些偏差》、《组织工作的当前任务》、《继续发扬我军的光荣传统》等，这些是罗荣桓同志留给我们宝贵的精神财富，对做好新时期、新形势下我军政治工作有着十分重要的借鉴和启迪作用。

1. 连队政治工作是“政治工作的基础”

罗荣桓同志认为，连队“是战斗编成的基本单位”①，连队政治工作是“政治工作的基础”②。

做好基层连队工作，罗荣桓同志强调要以巩固和提高战斗力，完成战斗任务为目的。他指出连队政治工作的任务主要是保证战斗任务的完成，而完成战斗任务不仅靠军事、靠技术，而且靠政治、靠觉悟，没有政治上的保证，没有思想觉悟的提高，就不能发挥强大的战斗力。因此，连队政治工作的任务说到底就是要用革命理论教育干部战士，提高他们的思想政治觉悟，激发他们的革命热情和积极性，增强部队的团结和凝聚力，保证战斗任务的完成。罗荣桓同志指出政治教育不能脱离战士的实际接受能力和领悟能力，“连队的政治教育，主要是实事求是，基本教育要有充分的现实内容，切忌任何抽象的东西，一切问题要从战士能够领会讲起”③。1947 年夏季攻势以前，辽东军区三纵队在进行的阶级教育中结合土改运动，选择一些苦大仇深的战士倾诉个人的苦，引导大家“倒苦水”、“挖苦根”，知道为谁打仗、为谁扛枪，使广大官兵迅速提高了自己的阶级觉悟，提高了战斗力。罗荣桓同志认为“这在部队政治教育上是一个具有重大意义的创举，解决了当前部队政治教育的主要内容和方法问题，是部队政治教育的方向”④。他授意东北

① 总政治部办公厅编．中国人民解放军政治工作历史资料选编［M］：第六册．北京：解放军出版社，2004.641

② 总政治部办公厅编．中国人民解放军政治工作历史资料选编［M］：第六册．北京：解放军出版社，2004.644

③ 总政治部办公厅编．中国人民解放军政治工作历史资料选编［M］：第六册．北京：解放军出版社，2004.643

④ 杨国庆，白刃．罗荣桓在东北解放战争中［M］．北京：解放军出版社，1986.201

民主联军政治部起草了关于政治教育中普遍开展诉苦运动的训令，经他审定后，下发各部队。后来，毛泽东同志转批了这一经验，在全军推广，发展成为了新式整军运动。

做好基层连队工作，罗荣桓同志强调要注意发挥支部的战斗堡垒作用。罗荣桓同志认为“部队中没有党的基层组织，就没法联系群众”①。在三湾改编时期，毛泽东同志作出把支部建在连上的决定后，罗荣桓同志作为特务连的党代表，坚决执行毛泽东的指示，重新调整了自己的工作重点，把主要精力都放在连队党支部的建设上。当时，除了罗荣桓同志以外，只有曾士峨、张宗逊是党员。为了迅速在连队建立党支部，物色和发展新的对象，罗荣桓同志经常帮战士背枪、扛铺盖卷儿、与战士拉家常，很快与战士熟悉起来，成功地将第一批战士列为入党对象。有了这样的新鲜血液，支部建在连上才真正开始落到实处。他在后来的回忆中指出“三湾改编的重要历史意义，就在于正是从这时开始，确定了党对军队的绝对领导，奠定了新型的革命军队的基础。后来，就是在这个基础上，继续从政治、思想方面肃清旧式军队的残余习气，更加完整地建立了和形成了革命军队的组织、制度和作用”。罗荣桓同志把支部建在连上看做是党的事业成功的主要因素，他认为“从总结历史经验来看，我党由于受右倾机会主义的干扰，尽管也曾在前期国民党部队和后来自己的部队中建立党组织，但都没有把党的基层组织深入到连队去，导致党在军事工作中的失败和挫折的主要原因就是没有建立党的基础”。②

做好基层连队工作，罗荣桓同志强调要加强对连队政治工作的领导与指导。他指出要注意以下四点：一是“顾忌连队的基本任务、环境、范围，并把握好与中心工作的关系”。不要把机关的工作全都搬到连队，使连队失掉重心，穷于应付。二是加强“对指导员能力的培养”。指导员的主要职责是向战士进行宣传教育。指导员决不能成为一个事务主义者，更不能代替军事行政干部的工作。应着重培养提高指导员做思想政治工作的能力。三是“对缺乏基层工作经验的知识分子干部，应让他们下连队、下基层，在实际工作中锻炼”。四是号召所有政治工作干部研究连队政治工作，“并把它作为业务学习的中心任务之一”。③

罗荣桓同志以上这些观点运用到实践中，取得了很好的实际效果，加强了基层连队的政治工作，并且进一步丰富完善了毛泽东同志支部建在连上的思想。

---

① 罗荣桓军事文选［M］．北京：解放军出版社，1997.552

② 罗荣桓军事文选［M］．北京：解放军出版社，1997.552－553

③ 总政治部办公厅编．中国人民解放军政治工作历史资料选编［M］：第六册．北京：解放军出版社，2004.644

2. “离开了党，一切都要失败”

党领导军队是我军建军的根本原则，也是我军政治工作的重要内容和宝贵经验。罗荣桓同志认为，半殖民地的中国革命，必须是寄托在中国共产党的领导上，而且必须寄托在中国共产党独立的领导与武装斗争的胜利基础上，否则革命总是失败的。他指出“党始终是军队的领导者、组织者和鼓舞者，没有党的领导，就没有革命的军队。离开了党，一切都要失败。我军的整个历史，都充分地证明了这个真理”①。因此，罗荣桓同志始终强调并坚持党对军队的绝对领导。

罗荣桓同志认为，坚持党的领导，就要严格组织纪律。他说过：“我没有别的本事，我的本事就是坚决执行中央的指示”。平津战役结束后，随着人民军队的不断扩大、战场上的不断胜利，一些领导干部以功臣自居，无政府、无组织、无纪律的现象时有发生。针对这一情况，罗荣桓在《关于反对无政府无纪律现象的问题》中强调“目前问题是全国胜利即将到来，要求我们全党全军更加团结，更加统一集中，服从中央的统一领导，服从军委统一军事上的指挥，更为迫切需要”，“我们应当完全拥护中央的指示，坚决反对中央所指出的5种恶劣作风，即无政府无纪律状态；事前不请示，事后不报告的错误态度；瞒上不瞒下、报好不报坏、报喜不报忧的无原则现象；经验主义和游击主义；将自己领导的区域、工作部门或军队看成好像一个独立国的危险现象。这些无政府无纪律的恶劣作风是不能允许的”②。他在《组织工作的当前任务》中再次强调“当前的组织工作任务是什么呢？首要任务就是响应党中央号召，在全军上下贯彻统一集中的纪律”③。他认为没有统一集中，不严格组织纪律，是不能取得胜利的。罗荣桓同志强调严格组织纪律，具体要求了以下几点：一要加强集体领导。党委制恢复以后，党的集体领导得到了加强，但也存在一些问题。如委员思想不一致，会上不说，会后攻击；分工变成分割，强调单独解决和决定问题，缺乏民主协商；自高自大，不听指挥等。罗荣桓同志认为党委集体领导中存在的这些问题，导致了部队中的无政府无纪律现象。他要求“各级党委要很好地检讨集体领导，有问题提到党委讨论，不同意见允许争论，会议前善于彼此交换意见，找到共同思想共同语言，这样党委即能变成为有力量的党委了”④。二要反对两种经验主义和个人主义。经验主义者只相信自己的一套，对统一集中缺乏认

① 原政治学院编．军队政治工作历史资料［M］：第二册．北京：战士出版社，1982.39

② 总政治部办公厅编．中国人民解放军政治工作历史资料选编［M］：第十册．北京：解放军出版社，2007.490

③ 原政治学院编．军队政治工作历史资料［M］：第十二册．北京：战士出版社，1982.66

④ 原政治学院编．军队政治工作历史资料［M］：第十二册．北京：战士出版社，1982.43

识；只相信过去的一套，对新事物、新情况、新问题缺乏研究。个人主义者骄傲自满，邀功自负，目无纪律，自私本位，缺乏整体观念，个别人甚至把过去的功劳作为资本，威胁党组织。罗荣桓指出“我们今天要贯彻集中统一的纪律，就是同这种经验主义、个人主义的现象作思想斗争”①。

罗荣桓同志认为，坚持党的领导，就要坚持党委制。新中国成立后，有人主张照抄照搬苏联的做法，不必再强调党的领导，可以取消政治委员，实行军事首长“一长制”。罗荣桓同志旗帜鲜明，坚决反对这种观点。他在病中去看望主持军委工作的彭德怀时说到：“现在有些同志认为政治制度过时了，政治委员作用不大，要学习苏联搞一长制。如果那样做，我们从井冈山时期搞起来的政治工作传统就会丢掉。我是个搞政治工作的，不是怕取消政治工作我没事干了。这不是个人的问题，这是党的工作问题。”② 这种观点取得了彭德怀同志的完全赞同。1952 年，在军事系统高级干部会议上，肖华同志代替病重的罗荣桓代表总政治部作了报告。报告强调：我军越是向现代化正规化前进，装备加强了，兵种复杂了，分工精细了，技术提高了，就越要加强党委的统一的集体的领导。根据我军的经验来看，如果把这种复杂的新工作新任务，完全委之于单个的首长，减弱了党的领导与保证，一定会手忙脚乱，漏洞百出。因此，党委制必须在我军长期定下来。1954 年颁布实行的《中国人民解放军政治工作条例（草案）》，明确规定党委统一的集体的领导下的首长分工负责制，为党对军队的领导制度。

3. “党政工作人员必须采取更多的民主”

罗荣桓同志认为政治工作要通过艰苦细致地说服教育与发扬民主来启发战士的政治觉悟，达到完成战斗任务与工作任务的目的。罗荣桓同志曾指出，党政工作人员必须采取更多的民主，予以启发的教育，那种不去检查干部脱离群众，而只是反对群众的极端民主化是错误的。他强调指出“军队是革命的人民群众组织起来的，没有民主不行啊”③。

早在井冈山时期，按照毛泽东的指示，罗荣桓同志在红四军主力二十八团和三十一团开展了肃清封建残余，提倡民主主义，尊重士兵人格，不打骂士兵的运动。当他得知一个名叫黄永胜的班长打了战士时，他立即找来黄永胜，耐心地说到：“如果你是当兵的，犯了一点错误，班长动手打你，你的心里会好受吗？毛委员再三讲，靠拳头来代替教育，那是不能解决问题的。同志们有了缺点和错误，要讲道理，使他们明白为什么错了。要以理服人，

① 原政治学院编．军队政治工作历史资料［M］：第十二册．北京：战士出版社，1982.68

② 罗荣桓传［M］．北京：当代中国出版社，2006.321

③ 罗荣桓军事文选［M］．北京：解放军出版社，1997.555

不能以力服人。口服不如心服，只有心服了，才能自觉遵守纪律。”① 在罗荣桓同志入情入理的帮助教育下，黄永胜承认了错误。在1953年开始的正规化训练中，我军出现了忽视群众路线及发扬民主的问题。有的人认为，官兵互教的传统做法已经过时，只能实行上级教下级，官教兵的办法。罗荣桓不赞成这种观点，他认为在正规化训练中同样要走群众路线，要发扬民主，要依靠广大群众的积极性和创造性。1956年夏季，他在参观了我军几个特种兵举办的展览后深有感触地说：“有的人说军队现代化了，就可以不要民主了。我们说，现代化没有民主也不行，没有民主，科学技术也学不好”。罗荣桓同志认为军事工作必须采用行政命令的手段，而作为政治工作则要强调说服教育和发扬民主，他指出“军队中的军事工作是要用命令的形式，例如出操，军事工作干部就要发出‘立正’、‘向右看齐’的口令。为了保持战斗部队的高度集中统一，保证战斗行动的一致。指挥员、军事工作人员就要运用这种形式，而政治工作却是在发扬民主的基础上。用群众路线的方法，用说服教育，提高觉悟、提高自觉性的办法，来达到同一目的”。②

4. “系统地进行马列主义、毛泽东思想的政治理论教育，这是部队的根本建设”

在长期的革命斗争实践中，罗荣桓同志认识到系统地进行马列主义毛泽东思想的学习是确保政治思想的关键环节。在战争时期，他就给红军大学上政治课，讲授《中国革命史》、《联共党史》等。但是由于条件限制，尽管那时部队中的思想教育非常及时活跃，但仍不可能系统地学习政治理论。新中国成立后，罗荣桓同志认为要建设现代化的革命军队，必须大大加强部队的马克思列宁主义教育，把部队的政治觉悟提高到新的水平。1950年底，总政治部召开了宣传文化工作会议，罗荣桓同志在会上着重讲了加强政治理论学习的问题，他强调：系统地进行马列主义、毛泽东思想的政治理论教育，这是部队的根本建设。

罗荣桓同志要求全军要系统地学习政治理论，广大官兵懂得更多的革命理论，树立共产主义世界观，掌握正确的思想方法，来指导自己的思想和行动。1954年11月，中央任命罗荣桓任政治干部学院院长，这个学院是他向毛泽东提出建议设立的。1955年2月28日，罗荣桓同志在政治学院的一次讲话中指出“我们的政治工作必须提高一步，过去的政治工作是战时的多一些，系统的思想教育还是缺乏的。现在的政治工作水平是不能适应正规化建军的发展和需要的。因此，需要在现在的基础上提高一步，把它更加充实起

① 罗荣桓传［M］．北京：当代中国出版社，2006.301

② 罗荣桓元帅［M］．北京：解放军出版社，1987.847

来，总结起来，这是政治学院很重要的一个任务”①。

罗荣桓同志强调学习要防止教条主义，“教条主义是最迷信的。迷信死人，不相信活人；迷信过去，不相信现在；迷信现成的公式，不相信发展”②。他常用刘少奇的一句话来告诫大家：在强调学习理论的时候，对教条主义放个“班哨”就可以上，而对经验主义要放个“排哨”。③ 他认为学习毛泽东著作，要领会精神实质。他提倡“一条线五结合”的学习方法。“一条线”就是学习毛主席著作要以党史为线索；“五结合”就是学习毛主席著作和学习马列著作相结合，和学习党的路线政策相结合，和学习当前国际国内形势以及军队建设相结合，通读与专题研究相结合。现在看来，“五结合”的有些内容已不再适用，但是其精神实质对于我军当代政治工作是有着顽强生命力的。在强调系统学习马列主义、毛泽东思想的同时，罗荣桓同志还十分重视政治理论教员的作用。他在担任政治学院院长的十年时间里，坚持正确的办学方向，为部队培养了大批政工干部，为部队政治工作建设做出了重要贡献。

5.“要从干部整顿起，然后去教育部队才有用”

罗荣桓同志认为，政治工作的中心环节是干部，丰富了毛泽东军队政治工作思想中“政治路线确定以后，干部就是决定的因素”的思想。1940 年 4 月，罗荣桓同志在一次团以上干部政治工作会议上对干部教育提出了四点要求。一是坚持两小时学习制度（主要是自修），在一定时间内完成所选学课程；二是严格检查与方法的指导，各级首长先行自我检查，首先是主要干部；三是定期举行讲评和指导学习方法；四是防止好高骛远。④ 1949 年 4 月，罗荣桓同志指出“既然部队纪律的好坏，首先决定于领导干部是否重视，能否以身作则起模范作用去教育部队，所以我们要从干部整顿起，然后去教育部队才有用。”“许多制度不能很好地执行，就是干部不遵守”，有些干部“个人主义太多了一些，集体主义太少了一些”，“只从个人兴趣出发，而不从党的需要出发”。⑤ 罗荣桓同志要求干部要下基层锻炼、当兵，“干部下连当兵，就是要使我们保持和恢复我们过去一些好的传统，能够跟士兵打成一片，合成一气”⑥。

罗荣桓同志反复强调共产党员和领导干部的模范作用，认为共产党员和

① 罗荣桓军事文选［M］．北京：解放军出版社，1997.552
② 罗荣桓元帅［M］．北京：解放军出版社，1987.642
③ 佟明忠．中外军队政治工作思想通史［M］．北京：军事科学出版社，1997.462
④ 罗荣桓军事文选［M］．北京：解放军出版社，1997.68
⑤ 罗荣桓军事文选［M］．北京：解放军出版社，1997.446－447
⑥ 罗荣桓军事文选［M］．北京：解放军出版社，1997.578

政工干部只有带头实践党的宗旨，才能使党的路线、方针、政策落到实处，才能带领群众完成政治工作任务。因此，要通过干部教育，不断加强干部的思想道德品质，充分发挥其作用。在罗荣桓同志的建议下，1958 年 8 月，中央军委发出了《关于制止某些高级干部腐化堕落违法违纪行为的指示》，点名批评了一些干部的严重错误，并做了严肃处理。

（二）谭政对毛泽东军队政治工作思想的贡献

谭政（1906－1988），湖南湘乡人，是 1955 年授衔的中国人民解放军十位大将中唯一一位毕生从事政治工作的。在他 60 余年的革命生涯中，从建军之初的基层宣传员到土地革命战争时期的师政治委员，从抗日战争时期的总政治部副主任到解放战争时期的野战军副政委兼政治部主任，最后到中国人民解放军总政治部主任，他始终处在我军政治工作的第一线，为我军政治工作的创建和发展，做出了重要贡献，极大地丰富了毛泽东军队政治工作思想。

提到谭政，人们自然会想起 1944 年 4 月他在西北局高级干部会议上作的《关于军队政治工作问题的报告》。那是继古田会议决议之后又一重要历史文献，曾被列为全党全军各级领导干部的整风文件和固定教材。谭政同志在这个报告中所阐述的政治工作的基本原则、方针、政策，具有长远的指导作用，建国以后军委及总政曾几次将这一报告重新印发部队。这个报告是他受中共中央委托，在毛泽东、周恩来等主持和指导下起草的，是集体智慧的结晶，是毛泽东军队政治工作思想的重要组成部分。一些在毛泽东军队政治工作思想部分已经提到过的思想，这里不再详细阐述。回顾历史，除了这个报告之外，谭政同志在我军政治工作方面还有很多闪光的思想，主要体现在《新田夜间战斗政治工作》、《高兴圩以北政治工作》、《关于红军中新的政治工作意见》等著作中，同样值得我们研究学习。

1. “人民军队的政治工作，是以党的革命纲领和人民革命的精神教育军人”

政治工作的重要地位和作用始终是谭政同志强调的一个问题。谭政同志认为，建立革命的政治工作是人民军队的基本特色，是人民军队区别一切旧式军队的显著标志，是团结自己、战胜敌人的重要因素。他对政治工作“生命线”的内涵作出了科学的解释：人民军队的政治工作，“是以民族民主革命的纲领教育军队，是以人民革命的精神教育军队，使革命军队内部趋于一致，使革命军队与革命人民、革命政府趋于一致，使革命军队完全服从革命政党的政治领导，提高军队的战斗力，并进行瓦解敌军、协和友军的工作，达到团结自己，战胜敌人，解放民族，解放人民”①。

① 总政治部办公厅编．中国人民解放军政治工作历史资料选编［M］：第七册．北京：解放军出版社，2004.425

谭政同志于1927年9月参加毛泽东领导的湘赣边界秋收起义和三湾改编，1929年12月参加红四军第九次党代表大会（即古田会议），参与人民军队初创时期政治工作的建设。后来，无论在革命战争年代，还是在和平建设时期，也无论在哪一级政治工作领导岗位，谭政同志总是以自己的模范行动，把政治工作当做一门科学事业，以毕生精力为之奋斗。无论战局如何转换，情况如何变化，他总能排除来自左的或右的方面的各种干扰，始终对我军政治工作的定位有着清醒和正确的认识。他严肃地告诫人们：任何企图轻视和削弱政治工作的想法和做法，都将招致革命事业的损失。他曾严厉批评把政治部主任说成是“膏药店老板”，政治部是“膏药店”的错误观点，经常教育政治工作者要以对党的事业的无限忠诚做好工作。1956年，谭政同志在党的八大上《建军新阶段中政治工作的若干问题》的发言中指出：在现代战争中，虽然军事技术的重要性大大提高了，但重视技术的同时并不意味着可以降低人的作用、政治因素的作用。人的因素始终是战争中决定的、经常起作用的因素。现阶段的政治工作，应该正确认识政治和军事技术的关系。这个发言被编入八大文件汇编，印发全军学习，对指导和加强新的历史时期我军政治工作发挥了重要作用。另一方面，他也反对把政治工作过分强调、摆到过高的不适当地位。20世纪60年代，他对林彪在军队建设中特别是在政治工作中推行的一套极左的做法深表不满，并进行了抵制和斗争。

谭政同志在针对政治工作与其他工作的关系的问题上，也进一步揭示了政治工作的地位。他指出“无论军事工作、政治工作或供给卫生工作，同是军队的一个组成部分，等于一架机器的组成一样，彼此只有分工的不同，而目标是共同的一致的。我们的工作目的，在于加强部队的战斗力，而不是减弱战斗力，彼此之间不是孤立的进行工作，而是共同的进行工作，因此要有分工，但又要有配合”①，“革命的政治工作和革命的军事工作相配合，就构成了革命军队的全部工作”②。

2．“人民军队最重要的经验与最基本的特点是有共产党的领导”

如何加强党对军队的绝对领导，坚持正确的建军宗旨，克服军队建设的错误思想，确保我军的党性、革命性和人民性，使之真正成为党的事业的工具，这始终是包括谭政同志在内的老一辈革命家极为关注的一个重大问题。谭政同志指出“人民军队最重要的经验与最基本的特点是有共产党的领导。不单是有党的组织、党的党员与各级委员会，最重要的是党的领导路线、领

① 总政治部办公厅编．中国人民解放军政治工作历史资料选编［M］：第七册．北京：解放军出版社，2004.29

② 总政治部办公厅编．中国人民解放军政治工作历史资料选编［M］：第七册．北京：解放军出版社，2004.426

导方针、党的政策与思想作风。这是军队的灵魂"①。他强调只有"无条件地服从共产党中央及其代表机关的政治领导，才能使军队不走偏向，达到协和全国军民，打倒日本帝国主义的目的"②。

毫不动摇地坚持党对军队的绝对领导，是谭政同志领导政治工作实践的最高原则。红军初创时期，谭政同志先后参加了三湾改编和古田会议。他坚决贯彻毛泽东同志的指示，坚持以无产阶级思想建设军队，高度重视和贯彻"支部建在连上"的原则，为加强部队中党的组织建设和思想建设付出了大量心血。③ 在我军任务从土地革命向抗日战争转变的关键时刻，谭政同志根据形势的改变和党的政治路线、军事战略的调整，较早地在向党中央提出了《关于红军中新的政治工作的意见》中指出不管红军在新的形势下怎样改变组织形式，必须加强党在组织上、思想上对军队的绝对领导，一切破坏或分裂党的组织和领导的企图，均必须受到无情的打击。全国抗战初期，我军一度取消了政治委员，缩小了政治机关，使党的领导和政治工作受到削弱。1937 年 10 月，时任总政治部副主任的谭政与兼主任的毛泽东联名下达恢复政治委员制度的命令。这一制度的恢复，对确保党对八路军、新四军的绝对领导起了重要作用。④ 1953 年 6 月，他在中南军区召开的支部工作会议上作了《关于整理党的支部工作问题》的报告，对加强支部建设，增强基层组织的凝聚力、战斗力发挥了重要作用。

谭政同志认为党对军队的领导是政治、思想、组织上的全面领导。他指出"政治上是党的政策路线方针；思想上是共产主义的思想，按照马克思主义的思想方法看问题，教育部队；组织上有党的组织来经常保证党的领导路线"，"只有组织领导，没有思想领导也是错误的，也是等于没有党的领导。如果没有党的路线，就不叫人民军队，违背了就要变质，战斗力就要下降，就要脱离群众"。⑤

3. "政治工作作风与党的作风是一致的"

政治工作的作风直接决定着政治工作的作用能否充分发挥。谭政同志在领导我军政治工作实践过程中，深刻认识到了这一点，就政治工作的作风问

---

① 总政治部办公厅编．中国人民解放军政治工作历史资料选编［M］：第九册．北京：解放军出版社，2007．257

② 总政治部办公厅编．中国人民解放军政治工作历史资料选编［M］：第八册．北京：解放军出版社，2004．431

③ 人民军队政治工作的卓越领导者和实践者——纪念谭政同志诞辰 100 周年［N］．解放军报，2006－06－11

④ 李平，姜铁军．论谭政的政治工作理论与实践［J］．军事历史．2008（4）：63

⑤ 总政治部办公厅编．中国人民解放军政治工作历史资料选编［M］：第九册．北京：解放军出版社，2007．257

题做过大量论述。谭政同志指出“要领导好这样大规模的战争，就必须建立强有力的机关工作。但这应该从何处着手呢？调整干部，从质量上提高干部，合理分工等，这些都是必要的，但最重要的事情，还是作风问题。如果一个机关作风不正，那即使人员齐全，分工合理，工作也不一定就做得好。庞大的整齐的机关不等于健全的机关，只有具备好的作风的机关，才可能成为健全的机关。”谭政同志明确了政治工作应当具有的作风：“政治工作作风与党的作风是一致的，即必须坚持实事求是、理论联系实际和密切联系群众的作风，做到深入，实际，迅速。如果我们善于从中国革命实际与中国军队的具体任务出发，善于调查研究，善于联系群众，那么，政治工作（与军事工作、后勤工作）的全部任务就能完成，团结自己、战胜敌人的目的就能达到。”①

根据政治工作的作风要求，结合不同的任务需要，谭政同志还曾概括了一系列政治工作的具体方法，如开展群众运动、抓好典型、宣传鼓动、具体指导等。1943年春，他在参与领导留守兵团整风运动中，为解决军政、军民关系存在的问题，亲自组织起草了《关于拥护政府爱护人民的决定》，创造性地提出了人民军队历史上第一个拥政爱民公约。拥政爱民逐步发展成为我军的优良传统。② 谭政同志曾高度赞扬了具有优良作风的政治工作干部：“所有我们的政治工作人员时时刻刻均能谨守着自己的岗位，每逢困难时候和危险场所，常常显出他们坚定的节操与刚毅气概。他们从来没有凭借自己的地位去滥用权力，而是依靠从艰苦工作过程中去造成思想上的权威，建立工作中的信仰。他们生活在广大战士群众中，有着一个共同的意志，没有丝毫隔膜，能够体贴并领会群众的心理，关心群众要求，把这些心理要求看成自己的工作的立脚点。因此，他能够取得战士们的拥护与爱戴，如同自己的慈母一般。他们具有无上的革命热情，把革命的工作利益看成最高利益，认为工作要求没有完成就是革命者的耻辱，往往在争取优胜、定期完成任务的时候，而废寝忘餐，积劳成病，在高度的热情之下，忘却了艰苦与困难，代替艰苦困难的不是沉闷懊丧，而是一幅紧张活泼果敢敏捷的画图。”③

谭政同志认为影响政治工作实际效果的不良作风“是相互结合，有着不可分离的关系，在长期的战争环境之中生长、发展，成为可怕的习惯力量，浸透于每个干部的头脑中，使之不自觉的发生留恋。由此，就决定了对于此

① 总政治部办公厅编．中国人民解放军政治工作历史资料选编［M］：第九册．北京：解放军出版社，2007.737－739

② 深切缅怀人民军队政治工作的卓越领导者谭政大将［N］．湖南日报，2006－06－15

③ 总政治部办公厅编．中国人民解放军政治工作历史资料选编［M］：第四册．北京：解放军出版社，2004.684

种作风习惯之摒弃，必须在自觉的原则下采取耐心地说服教育的方针，逐步、坚决地改正过来”[①]。他明确归纳了这些不良作风的表现形式，总结起来，有以下六个方面：一是形式主义，徒具外表。“一切只具有外表而无内容，或者仅仅追求数目字，不管质量好坏”[②]；二是事务主义、没有方向。“有很多人，一天到晚忙，都忙不出所以然，或者花费了很多力气成绩并不大，原因就在这里”[③]；三是平均主义，缺乏重点。“有些同志做工作计划时，不知道抓住中心；检查工作时，不知道找典型；解决问题时，不知道从某一个关节着手”[④]，而抓不住重点，也就抓不住工作的全面；四是只重号召，不重组织。往往是“一个号召发出之后，第二个号召接着又来，在那里，许多工作是在号召上打圈子，永远停留在号召的阶段，许多工作常常是有头无尾的”[⑤]；五是孤立主义，轻视群众。“不把政治工作看做是群众工作，不从群众观点出发，不采取群众路线，不组织群众行动”[⑥]，宁愿使政治工作变成少数政治工作人员脱离群众而孤立起来的所谓“工作”；六是主观主义，脱离实际。“发指示、订计划、写文章都不问情况，不先作调查，凭想象，或是凭现有的经验，而不是以搜集的充分材料和了解的实际情况为依据。以致许多指示、计划欠具体，和实际情况结合的不那么紧。”[⑦]

4. “无论对待干部、团结干部、培养干部与提拔干部，一律不许有任何私人路线和狭隘的宗派思想”

谭政同志高度重视我军干部队伍的建设问题，始终把执行正确的干部政策作为政治工作的关键环节。他在做了大量调查研究的基础上，发表了许多具有重要意义的文章，组织下发了许多指导性很强的指示，强调“无论对待干部、团结干部、培养干部与提拔干部，一律不许有任何私人路线和狭隘的宗派思想”[⑧]，对我军的干部工作产生了重要影响。

---

① 总政治部办公厅编．中国人民解放军政治工作历史资料选编［M］：第四册．北京：解放军出版社，2004.688

② 总政治部办公厅编．中国人民解放军政治工作历史资料选编［M］：第四册．北京：解放军出版社，2004.688

③ 总政治部办公厅编．中国人民解放军政治工作历史资料选编［M］：第四册．北京：解放军出版社，2004.688

④ 总政治部办公厅编．中国人民解放军政治工作历史资料选编［M］：第七册．北京：解放军出版社，2004.436

⑤ 总政治部办公厅编．中国人民解放军政治工作历史资料选编［M］：第七册．北京：解放军出版社，2004.436

⑥ 总政治部办公厅编．中国人民解放军政治工作历史资料选编［M］：第七册．北京：解放军出版社，2004.436

⑦ 总政治部办公厅编．中国人民解放军政治工作历史资料选编［M］：第九册．北京：解放军出版社，2007.737

⑧ 总政治部办公厅编．中国人民解放军政治工作历史资料选编［M］：第五册．北京：解放军出版社，2004.622

对待干部，要坚持任人唯贤，搞五湖四海。谭政同志要求在干部问题上，不得论亲疏，分派系，不得以个人所好者好之，所恶者恶之，不光明正派。党员干部与非党干部，都一视同仁。对于旧军人出身的干部中那些有能力、有经验，能够指挥作战的，经过考验之后，可分配当指挥员。农民出身的干部应是人民军队干部队伍的主要源泉，但也要注意加强培养，提高文化水平。他特别强调要正确对待队伍中的知识分子，指出“革命的知识分子是人民军队干部队伍中的新鲜血液，应当大量吸收，适时提拔，切实教育和不断考验……仇视知识分子，忌刻知识分子，更是不对的”①。谭政同志在《论革命军队的政治工作》一文中还明确指出“八路军对干部的方针一贯是明确的。第一、不存私见，无论提拔干部还是使用干部都是从党的原则出发，不是从私人路线出发；第二、党员干部与非党干部都一视同仁，党与非党干部之间只有不同的要求和不同的义务；第三、既不姑息干部也不糟蹋干部，在干部中高度发展自我批评，依靠自我批评去团结干部、锻炼干部和提高干部；第四、奖励前进，反对后退，拿前进的标准作鉴定和信赖干部的主要尺度”②。

团结干部，要正确处理矛盾纠纷。谭政同志强调指出“为坚持与发展伟大的中国革命斗争，必须加强干部的团结，必须特别注意尊重地方干部、本地干部、新干部、地方武装干部与非党干部。而应反对一切对他们的轻视态度，不适当的批评，无原则的打击。”③ 他还具体列举了在处理不同的矛盾纠纷时应遵循的基本原则：“在军队干部与地方党政民学干部的关系中，应更多更严格的要求军队干部负责任，如遇纠纷，应更多的要求与责备军队干部；在外地干部与本地干部的关系中，应更多的要求与责备外地干部，在各地的武装中提拔与培养本地干部，应成为重要的任务之一；在老干部与新干部的关系中，应更多的要求和责备老干部，在正规军干部与地方武装干部的关系中，应更多的要求和责备正规军干部；在党的干部与非党的干部的关系中，应更多要求与责备党的干部”④。

培养干部，要注重加强教育与实践锻炼双管齐下。关于干部教育问题，谭政同志认为应该区分层次，有针对性地区别对待。他指出应将教育干部的

---

① 总政治部办公厅编．中国人民解放军政治工作历史资料选编［M］：第五册．北京：解放军出版社，2004.625

② 总政治部办公厅编．中国人民解放军政治工作历史资料选编［M］：第五册．北京：解放军出版社，2004.387

③ 总政治部办公厅编．中国人民解放军政治工作历史资料选编［M］：第五册．北京：解放军出版社，2004.521

④ 总政治部办公厅编．中国人民解放军政治工作历史资料选编［M］：第五册．北京：解放军出版社，2004.629

着眼点放在“提高觉悟，鼓励进步，增加知识，提高党性”上，“对于不同出身的干部，应有不同的教育。对农民出身的干部，应侧重提高其文化，增加其一般知识，克服其狭隘性保守性。对旧军人出身的干部应注意洗刷其旧军队习气和封建意识。对知识分子出身的干部，应强调其理论与实际的联系，重视实际工作，使知识分子工农化。对技术专门人员应鼓励增长其革命热忱与专门知识”。[①] 关于干部的实践锻炼问题，谭政同志认为既要严格要求又要关心爱护，他指出“第一就是指导他们，让他们放手工作而不是包办；第二是提高他们，不使他们落后；第三是检查他们的工作，而不是放任自流；第四是改造他们，就是说，当他们有缺点有错误时。要采取适当步骤，采取批评与必要的斗争；第五是照顾他们的困难，如干部的疾病问题、生活问题、家庭问题等，党的领导机关应给以热忱的亲切的关心”[②]。

5.“在于削弱和摧毁日本法西斯军队的战斗力”

瓦解敌军是我军政治工作的优良传统。由于我军在革命战争中，长期处于武器装备对比悬殊、敌强我弱的条件下，从政治上瓦解敌军便显得尤为重要。谭政同志在抗日战争时期，积极贯彻毛泽东的一系列指示，就瓦解敌军工作做了深入的研究，给予了有力的指导。

谭政同志明确指出了我军当时开展瓦解敌军工作的目的和方针，即“总的说来，在于削弱和摧毁日本法西斯军队的战斗力，涣散他的组织，消失他的顽强性，用以配合我们军事上的抗击，取得战争的最后胜利。要达到这个目的，必须用积极的宣传方针与宣传力量，启发日本军队内部广大士兵群众的阶级觉悟与反战情绪，使其明了侵略战争的本质，了解战争对于他们本身、对于日本人民大众的危害，以改变他们对战争的态度，由拥护这个战争转到厌恶这个战争，由消极的作战转到积极的反战，由侥幸战胜以期从速结束战争的心理，转到希望这个战争失败。”[③]

谭政同志认为瓦解敌军工作主要有两点：一是靠对敌宣传，二是靠优待俘虏。他认为对敌宣传，首先要在宣传内容上“有所讲究”，“当敌军士兵还没有进到觉悟地位，了解侵略战争所造成的罪恶，而仍然将痛苦寄托于自己的命运的时候，我们对敌的宣传，必须从他们的痛苦的关节出发，循循善诱，避免纯一的政治论述与主观的抽象的公式主义的说教；如果宣传品不注

① 总政治部办公厅编．中国人民解放军政治工作历史资料选编［M］：第五册．北京：解放军出版社，2004.628

② 总政治部办公厅编．中国人民解放军政治工作历史资料选编［M］：第七册．北京：解放军出版社，2004.26

③ 总政治部办公厅编．中国人民解放军政治工作历史资料选编［M］：第四册．北京：解放军出版社，2004.645

意其内容、质量以及散发的技术与成果，那么，这种宣传品就一钱不值”①；其次，要在宣传技巧上“有所讲究”，“必须从他们切身的感受和利益关系出发，从低级的斗争形式，与表面上带着消极而实质上含有积极意义之事件的煽动出发（如愤懑、自杀等），力求扩大，力求普遍……利用他们的思乡心理，利用战争延长对于他们的危害和苦恼，弄得他们神魂颠倒，情不自禁，以减低其战斗意志，达到精神状态之瓦解，使之从痛苦的经验中去寻求正当的出路。只有这样，才能冲破日本法西斯军队的顽固性，破坏他们的‘尊严’，搅乱他的阵线，同样也只有适应内部的这种变化，从外部去煽引，才能把敌军工作提到运动的高点上来”②。

谭政同志认为优待俘虏，一是要增进双方感情。“只有感情的疏通，才能达到政治上的接近。”③“如果中国人民和中国军队从道义上取得了日本士兵同情和谅解，那就是我们对敌军工作最大的胜利。由此可以减少和消失彼此之间的隔膜，减低他们的顽固性，由此可以破坏日本法西斯的控制，将增加我们军事上以莫大的方便。”④二是要从思想教育上、物质待遇上、政治态度上争取他们，将我们在战斗前与战斗中对于敌军的宣传转变为事实，借以瓦解敌人的队伍。三是要适时地释放俘虏。“宣传品的作用，在初期要靠释放俘虏去证实、去补充；释放的俘虏愈多，宣传品的作用将愈大”。⑤对于释放的俘虏，“不管他们回去之后，对我们采取何种态度，不管日本军阀采取何种手段对付他们，中国军队释放日本俘虏这个铁的事实，是无法掩盖日本士兵们的耳目的，事情的本身就尽了疏通感情的作用。”⑥

---

① 总政治部办公厅编．中国人民解放军政治工作历史资料选编［M］：第五册．北京：解放军出版社，2004．251－252

② 总政治部办公厅编．中国人民解放军政治工作历史资料选编［M］：第四册．北京：解放军出版社，2004．646

③ 总政治部办公厅编．中国人民解放军政治工作历史资料选编［M］：第四册．北京：解放军出版社，2004．647

④ 总政治部办公厅编．中国人民解放军政治工作历史资料选编［M］：第七册．北京：解放军出版社，2004．432

⑤ 总政治部办公厅编．中国人民解放军政治工作历史资料选编［M］：第四册．北京：解放军出版社，2004．647

⑥ 总政治部办公厅编．中国人民解放军政治工作历史资料选编［M］：第四册．北京：解放军出版社，2004．647

第六章　我军政治工作思想的继承与创新

“在前进道路上，我们必须始终把思想政治建设摆在军队各项建设的首位，作为军队的根本性和基础性建设抓紧抓好。”

——胡锦涛[①]

“人们要想得到工作的胜利即得到预想的结果，一定要使自己的思想合于客观世界的规律性，如果不合，就会在实践中失败。”[②] 人对物质世界的实践把握是个能动创造的动态过程，人的思想就是在这个过程中不断更新的。我军政治工作实践是随着时代的变化而变化的，我军政治工作思想也在毛泽东军队政治工作思想的基础上不断向前发展，先后形成了邓小平军队政治工作思想、江泽民军队政治工作思想、胡锦涛军队政治工作思想。这些思想既一脉相承，又与时俱进，各有千秋，适应了不同阶段我军建设实践面临的时代背景及客观要求，回答了“建设一支什么样的军队、怎样建设军队”等重大问题，是我军政治工作思想的继承与创新的生动写照，是指引我军不断从胜利走向胜利的强大思想武器。

邓小平军队政治工作思想、江泽民军队政治工作思想、胡锦涛军队政治工作思想博大精深，涵盖了我军政治工作的方方面面。“判断历史的功绩，不是根据历史活动家有没有提供现代化所要求的东西，而是根据他们比他们前辈提供了新的东西”[③]。因此，本文力争把这些思想中具有代表性的、具有创新性的闪光点作以归纳总结，以期反映其思想精华。

一、邓小平军队政治工作思想述评

邓小平（1904—1997），四川广安人，无产阶级革命家、政治家，我党第一代领导集体的重要成员、第二代领导集体的核心。邓小平是中国社会主义改革开放和现代化建设的总设计师，是建设有中国特色社会主义理论的创

① 胡锦涛在庆祝中国人民解放军建军80周年暨全军英雄模范代表大会上发表重要讲话［N］．解放军报，2007-08-01

② 毛泽东选集［M］：第四卷．北京：人民出版社，1991.284

③ 列宁全集［M］：第二卷．中共中央马克思恩格斯列宁斯大林著作编译局编译．北京：人民出版社，2005.154

立者。邓小平同志在70多年波澜壮阔的革命生涯中，经历了新民主主义革命、社会主义革命和建设的各个时期，担任过党和国家的重要领导职务。他为中国新民主主义革命的胜利和新中国的成立，为中国社会主义的创建、巩固和发展，建立了永不磨灭的功勋。他曾三次被打倒，又三次奇迹般地站了起来，而且一次比一次更加坚强，一次比一次更加引人注目，一次比一次更加走向辉煌。他的人生经历给后人留下了一部厚重的20世纪历史教科书。美国《时代周刊》曾这样评价："邓的长期革命生涯一直使传记作者们觉得不可思议：有过在战争和革命冲锋陷阵的辉煌经历；有过了不起的政治胜利；有过屈辱的下台；也有过个人的成就和家庭的不幸。运用保存实力的手法和足智多谋的恢复能力，这位身高4英尺11英寸、意志顽强的政治家不仅靠忍耐挺过了难关，而且终于取得了最后的胜利。"

在艰苦的战争年代，邓小平同志长期担任党的工作和军队政治工作的领导者，积累了丰富的工作经验，提出过很多真知灼见，为毛泽东军队政治工作思想的形成、丰富和发展做出了重要贡献。党的十一届三中全会明确提出党的重心必须实行历史性转变以后，在我国改革开放和社会主义现代化建设不断发展的过程中，他继承了毛泽东军队政治工作思想，全面总结历史经验，提出了一系列关于我军政治工作的思想，全面、系统地丰富和发展了毛泽东军队政治工作思想。与前期相比，邓小平新时期我军政治工作思想，承前启后、继往开来，更具有战略意义，因此对邓小平军队政治工作思想研究的侧重点是他的新时期军队政治工作思想。

邓小平军队政治工作思想，系统回答和解决了新时期我军政治工作的一系列重大实际问题和理论问题，是对毛泽东军队政治工作思想的继承和发展，是中国特色社会主义理论的重要组成部分，为我军顺利实现历史转变奠定了基础，为市场经济条件下我军政治工作指明了方向，反映了新时期我军政治工作的基本规律，对我军政治工作的发展具有卓越贡献。

（一）邓小平军队政治工作思想的基本依据

邓小平同志对军队政治工作的思考，从来不脱离时代背景、国际环境和国家战略的客观要求，总是把它置于总体谋划之中。他针对时代发展的大变化，国家工作的大转移，现代战争发展的客观要求，军队建设面临的主要矛盾，全面地阐述了新时期我军政治工作的地位作用、基本原则、主要内容、方式方法等一系列问题。邓小平同志对世情、国情、军情的正确判断是其军队政治工作思想产生的基本依据。从一定意义上说，就是新的历史时代的本质和发展规律对我军政治工作的要求在理论上的表现。

依据之一：世情——和平和发展成为时代主题

对时代基本特征的判断，是制定国家大政方针和确立军事战略的首要前提。时代观的大变化，必然引起国家政略和军队建设总方针的大变革。

大战不可避免，甚至迫在眉睫，这是新中国成立后我们对战争与和平问题的一个基本判断。到了70年代中期、80年代后期，邓小平同志开始反思这个问题，经过七八年的观察和酝酿，他以严肃的科学态度，冷静地剖析了战后40年国际形势从紧张走向缓和、从对抗走向合作的总趋势，得出了和平与发展已成为时代主题的新结论；根据国际战争力量与和平力量的消长变化情况和世界军事斗争形势的发展变化，做出了大战可以避免的新判断；大胆超越了“战争与革命”的经典时代观，确立了“和平与发展”的新时代观。邓小平认为，当今世界全球性的战略问题，一个是和平问题，一个是发展问题。和平与发展是当代世界的主题，而发展问题是核心问题。世界战争的危险依然存在，但是，由于制约战争力量的发展，世界大战不是不可避免的。只要全世界人民一起争取，大战可以避免，和平可以赢得。如果本世纪大战打不起来，下个世纪和平就更有希望。但是，也不能掉以轻心。

有了这个对时代发展的正确判断，“我们就可以安安心心地搞建设，把我们的重点转到建设上来。没有这个判断，一天诚惶诚恐的，怎么能安心搞建设？不可能安心建设，不可能搞全面改革，也就不可能确定我们建军的正确原则和方向”①。正是邓小平同志洞察和把握了时代的变迁，才实现了我军的建设指导思想从“盘马弯弓”、“枕戈待旦”的临战状态向和平建设时期的战略性转变，从而产生了新时期军队政治工作指导思想的一系列新原则、新内容。

依据之二：国情——以经济建设为中心

基于对国际形势的正确判断和对我国社会主义建设历史经验的科学总结，邓小平同志在第三次复出以后，在党的十一届三中全会上果断地提出全党全国工作的重点由“以阶级斗争为纲”转向“以经济建设为中心”。邓小平同志指出，我们党和国家在新的时期的总任务就是进行包括国防现代化在内的四个现代化建设，把我国建设成为一个有中国特色的社会主义强国。党在社会主义初级阶段的基本路线是“一个中心，两个基本点”，即以经济建设为中心，坚持四项基本原则，坚持改革开放。

国家大政方针的改变，必然对军队建设提出了新的要求。邓小平同志认为，四个现代化，总得有先有后。要把军队放到一个恰当的位置上，军队要服从国家大局，要在这个大局下面行动，要支持国家集中力量进行经济建设。经济建设上去了，国防现代化就有了雄厚的物质基础。军队建设服从国家建设这个大局，照顾这个大局，不仅要求军队建设的规模和速度与国力相

① 邓小平论国防和军队建设［M］．北京：八一出版社，1993.35

适应；而且要求军队积极支援和参加国家建设，腾出力量支援国民经济的发展。

依据之三：军情——建设有中国特色的现代化、正规化革命军队

虽然邓小平同志提出了“和平与发展”的时代主题，但他也同时指出，总体国际和平环境并不排除局部战争，形象地说，也就是“晴间多云，有时有雷阵雨”，大战固然可能推迟，但是一些偶然的、局部的情况是难以完全预料的。由于霸权主义的存在，霸权主义是战争的根源，地区性冲突，以及边境冲突，将是我们面临的主要威胁。由于战争已从使用一般常规武器发展到使用高技术兵器，我军的作战思想要从“小米加步枪”转移到现代军兵种联合作战上来。

邓小平同志认为我军建设的主要矛盾是现代化水平与现代化战争不相适应的矛盾，因此，要加强军队质量建设，坚定不移地走有中国特色的精兵之路。他在党的十二大上，明确提出要把建设有中国特色的强大的现代化、正规化革命军队作为新时期我军建设的总任务和总的指导方针。杨尚昆等军委领导，对这一总任务、总方针作了具体阐述：中国特色，规定了我军的发展道路是中国式的，即符合我国国情军情的，把先进的军事思想、优良的传统同现代化武器装备和军事人才有机地结合起来，具有现代人民战争的能力。强大，规定了我军建设要达到的程度。现代化，是中心，是由我军建设的主要矛盾决定的。正规化是现代化的必然要求和制度保证。革命军队，规定了我军的根本性质和政治方向，是现代化的根本保证和精神动力。

邓小平同志提出的上述思想，成为考虑新时期军队政治工作的大前提，使新时期军队政治工作的方针、原则建立于正确的基础之上。

（二）邓小平军队政治工作思想的主要内容

关于邓小平军队政治工作思想的主要内容，从总体上看，主要表现在两个方面：一方面是继承了毛泽东军队政治工作思想，消除“左”的错误思潮和“文化大革命”中林彪、“四人帮”对我军政治工作干扰破坏的影响，拨乱反正、正本清源，恢复并发扬了政治工作的优良传统；二是与时俱进，不断开拓创新，提出了我军政治工作的一些新原则、新内容，进一步丰富发展了毛泽东军队政治工作思想。

1. 正本清源，坚持传统

其一，“政治工作是我军的生命线”，“必须大大加强，不能削弱”。

邓小平同志对我军政治工作生命线地位的充分肯定，是构建其整个军队政治工作思想体系的基本前提。

在新的历史条件下，即党和国家的工作重心都转移到经济建设上，无论是军队还是地方，都是以现代化建设为中心，这就必然要求我军政治工作也

要做出相应的转变。在这种情况下，如何界定我军政治工作的地位？我军政治工作还重要不重要？不少人存有疑虑和困惑。有的人认为，既然军队是以现代化建设为中心，那么政治工作就该为其让路，把力量集中到业务建设、能力建设上，政治工作也就无足轻重，可有可无了；还有的人批判林彪、四人帮在政治工作中搞假、大、空，以清除左的影响为由，从根本上否定我军政治工作的历史作用。邓小平同志面对这些轻视、否定政治工作的错误倾向，以无产阶级革命家的睿智和远见，及时纠偏，多次强调要坚持政治工作生命线地位决不动摇。他主持起草的《关于建国以来党的若干历史问题的决议》中，重申了“思想政治工作是经济工作和其他一切工作的生命线”。1981 年，在《悼伯承》一文章，他又明确肯定了“政治工作是我军的生命线”[①]。1987 年在《中央军委关于新时期军队政治工作的决定》中，明确指出：通过强有力的政治工作，把进步的精神贯注于军队之中，是人民军队区别于其他军队的显著特点之一，是我军真正的优势。邓小平同志要求“一定要把思想政治工作放在非常重要的地位，切实认真做好，不能放松”[②]，“思想政治工作和思想政治工作队伍都必须大大加强，决不能削弱”[③]。

其二，“政治工作的生命线地位就体现在服务保证之中”。

整个军队的方向就是政治工作的方向，党和国家的中心任务决定着政治工作的方向和发展，政治工作必须为党和国家的中心任务服务，这是毛泽东军队政治工作思想的基本观点，也是我军政治工作优良传统之一。从 50 年代后期开始，特别在文化大革命期间，林彪别有用心地提出“突出政治”、“政治可以冲击一切”，强调“以阶级斗争为纲”，政治工作被抬高为“统帅和领导作用”，使政治工作脱离了军队的各项任务，高高在上，成为假、大、空的代名词，败坏了政治工作的自身形象，给政治工作带来了前所未有的损失。粉碎“四人帮”以后，邓小平同志敏锐地感到，要加强军队政治工作、巩固政治工作的生命线地位，必须明确政治工作的发展方向，明确政治工作的作用。在 1978 年 4 月，他站在全局高度，着眼于国家的总体发展战略，从现实发展的需求出发，明确指出“我军政治工作的任务主要是保证军队的性质，保证党的路线、方针、政策的贯彻执行，保证党对军队的绝对领导，保证提高部队的战斗力”，端正了我军政治工作的方向，使其重回正轨。1986 年 12 月，邓小平同志在中央军委扩大会议上明确指出，政治工作的生命线地位就体现在服务保证之中，会议通过的《关于新时期军队政治工作的

① 邓小平文选［M］：第三卷．北京：人民出版社，1993.188
② 邓小平文选［M］：第四卷．北京：人民出版社，1994.342
③ 邓小平文选［M］：第三卷．北京：人民出版社，1993.145

决定》，把“两个服务、四个保证”[①] 作为新时期军队政治工作的基本指导思想。邓小平同志将社会主义现代化建设上升到政治高度，指出“我们的政治路线就是搞社会主义现代化建设”[②]，“社会主义现代化建设是当前最大的政治”[③]。他要求“把四个现代化建设，努力发展生产力，作为压倒一切的中心任务”[④]，“军队的一切要服从国家建设这个大局”[⑤]，“离开这个主要内容，政治就会变成空头政治，就离开了党和人民的最大利益”[⑥]。

强调我军政治工作的服务保证作用，并没有削弱、降低政治工作的生命线地位，而是为我军政治工作提供了明确的功能指向和正确的价值实现途径，换句话说，也就是只有发挥服务保证作用，才能确保政治工作的生命线地位。强调政治工作的服务保证作用与强调政治工作是军队的生命线地位是一致的。生命线的基本含义有两个：一是政治工作关系人民军队的性质和发展方向，离开它，军队建设就会偏离正确的轨道；二是政治工作对激发干部战士的积极性、创造性具有重要作用，离开它，我军建设和各项任务的完成就会失去精神动力。生命线的这两个含义，内在地说明了政治工作的服务、保证作用。政治工作是我军的生命线，就是体现在它的服务、保证中，离开服务、保证作用，政治工作的生命线地位就无法实现，也不可能存在。

其三，“军队任何时候都要听中央的话，听党的话”。

我军是中国共产党为实现其历史使命而缔造和领导的人民军队，坚持党对军队的绝对领导，是我军建设的根本原则。新的历史时期，我军所处的国内外环境发生了很大变化，军队也成了敌对势力和平演变的重点目标，党对军队的绝对领导受到资产阶级自由化思潮的冲击。“军队要非党化”、“党军要分家”、“取消中央军事委员会”“取消军队中党的组织”的呼声不绝于耳，企图使我军脱离中国共产党的领导。面对如此严峻的形势，邓小平同志严肃指出“我们这个军队是党指挥枪，不是枪指挥党”[⑦]，“军队是党领导的军队”，“军队任何时候都要听中央的话，听党的话”，“军队不能打自己的旗帜”[⑧]。

---

① 服务于国家的社会主义现代化建设，服务于军队的现代化建设，从政治上，思想上，组织上保证党对军队的绝对领导和人民军队的性质，保证军队的社会主义精神文明建设，保证军队内部的团结，保证军队战斗力的提高和各项任务的完成，动员和团结全体官兵把我军建设成为具有中国特色的现代化正规化的革命军队

② 邓小平文选［M］：第二卷．北京：人民出版社，1994.196

③ 邓小平文选［M］：第二卷．北京：人民出版社，1994.163

④ 邓小平文选［M］：第三卷．北京：人民出版社，1993.237

⑤ 邓小平文选［M］：第三卷．北京：人民出版社，1993.100

⑥ 邓小平文选［M］：第二卷．北京：人民出版社，1994.150

⑦ 邓小平文选［M］：第二卷．北京：人民出版社，1994.1

⑧ 邓小平文选［M］：第三卷．北京：人民出版社，1993.317

坚持党指挥枪，落实到政治工作上，就是要使“我们的军队始终要忠于党，忠于人民，忠于国家，忠于社会主义”①；就要用党的纲领、路线、方针和政策统一全军的思想，切实贯彻全心全意为人民服务的唯一宗旨；就是要加强党的领导，充分发挥各级党委的核心作用，支部的战斗堡垒作用和党员的先锋模范作用。邓小平同志针对军队在坚持党的领导上存在的问题，明确提出军队不能搞小圈子。他深刻地指出“小圈子那个东西害死人呐！很多失误就从这里出来，错误就从这里犯起。”② 只有坚持党指挥枪，才能在任何风浪面前经受严峻的考验，确保在政治上永远合格。

其四，“只讲牺牲精神，不讲物质利益，那就是唯心论”。

毛泽东、周恩来等都强调过做政治工作要与解决官兵的实际问题相结合，邓小平同志继承并发扬了这一思想，主张政治工作既要讲革命精神又要讲物质利益，这也是邓小平同志两手抓思想的突出体现。

邓小平同志一方面非常重视用马列主义、毛泽东思想武装官兵的头脑，重视理想、纪律、艰苦奋斗、爱国主义教育。为此，他正确评价了毛泽东和毛泽东思想，确立了毛泽东思想的指导地位，强调“毛泽东思想这个旗帜丢不得。丢掉了这个旗帜，实际上就否定了我们党的光辉历史”③。另一方面，邓小平同志针对过去由于左的思想的泛滥，出现忽视甚至否定物质利益的倾向，及时正本清源，明确指出“不重视物质利益，对少数先进分子可以，对广大群众不行，一段时间可以，长期不行。革命精神是非常宝贵和十分重要的，没有革命精神就没有革命行动。革命是在物质利益的基础上产生的，如果只讲牺牲精神，不讲物质利益，那就是唯心论”④。为了贯彻好物质利益原则，邓小平同志提出了要正确认识和处理个人与国家、局部与全部的关系，要发扬大公无私、先人后己、顾全大局的精神，要使革命精神成为群众正确认识和实现自己利益的可靠保障。

其五，“按照实际情况决定工作方针”。

毛泽东同志对于实事求是有过具体的解释：“‘实事’就是客观存在着的一切事物，‘是’就是客观事物的内部联系，即规律性，‘求’就是我们去研究。我们要从国内外、省内外，县内外，区内外的实际情况出发，从其中引出其固有的而不是臆造的规律性，即找出周围事变的内部联系，作为我们行动的向导。”⑤ 邓小平同志针对政治工作中的某些脱离实际，照搬照抄，讲

① 邓小平文选［M］：第三卷．北京：人民出版社，1993.334
② 邓小平文选［M］：第三卷．北京：人民出版社，1993.301
③ 邓小平文选［M］：第二卷．北京：人民出版社，1994.298
④ 邓小平文选［M］：第二卷．北京：人民出版社，1994.146
⑤ 毛泽东选集［M］：第三卷．北京：人民出版社，1991.801

空话、大话，提出要坚持实事求是。他指出“实事求是、一切从实际出发、理论与实际相结合是马克思主义的根本观点、根本方法”[①]，“按照实际情况决定工作方针，这是一切共产党员所必须牢牢记住的最基本的思想方法、工作方法”[②]。邓小平还指出“我们讲实事求是，讲新的发展时期，讲新的历史条件，就要讲破和立”[③]，“我们高举毛泽东思想的旗帜，就要在每一时期，处理各种方针政策问题时，都坚持从实际出发”[④]。他所谓的“破”，就是要大胆解放思想，打破林彪、“四人帮”制造的那套精神枷锁，肃清左的流毒和影响；所谓的“立”，就是毛泽东倡导的实事求是的理论和作风。

邓小平同志要求政治工作必须建立在客观实际的基础上，各级领导、政工干部要深入部队，调查研究，从实际出发，有针对性地、扎扎实实地开展工作；“要腾出时间来多办实事，多做少说”[⑤]；学马列要精、要管用的；会议要少开，讲话不要太长。正是邓小平同志的这些思想，端正了我军政治工作的工作作风，开创了新时期我军政治工作的新局面。

其六，“发扬政治工作的优良传统”。

我军政治工作的优良传统，是马克思主义基本原理与我军实际相结合的产物，是对我军政治工作实践经验的科学总结，反映了我军的本质。邓小平同志指出“我们这个军队有好传统。从井冈山起，毛泽东同志就为我军建立了非常好的制度，树立了非常好的作风。”[⑥] 在邓小平主持下作出的《关于新时期军队政治工作的决定》明确指出：在长期的革命斗争中，我们党把马列主义同我国革命和我军建设的实际结合起来，经过不断总结、发展和完善，形成了我军政治工作的优良传统。新时期，我军政治工作的具体任务、主要内容、方式方法等发生了很大变化，但优良传统并没有变也不能变。邓小平同志强调要“着重研究和解决在新的历史条件下，发扬政治工作的优良传统，提高我军战斗力的问题”[⑦]。

邓小平同志对恢复和发扬我军政治工作的优良传统的实现途径有着一系列的具体要求：首先，要研究新情况、解决新问题，要在继承的基础上创新。“对军队来说，由长期的战争环境转入和平环境，这是个最大的不同。我们政治工作的根本的任务、根本的内容没有变，我们的优良传统也还是那一些。但是，时间不同了，条件不同了，对象不同了，因此解决问题的方法

---

① 邓小平文选［M］：第二卷．北京：人民出版社，1994.114
② 邓小平文选［M］：第二卷．北京：人民出版社，1994.146
③ 邓小平文选［M］：第二卷．北京：人民出版社，1994.121
④ 邓小平文选［M］：第二卷．北京：人民出版社，1994.127
⑤ 邓小平文选［M］：第三卷．北京：人民出版社，1993.114
⑥ 邓小平文选［M］：第二卷．北京：人民出版社，1994.1
⑦ 邓小平文选［M］：第二卷．北京：人民出版社，1994.113

也不同。”[①]“如果我们不去分析和解决新的历史条件下存在的问题，我们就不能够恢复和发扬政治工作的优良传统，就不能在没仗打的情况下提高部队的战斗力。”[②] 其次，各级领导要以身作则，搞好传帮带。“现在军队一些不好的现象能不能克服，几十年的优良传统能不能继承和发扬，主要靠我们这些老同志的传帮带。”[③]“工作能不能落实，关键在于领导干部是不是以身作则，深入部队，调查研究，从实际出发，分析问题，解决问题”，“领导干部不做出好样子，就带不出部队的好风气……我们的干部，特别是老干部，要以毛泽东同志、周恩来同志为榜样，用实际行动搞好传帮带。”[④] 再次，要形成有分量的理论成果。“我们思想理论战线的同志们一定要赶快组织力量，定好计划，在尽可能短的时间里陆续写出并印出一批有新内容、新思想、新语言的有分量的论文、书籍、读本、教科书来，填补这个空白。”[⑤]

2. 与时俱进，开拓创新

邓小平同志针对党的建设、国家建设和军队建设在指导方针、战略目标上的一系列重大变化，根据新时期我军政治工作所面临的主要矛盾、主要问题，在强调要继续坚持已经确立的内容基础上，与时俱进，不断开拓创新，对我军政治工作提出了许多新内容、新原则、新要求，翻开了我军政治工作的新篇章。

其一，“必须在思想政治上坚持四项基本原则”。

坚持四项基本原则，反对资产阶级自由化，是邓小平同志最坚持的、阐述最多的一个重要问题。搞好坚持四项基本原则教育，也是邓小平在新时期对我军政治教育的一个重大开拓。他认为加强四项基本原则教育，“既是重大的政治任务，又是重大的理论任务”[⑥]。

邓小平同志指出“我们要在中国实现四个现代化，必须在思想政治上坚持四项基本原则。这是实现四个现代化的根本前提。这四项是：第一，必须坚持社会主义道路；第二，必须坚持无产阶级专政；第三，必须坚持共产党的领导；第四，必须坚持马列主义、毛泽东思想。”[⑦] 他把坚持四项基本原则看做是我们的立党、立国、立军之本，把坚持四项基本原则的教育看做是新时期军队加强政治思想建设要解决的头等大事，要求军队一定要坚持四项基本原则，使部队成为贯彻党的路线、方针、政策的模范。1981 年 3 月，

---

① 邓小平文选 [M]：第二卷．北京：人民出版社，1994.119
② 邓小平文选 [M]：第二卷．北京：人民出版社，1994.121
③ 邓小平文选 [M]：第二卷．北京：人民出版社，1994.24
④ 邓小平文选 [M]：第二卷．北京：人民出版社，1994.124－125
⑤ 邓小平文选 [M]：第二卷．北京：人民出版社，1994.180
⑥ 邓小平文选 [M]：第二卷．北京：人民出版社，1994.180
⑦ 邓小平文选 [M]：第二卷．北京：人民出版社，1994.164－165

邓小平在对总政治部领导谈话时指出，军队“要加强四项基本原则的宣传、教育，要多写这方面的文章。要批判左的错误思想，也要批判右的错误思想”①。实践证明，正是坚持了四项基本原则的教育，我军建设才能在改革开放的条件下保持正确的方向，才能在从政治上、组织上和思想上保持部队的高度集中统一。

其二，“军队就是提高战斗力”。

明确政治工作的战斗力标准，是邓小平创新发展我军政治工作思想的重要体现之一。在十一届三中全会前，邓小平同志就提出了生产力标准。他认为，离开了生产力标准，“政治就变成空头政治，就离开了党和人民的最大利益”②。生产力标准运用在军队建设中，就是战斗力标准。邓小平同志指出“军队就是提高战斗力，也有提高工作效率的问题”③。根据邓小平同志的这一思想，1988 年的军委扩大会议上，军委再次强调：必须把提高战斗力作为军队改革和建设的出发点和落脚点，作为检验军队各项工作的根本标准。着眼于战斗力的提高，是新时期我军建设也是我军政治工作应遵循的方针和衡量标准。

对军队而言，最大的实际莫过于战斗力的提高，没有战斗力的军队既无法履行军队的职责，也无法完成党和国家赋予军队的历史使命。在新的历史条件下，由于和平与发展成为两大主题，部分官兵的麻痹思想有所增长，战斗队意识淡漠；由于改革开放带来的资产阶级腐朽思潮的影响，部分官兵，讲究享受，缺乏吃苦奉献精神；由于对海湾战争的片面认识，部分官兵认同“武器制胜”论，产生悲观情绪。邓小平同志提出的战斗力标准，为解决这些影响战斗力的问题提供了基本遵循。我军政治工作坚持战斗力标准的原则，要以战斗力的提高为根本目的，要提倡邓小平同志所倡导的连续奋战的忘我精神，把官兵的积极性引导到军队的现代化建设上来，引导到提高军队战斗力上来。

其三，“两手抓，两手都要硬”。

邓小平坚持马克思主义的“两点论”，把既重视物质文明建设又重视精神文明建设，概括为“两手抓，两手都要硬”。邓小平同志在紧紧抓住经济建设这个中心同时，始终不忘强调加强精神文明建设、加强政治工作。他指出“不仅经济要上去，社会秩序、社会风气也要搞好，两个文明建设都要超过他们，这才是有中国特色的社会主义”④。坚持两手抓，两手都要硬，是

---

① 邓小平文选［M］：第二卷．北京：人民出版社，1994.379
② 邓小平文选［M］：第二卷．北京：人民出版社，1994.150
③ 邓小平文选［M］：第二卷．北京：人民出版社，1994.410
④ 邓小平文选［M］：第三卷．北京：人民出版社，1993.378

坚持政治工作生命线地位的基本要求。

邓小平同志明确指出“所谓精神文明，不但是指教育、科学、文化（这是完全必要的），而且是指共产主义的思想理想、信念、道德纪律、革命的立场和原则，人与人的同志式关系。”① 所以，针对军队而言，“两手”指的是现代化建设与思想政治工作。他提醒全党：“在工作重心转移到经济建设以后，全党要研究如何适应新的条件，加强党的思想工作，防止埋头经济工作、忽视思想工作的倾向。”② 党的思想工作，自然包含党在军队中的思想工作，而党在军队中的思想工作是军队政治工作的重要组成部分，因此，这番话也是邓小平对新时期加强我军政治工作提出的要求。1989 年 6 月 29 日，邓小平同志在接见首都部队军以上干部的谈话中，尖锐地指出“十年最大的失误是教育，这里我主要讲的思想政治教育，不单是对学校、青年学生，是泛指对人民的教育。”③ 在 1992 年的南巡讲话中，邓小平再次强调“要把我们的军队教育好，把我们的专政机构教育好，把共产党员教育好，把人民和青年教育好”④。

邓小平同志之所以强调要加强思想政治教育，主要有两方面原因：一方面，邓小平同志把思想政治工作看做是提高军人觉悟、巩固军队基础的必由之路。他曾批评过：“军队里的政治思想工作需要加强。现在这方面的工作就有相当的减弱”，并要求“我们军队就更应当加强政治思想工作，要从战士入伍第一天起就注意这个问题。”⑤ 另一方面，邓小平同志把思想政治工作看做是改善党的领导、巩固执政基础的先决条件。他指出“我们说改善党的领导，其中最主要的，就是加强思想政治工作”，“必须把思想政治工作放在重要地位上，否则党的领导既不可能改善，也不可能加强”。⑥

邓小平同志还强调思想教育要与健全制度相结合。他指出“制度问题更带有根本性、全局性、稳定性和长期性”⑦。因为人们的思想境界是参差不齐的，不可能使每个人都通过思想教育而达到严格自律，这就离不开制度的约束。邓小平强调“制度要建立”，只有把思想教育与制度建设结合起来，两者相互促进，共同发挥作用，我军政治工作才能发挥它应有的功效。就我军政治工作本身的长远建设而言，为了克服随意性，也必须要在健全制度上下功夫。

---

① 邓小平文选［M］：第二卷．北京：人民出版社，1994.367
② 邓小平文选［M］：第三卷．北京：人民出版社，1993.48
③ 邓小平文选［M］：第三卷．北京：人民出版社，1993.306
④ 邓小平文选［M］：第三卷．北京：人民出版社，1993.380
⑤ 邓小平文选［M］：第二卷．北京：人民出版社，1994.290
⑥ 邓小平文选［M］：第二卷．北京：人民出版社，1994.365
⑦ 邓小平文选［M］：第二卷．北京：人民出版社，1994.333

其四，“有理想、有道德、有文化、有纪律”。

根据新时期建设有中国特色社会主义的客观要求，邓小平同志高屋建瓴地指出“我们国家，国力的强弱，经济发展后劲的大小，越来越取决于劳动者的素质”[①]，因此，他主张“最根本的是要使广大人民有共产主义的理想，有道德，有文化，守纪律”[②]，“一定要坚持发展物质文明和精神文明，坚持五讲四美三热爱，教育全国人民做到有理想、有道德、有文化、有纪律”[③]。这一思想，全面准确地反映了社会主义现代化建设和改革开放对我国人民素质的基本要求，自然也是对广大官兵的基本要求。

1981年3月，邓小平同志对总政治部提出的“四有、三讲、两不怕”的口号给予充分肯定，他提出“军队就这样办，要好好宣传”[④]，“搞社会主义精神文明，主要是使我们的各族人民都成为有理想、讲道德、有文化、守纪律的人民。……军队叫‘四有、三讲、两不怕’。精神都一样，都是对的”[⑤]。邓小平同志认为在这“四有”里面，“理想纪律特别重要”，“没有理想，没有纪律，就会像旧中国那样一盘散沙，那我们的革命怎么能成功，我们的建设怎么能够成功?”[⑥] 邓小平同志主张培养“四有”革命军人，不仅是新时期军队政治工作应抓好的中心环节，而且是军队政治工作新的任务要求和长远目标。

其五，“实现干部队伍的革命化、年轻化、知识化、专业化”。

邓小平同志加强干部队伍“四化”建设的思想，是新时期我军干部队伍建设的正确方向，是新时期我军政治工作的主要内容，是一个关系到党、国家和人民长远利益的战略问题。

邓小平同志认为，加强干部队伍建设，提高干部队伍素质，选拔可靠的接班人，是我们党和国家的一个“带根本性质的问题”[⑦]。针对新的历史条件下，我军干部队伍思想不纯、年龄老化、知识不足的现状，他明确指出“实现干部队伍的革命化、年轻化、知识化、专业化，是革命和建设的战略需要”[⑧]，是“十分迫切”的任务，是我们“最光荣神圣的职责”。虽然“四化”之间有着内在的联系，是一个统一的整体，但是区分主次的。邓小平认为革命化应该是放在首位，才能从根本上保证党和军队的各级领导权掌握在

① 中央文献研究室编．十二大以来重要文献选编［G］：中．北京：人民出版社，1986.718
② 邓小平文选［M］：第三卷．北京：人民出版社，1993.28
③ 邓小平文选［M］：第三卷．北京：人民出版社，1993.110
④ 邓小平文选［M］：第二卷．北京：人民出版社，1994.382
⑤ 邓小平文选［M］：第二卷．北京：人民出版社，1994.408
⑥ 邓小平文选［M］：第三卷．北京：人民出版社，1993.110－111
⑦ 邓小平文选［M］：第二卷．北京：人民出版社，1994.222
⑧ 邓小平文选［M］：第二卷．北京：人民出版社，1994.398

政治上可靠的同志手里，才能使我军“三化”建设向正确的方向发展。他指出“选拔人，第一个是政治条件”[①]，“选干部，标准有好多条，主要是两条，一条是拥护三中全会的政治路线和思想路线，一条是讲党性，不搞派性”[②]。

邓小平同志对如何实现干部队伍“四化”也提出了具体要求：要树立新的人才观念，尊重人才，正确认识人才的重要地位和作用；要健全各种干部制度，包括干部选拔制度、干部考核制度、干部交流制度、新老干部交接班制度、群众监督制度、干部离退休制度；要加强干部培训，把更多的干部放到学校去训练等，这些要求将干部队伍的“四化”建设落到了实处，发挥了重要作用。

其六，“五种革命精神”。

重视人的因素，充分发挥人的主观能动性，历来是我军的建军原则之一，也是我军政治工作的一项重要任务。在新时期，广大官兵必须具有良好的精神状态，才能促进军队建设的顺利发展，才能完成党和人民赋予军队的神圣使命。邓小平同志总结战争年代的革命经验，概括出“五种革命精神”，并强调在新时期仍然要大力发扬这“五种革命精神”。

邓小平同志指出“在长期革命战争中，我们在正确的政治方向指导下，从分析实际情况出发，发扬革命和拼命精神、严守纪律和自我牺牲精神，大公无私和先人后己精神，压倒一切敌人、压倒一切困难的精神，坚持革命乐观主义、排除万难去争取胜利的精神，取得了伟大的胜利。搞社会主义建设，实现四个现代化，同样要在党中央的正确领导下，大大发扬这些精神”[③]。邓小平同志倡导的这“五种革命精神”，是我党我军特有的传统革命精神的精辟概括，是对国际主义、爱国主义和集体主义精神的必要补充，是社会主义时期精神文明的重要内容和主要支柱，是革命军人应该和必须具有的高尚精神，是对我军政治工作在新的历史时期开展提出的新要求。

其七，“军民共建社会主义精神文明”，“培养军地两用人才”。

面对新时期我军肩负的保卫祖国和建设祖国的双重任务，邓小平同志主张的开展军民共建社会主义精神文明活动和大力培养军地两用人才。这是我军密切军政军民关系、服从国家经济建设大局的重要表现，是我军政治工作的新内容。

1975 年，邓小平同志就针对军政、军民关系遇到的新情况，要求全军重视探索在和平条件下密切军政军民关系的办法。他主持军委工作后，在高

① 邓小平文选［M］：第二卷．北京：人民出版社，1994．411
② 邓小平文选［M］：第二卷．北京：人民出版社，1994．192
③ 邓小平文选［M］：第二卷．北京：人民出版社，1994．368

度重视军队自身的精神文明建设的同时，要求军队积极参加地方精神文明建设，邓小平同志及时抓住军民共建社会主义精神文明这一新生事物，提出“发扬我军拥政爱民的光荣传统，军民共建社会主义精神文明”①。开展军民共建，为我军找到了一条新形势下密切军政军民关系、加强军政军民团结、促进军地双方建设的新途径，成为我军新时期政治工作的一项经常性活动。

邓小平同志从国家经济建设大局出发，创造性地提出要“大力培养既能打仗又能搞社会主义建设的军地两用人才”②。他要求“把军队办成一个大学校，使干部既学到现代战争知识，又学到现代科学知识和生产知识，还要学会做政治工作和管理工作。这样，我们的军队干部既能在军队建设中发挥作用，到地方上也能发挥作用，打起仗来，又可以在战争中发挥作用，就成为军队和地方都合用的干部。”同时，他要求战士的教育训练，要做到一兵多能，“要学政治、学军事、学技术，还要学点数理化，学点工农知识，学点外语。”③ 邓小平培养军队两用人才的思想为解决军队建设如何同国家经济建设协调发展、相互促进找到了一条成功之道，意义深远。

其八，“军队的政治思想工作，军队所有的军事人员、政治人员都要做”。

邓小平同志号召全党尤其是军队所有人员都要做思想政治工作。他强调指出“这项工作，各级党委要做，各级领导干部要做，每个党员都要做”④，“军队的政治思想工作，军队所有的军事人员、政治人员都要做”⑤，这是邓小平坚持政治工作生命线地位思想的重要表现。

首先，军队所有人员都要做思想政治工作是坚持政治工作生命线地位的客观要求。只有人人都去做政治工作，才能使政治工作的生命线地位落到实处，才能加强政治工作不削弱；也只有人人都去做政治工作，才能使政治工作具体实在，贴近官兵。其次，军队所有人员都要做思想政治工作是邓小平运用群众路线的生动写照。群众路线是我军政治工作的根本作风和方法，人人都做政治工作说明既要以群众为工作的对象，又要以群众为工作的力量，在党的统一领导下，充分发扬民主，依靠广大官兵齐心协力共同做好政治工作。再次，军队所有人员都要做思想政治工作是培养军队人才的有效途径。除了政治干部要懂军事外，军事干部也要学习政治工作，会做政治工作，我军官兵才能适应现代战争的需要，既做到军事过硬，又具有清醒的政治头

① 邓小平文选［M］：第二卷．北京：人民出版社，1994.418
② 邓小平文选［M］：第三卷．北京：人民出版社，1993.398
③ 邓小平文选［M］：第二卷．北京：人民出版社，1994.79－80
④ 邓小平文选［M］：第二卷．北京：人民出版社，1994.342
⑤ 邓小平文选［M］：第二卷．北京：人民出版社，1994.290

脑，成为军政兼优的合格人才。

（三）邓小平军队政治工作思想的主要特征

邓小平军队政治工作思想深刻反映了他巨大的理论勇气和政治魄力，充分体现了他把握历史发展趋势、驾驭改革大局的非凡才智，有力地指导了新时期我军政治工作实践。

1. 实事求是与解放思想的统一

实事求是，是军队政治工作取得成效的根本保证，是研究和解决问题的根本方法。邓小平同志最注重实事求是，他曾在不同场合说到，我是实事求是派。他从新的历史条件出发，从我军建设的具体实践出发，坚持毛泽东在战争年代建立的我军政治工作的一系列方针、原则、作风、方法，又在实践中根据时间、地点、条件的变化加以充实和发挥。

解放思想，是一切创新活动开展的前提。邓小平同志清醒地看到，长期以来，林彪、四人帮大搞禁区、禁令，制造迷信，把人们的思想封闭在假马克思主义的禁锢圈内；不符合实际、不符合客观规律的条条框框严重地束缚着人们的头脑。他率先冲破左倾教条主义的束缚，不惟书、不惟上，只惟实，否定了“两个凡是”，恢复了党的实事求是的思想路线。

解放思想是实事求是的内在要求，实事求是是解放思想的根本标志。邓小平同志把解放思想与实事求是统一了起来，使两者互为条件、互相作用，“解放思想，就是使思想和实际相符合，使主观和客观相符合，就是实事求是”①。

2. 重点论与两点论的统一

立足全局，着眼大目标，抓住主要矛盾是邓小平同志显著的思维特色。他从我军政治工作长远建设着眼，抓住了影响全局的主要矛盾、主要问题，确立政治工作必须坚持的原则、内容等。例如，要坚持政治工作的生命线地位，充分发挥政治工作的服务保证作用，要坚持四项基本原则，要培养“四有”新人，要加强干部“四化”建设等。也正是从这些管长远、管根本的主要矛盾入手，才能促进我军政治工作的全面发展。

邓小平同志军队政治工作思想还充满了辩证法的光辉，坚持了两点论。他既强调继承、恢复我军政治工作的优良传统，又要求政治工作研究新情况、解决新问题，在继承优良传统的基础上不断改革创新；既强调以经济建设为中心，加强物质文明建设，又要求抓好精神文明建设，反复强调两个文明要一起抓，两手抓，两手都要硬；既强调政治工作的地位任务、基本原则不能变，又要求解决新问题要有新措施、新办法。

① 邓小平文选［M］：第二卷．北京：人民出版社，1994.364

邓小平同志在分析和解决多种复杂矛盾的时候，善于把重点论和两点论有机地结合起来，坚持有重点的两点，两点基础之上的重点。重点论与两点论的辩证统一，为党的领导方法和工作方法都充实了新的内容。

3. 原则性与灵活性的统一

邓小平军队政治工作思想的原则性，体现在他旗帜鲜明地坚持党对军队的绝对领导，指出“党指挥枪，不是枪指挥党”，“军队任何时候都要听中央的话，听党的话”，必须反对资产阶级自由化；他坚持政治工作的生命线地位，认为通过强有力的政治工作，把进步的精神贯注于军队之中，是人民军队区别于其他军队的显著特点之一，是我军真正的优势。

邓小平同志有一句家喻户晓的名言：“不管黑猫白猫，抓到耗子，就是好猫。”这句话充分表明了他的灵活性。对于我军政治工作，邓小平同志同样具有这种灵活性，在坚持基本原则的情况下，提出了许多加强和改进我军政治工作的新内容、新方法。例如，要坚持战斗力这个根本标准以检验政治工作的成效，要提倡发扬“五种革命精神”，要发扬我军拥政爱民的光荣传统，军民共建社会主义精神文明，要大力培养既能打仗又能搞社会主义建设的军地两用人才等。可以看出，邓小平同志在坚持原则性的同时，注重兼顾灵活性，实现了原则性与灵活性的统一。

二、江泽民军队政治工作思想述评

江泽民生于 1926 年 8 月，江苏扬州人，党的第三代领导集体的核心。自 1989 年 11 月，主持军委工作以来，坚持以邓小平新时期军队建设思想为指导，在领导我军走有中国特色精兵之路的过程中，着眼新的历史条件、国际形势的变化和国家改革开放的不断深化，以马克思主义者开创新局面的政治勇气和总揽全局、面向世界、面向未来的战略眼光，摆脱了政治工作在概念运用中的教条主义，提出了“思想政治建设”这一概念，并在此基础上对我军政治工作出大量的论述、指示和要求，形成了江泽民军队政治工作思想，为我军政治工作思想史书写了新的华章。

（一）江泽民军队政治工作思想的背景条件

江泽民军队政治工作思想所依据的客观形势与邓小平军队政治工作思想所依据的客观形势，在许多方面具有一致性。时代条件是一致的，都是处在和平与发展作为时代主题的重要历史时期；基本国情是一致的，都是处在社会主义初级阶段，全党全军和全国各族人民坚持“一个中心，两个基本点”的基本路线，集中主要力量发展社会主义生产力；军事形势是一致的，我军依然处于战争危险虽然存在，但大战一时打不起来的相对和平环境。但进入 90 年代以来，客观形势也发生了一系列新的深刻变化，呈现出鲜明的时代特色。

1. 国际战略格局走向多极化

80年代末、90年代初，东欧的巨变和苏联的解体，世界以两级对抗为主的旧格局已经被打破，新的世界格局正在形成，各种力量重新分化组合，正在向多极化的方向发展。但是，由于世界各种矛盾的深入发展，国际形势仍然动荡不安，地区性局部冲突和战乱时有发生，以美国为首的西方大国霸权主义和强权政治又有新的发展，动辄干涉别国内政，甚至以武力相威胁。过去被两极对抗、东西方冷战所掩盖的民族矛盾、领土争端和宗教纷争，不断激化，甚至酿成武装冲突和局部战争。

江泽民同志指出“霸权主义和强权政治仍是世界不安宁的主要根源，影响世界和平与安全的不确定因素还在增加。对于世界局势，我们必须保持全面、清醒的认识”①，“对影响我国安全形势的不确定因素，特别是有些因素在一定条件下可能突出和尖锐的现实，我们决不能掉以轻心”②。西方敌对势力不愿意看到中国的强大和统一，一直利用“人权”、“武器扩散”、贸易问题施加压力，插手台湾、香港、西藏等问题，不断制造矛盾，挑起事端，利用南沙群岛归属等海洋权益争议，挑拨我国与周边国家的关系。最重要的是西方敌对势力把实行和平演变的矛头对准了我国，把主攻方向放在了人民军队上，他们与国内少数资产阶级自由化分子一起竭力推行“西化”、“分化”战略，鼓吹军队“国家化”、“非党化”、“非政治化”，想方设法搞渗透，妄图使人民军队脱离党的领导，捣毁无产阶级专政的坚强柱石。

2. 世界新军事变革方兴未艾

随着军事科学技术的迅猛发展，武器装备的性能发生了质的飞跃，从战场信息的获取到作战态势的分析，从具体目标的捕捉到瞬时有效的摧毁，从传统火力的“硬杀伤”到以电子战为主的“软杀伤”，使得战争形态、指挥手段和作战方法都发生了重大变化。90年代初海湾战争的爆发充分说明了，现代技术特别是高技术条件下的战争已经成为现实。在新技术革命和知识经济的推动下，各大国纷纷调整国防政策和军事战略，积极利用高技术更新武器装备，创新作战理念，改革军事体制，形成了以高技术质量建设为主要标志的竞争态势。发达国家和发展中国家的军事技术形态又出现一轮“时代差”。

“现代化水平与现代战争需要还不相适应”③ 是我军建设面临的主要矛盾。为此，江泽民同志清醒地认识到军队要实行“两个根本性转变”，即在

---

① 江泽民文选［M］：第三卷．北京：人民出版社，2006．158

② 江泽民文选［M］：第三卷．北京：人民出版社，2006．161

③ 江泽民文选［M］：第二卷．北京：人民出版社，2006．275

战争准备上，由打赢一般条件下的局部战争向打赢现代技术特别是高技术条件下的局部战争转变；在军队建设上，由数量规模型向质量效能型、人力密集型向科技密集型转变，要“适应军事斗争准备基点的转变，推动中国特色军事变革深入发展，实现建设信息化军队，打赢信息化战争的战略目标”①。

3. 社会主义市场经济改革和对外开放进一步向深度和广度发展

关于经济体制改革，在 1982 年党的十二大上提出以计划经济为主，以市场经济为辅；1987 年党的十三大提出发展社会主义有计划的商品经济；到 1992 年党的十四大则提出建立社会主义市场经济体制，这是一个逐步推进的历史进程。与此同时，对外开放也越来越深入发展，呈全方位开放态势。

在这个经济体制转轨、社会转型的重大历史时期，出现了经济成分、组织形式、物质利益、就业方式的多样化。以公有制为主体、多种所有制经济共同发展，以按劳分配为主体，多种分配方式并存，各种社会思潮交替出现，使人们的思想观念和价值取向发生了深刻的变化。对外开放的过程中，西方的腐朽思想文化随之涌向国门，对人们的思想道德具有很大的腐蚀作用。“军队不是生活在真空里”②，这些腐朽思想不可避免地要渗入到军队之中，对官兵的思想产生极大的冲击。

总体上看，以上这些客观形势的重大变化，给我军建设既带来了有利机遇，也提出了严峻挑战。挑战之一，军队履行根本职能的任务更加复杂和艰巨；挑战之二，对加强质量建设，提高遏制和打赢高技术条件下局部战争的要求更加迫切；挑战之三，人民军队保持本色、保持高度集中统一面临更加严峻考验。面对挑战，江泽民同志指出“打赢未来高技术战争，保证人民军队的性质、本色和作风，这是党中央和中央军委对新形势下军队建设最为关注的两个重大课题”③，“要按照政治合格、军事过硬、作风优良、纪律严明、保障有力的总要求，加强军队的全面建设，使革命化、现代化、正规化建设的目标贯彻到军队各项工作中去”④。

（二）江泽民军队政治工作思想的主要内容

面对新的形势和任务，江泽民站在时代高度，对我军政治工作进行了全面而深刻的战略思考。

1. 必须把思想政治建设“摆在全军各项建设的首位”

江泽民“思想政治建设”概念的提出有一个过程。1989 年 8 月，江泽

① 江泽民文选［M］：第三卷．北京：人民出版社，2006.608
② 江泽民文选［M］：第一卷．北京：人民出版社，2006.148
③ 江泽民．论国防和军队建设［M］．北京：解放军出版社．2003.385
④ 江泽民文选［M］：第二卷．北京：人民出版社，2006.275

民同志在全国组织部长会议上的讲话中，首次提出了“思想建设”的概念，并强调必须把思想建设放在党的建设的突出位置上。他在同年 11 月的军委扩大会议上的讲话中，又提出了“政治建设”的概念，指出“历史和现实的经验都说明，我们必须把加强政治建设、保证党对军队的绝对领导作为军队建设的首要任务”，“使部队在思想上、政治上、行动上同党中央保持高度一致，做到在政治上永远合格。”① 后来，江泽民在党的理论研究班上的讲话中，首次提出了切实把思想建设放在党的建设的首位的要求。1993 年 12 月，江泽民同志在军委扩大会议上的讲话中，第一次把“思想建设”与“政治建设”连在一起，提出了“思想政治建设”的概念，并正式提出了要用邓小平建设有中国特色的社会主义理论和新时期军队建设的思想武装全军的要求。“思想政治建设”概念的提出，是我党对军队政治工作本质和核心认识的新高度，新飞跃。

1994 年 12 月 18 日，在中央军委召开的扩大会议上，江泽民同志明确提出“我们必须高度重视军队的思想政治建设，必须把它摆在全军各项建设的首位”②。后来，江泽民同志多次反复强调要重视思想政治建设，使“摆首位”思想更加具有系统性和理论性，成为全党全军全国人民的思想指南。“摆首位”思想是对新时期我军政治工作地位作用的认识升华，是对“政治工作是我军生命线”思想的继承与发展。

其一，摆首位的原因：“思想政治建设是革命化建设的核心”。

江泽民同志继承了毛泽东的“建设正规化、现代化的国家军队”思想，发展了邓小平的“把我军建设成为一支强大的现代化、正规化的革命军队”思想，提出了努力建设一支革命化、现代化、正规化强大军队的奋斗目标，并指出“三化”建设是一个相互关联的有机整体，其中现代化是中心，正规化是保证，革命化是第一位的。

改革开放的深入发展和社会主义市场经济体制的逐步确立，使我国生产力得到了巨大发展和社会取得了全面进步，与此同时，资本主义腐朽文化也趁机而入，同历史遗留下的剥削阶级腐朽思想相结合，拜金主义、极端个人主义和腐朽生活方式等有所滋长，对人们正确的理想、信念和价值观念产生了冲击，社会上各种思潮和风气不可避免地要反映到部队中来。新的历史条件下，如果我们不能有效地防止腐朽思想文化的侵蚀，不能做到拒腐蚀、永不沾，我们这支军队就会有改变性质的危险，丧失战斗力。江泽民同志指出“我军是执行革命的政治任务的武装集团，在新时期的主要任务就是保卫国

① 江泽民文选［M］：第一卷．北京：人民出版社，2006.77

② 江泽民．论国防和军队建设［M］．北京：解放军出版社．2003.150

家安全和社会主义现代化事业。我们的广大干部战士不仅要会打仗，有过硬的现代军事本领。还必须有坚定的政治立场，有过硬的思想政治工作本领。这种本领不是从天上掉下来的，而是来源于强有力的思想政治建设。搞好军队的思想政治建设，是搞好军事训练、后勤保障以至于整个军队现代化建设的重要基础。思想政治建设是革命化建设的核心，是引导全军干部战士拒腐蚀、永不沾，永葆人民军队革命本色的可靠保证。”[①] 可以看出，把思想政治建设摆在首位，是我军现代化建设全面发展的客观要求，是实现我军革命化建设的根本途径。把思想政治建设摆在首位，就是要在纷繁复杂的客观形势下，确保党从思想上政治上掌握军队，使我军始终坚持党的绝对领导，始终保持人民军队的性质。

其二，摆首位的方法：强化意识，真正落实，加强政治工作。

对于如何将思想政治建设摆在首位，江泽民同志反复强调过以下三点：首先，要统一思想，强化“摆首位”的意识。要从党和国家的命运以及建军治军的战略高度，充分认识把思想政治建设摆在首位的紧迫性；要正确区分摆首位与林彪“突出政治”的根本区别，提高抓好思想政治建设的自觉性；要增强政治责任感，坚定抓好思想政治建设的坚定性。其次，要把思想政治建设真正落实到各项工作中。要把思想政治建设贯穿、渗透和落实到军队建设的方方面面；要发动群众、全员参与；要把各级各类领导干部作为重点，提高领导干部的思想政治素质和政治领导水平；要努力探索社会主义市场经济和改革开放条件下治军建军的特点规律。再次，要用政治工作具体加以落实。他指出“思想政治建设，是革命化建设的核心，是政治工作的最本质部分，它直接保证党对军队的绝对领导，保证党的路线方针政策在军队的贯彻落实。”[②] 做政治工作要着眼于加强思想政治建设这个总要求，抓不住这一点，政治工作就提不起纲来，就不可能发挥生命线作用。抓住了这一条，思想政治建设才能真正摆到首位，落到实处，才能大有作为。政治工作要把加强思想政治建设作为自己的根本任务、直接目的，作为自己的着眼点、着力点，否则，就失去了方向，就更谈不上发挥服务保障作用。而思想政治建设一旦有了政治工作的保驾护航，也就有了具体的依托，其首位地位也就能得到具体的落实。

2. 思想政治建设的“两个提供”历史使命

在世纪之交，我军面临着复杂的内外环境，给我军建设带来了“战场”和“市场”两方面的挑战。在战场方面，国际格局走向多极化和世界军事变

① 江泽民．论国防和军队建设［M］．北京：解放军出版社．2003.150

② 江泽民．论国防和军队建设［M］．北京：解放军出版社．2003.150

革兴起，我军未来还有没有仗打、打什么样的仗、能不能打赢，以及怎样打赢；在“市场方面”，我军有没有变质的危险、能不能保持本质，以及怎样保持本质？面对这些问题，1997 年 7 月，江泽民针对我军建设的两个重大课题，明确指出“打赢未来高技术战争，保证人民军队的性质、本色和作风，这是党中央和中央军委对新形势下军队建设最为关注的新时期军队思想政治建设的使命，是为打赢未来高技术战争提供强大的精神动力，为保持人民军队的性质、本色和作风提供可靠的政治保证。”① 这“两个提供”是对毛泽东、邓小平关于军队政治工作发挥服务保证作用思想的继承和发展，并使“服务、保证”更加具体化了，体现了鲜明的时代特征，是在新的历史条件下对我军思想政治建设作用的新总结和新概括，更是我军政治工作的出发点和落脚点。

江泽民同志认为，思想政治建设肩负着“两个提供”的使命意义重大。首先，“两个提供”的使命，强烈地体现着马克思主义政治、建设有中国特色社会主义政治对我军思想政治建设的要求，是我军建设带全局性根本性的重大问题，是与社会主义、共产主义事业密切相关并直接影响其进程的重大问题。其次，“两个提供”事关着我军的政治性质，事关国家的安危、祖国的统一、民族的存亡，事关社会主义制度的巩固和国家的长治久安。要求全军必须从政治的高度，用政治的眼光去认识“两个提供”的历史使命，以高度的政治责任感去实现“两个提供”的历史使命。党中央、中央军委要求全军努力实现思想政治建设的使命，努力做到“四个始终”：始终成为与党同心同德，坚决听党指挥的军队；始终成为用革命理想信念凝聚起来，坚定捍卫有中国特色社会主义伟大事业的军队；始终成为全心全意为人民服务，具有高尚道德情操，拒腐蚀、永不沾的军队；始终成为斗志昂扬、英勇善战，具有强大战斗力的军队。

3. “最核心最根本的是要保证党对军队的绝对领导”

坚持党对军队的绝对领导，是毛泽东、邓小平始终坚持的基本建军原则，江泽民同志也高度重视党对军队的绝对领导，明确指出“加强思想政治建设，最核心最根本的是要保证党对军队的绝对领导，使部队在任何时候任何情况下都能自觉做到听党话，跟党走。”②

党对军队的绝对领导，是我军永远不变的军魂。我党的性质和我军的阶级属性，决定了我军必须服从党对军队的绝对领导。1993 年 9 月，江泽民同志在视察广州军区部队时，从军魂高度创造性地继承和发扬了毛泽东、邓

① 江泽民．论国防和军队建设［M］．北京：解放军出版社，2003.385

② 军队要坚持严格训练严格管理不断提高战斗力［N］．解放军报，1996-05-08

小平坚持党对军队绝对领导的思想，深刻指出“中国革命的历史经验说明，枪杆子里面出政权。同样，巩固国家政权，军队依然具有举足轻重的作用。我们党历来强调，我们的人民军队是在党的绝对领导之下的。在这个问题上，我们要始终坚定不移。一个军队要有军魂。我看，我们军队的军魂就是党对军队的绝对领导。”江泽民同志对于坚持党对军队的绝对领导有很多论述，以揭示“军魂”的丰富内涵。归纳起来，主要是“一个优势，四个根本”。即：党对军队的绝对领导是我军特有的优良传统和政治优势，是我军建军的根本原则，也是保持人民军队性质和宗旨的根本保证，是我军保持强大战斗力，战无不胜的根本保证，是我军与西方军队的根本区别。总之，党对军队的绝对领导是我军的建军之魂，胜利之本，必须要牢牢把握住这一点。

坚持党对军队的绝对领导，要高度警惕敌对势力对我国“西化”、“分化”的政治图谋，防止“军队非党化、非政治化”等错误思潮对部队的渗透。西方敌对势力亡我之心不死，千方百计对我实施和平演变，加大渗透力度，鼓吹“军队非党化、非政治化”等错误思潮。在这种形势下，强调党对军队的绝对领导，具有鲜明的现实针对性、必要性和迫切性。江泽民同志指出，我军“是执行党的政治任务的武装集团，它以党的宗旨为宗旨，以党的目标为目标”①，在党对军队的领导权问题上绝对不能含糊，不能让步，“在任何时候任何情况下，我们的军队都丝毫不能削弱和脱离党的绝对领导，否则，就会迷失方向和改变性质”，“坚持党对军认的绝对领导这一根本政治原则，是我们军队的军魂，任何时候都不能动摇”②。江泽民同志反复强调“我军在政治上是合格的，党中央是完全信赖的。同时必须看到，西方敌对势力为实现其“西化”“分化”中国的图谋，正在伺机对我军进行渗透和破坏，他们鼓吹的‘军队非党化’和‘军队非政治化’那一套，就是妄图改变我军的性质，使我军脱离党的领导。军队的同志特别是高中级干部，对此必须高度警惕，始终保持政治上的清醒和坚定。”③

4. “任何时候都要坚定不移地抓好各级党组织的建设”

大力加强军队各级党组织的建设，增强党的凝聚力和战斗力，是军队思想政治建设正确方向的保证，是推进各项工作深入开展的保证。江泽民指出“军队各级领导班子是战斗指挥部，在军队建设中起着枢纽作用。党的基本路线和大政方针，党中央、中央军委的决策和指示能否全面落实，首先取决

① 江泽民．论国防和军队建设［M］．北京：解放军出版社，2003.197
② 江泽民．论国防和军队建设［M］．北京：解放军出版社，2003.309
③ 江泽民．论国防和军队建设［M］．北京：解放军出版社，2003.199

于各级领导班子的工作”①，要求任何时候都要坚定不移地抓好各级党组织的建设，加强和改进思想政治工作，使军队在思想上、政治上、行动上同党中央保持高度一致，做到政治上永远合格。

江泽民同志要求必须把各级党组织的建设作为军队建设的全局性任务，聚精会神地抓紧抓好。一是要认真贯彻“三个代表”，增强党的先进性。江泽民指出“我们党要始终代表中国先进生产力的发展要求，代表中国先进文化的前进方向，代表中国最广大人民的根本利益”②。这“三个代表”要求，“是我们党的立党之本、执政之基、力量之源”③，对党的先进性进行了新的全面而又完整的概括，是党组织拒腐防变、经得起新的考验的根本保证，是履行党组织根本职能的迫切要求，是推进我军思想政治建设发展的重要组织保证。各级党组织要认真贯彻落实“三个代表”的要求，自觉强化“代表”意识，充分发挥党委领导核心作用和党支部战斗堡垒作用。二是要严格实行民主集中制。“民主集中制是我们党和国家的一项根本制度，是坚持党对军队绝对领导的重要保证，也是减少或避免失误、做好工作的重要保证。一个人的智慧是有限的，必须依靠集体的智慧和力量，千万不能搞‘家长式’的领导作风。”④ 要坚持和加强党委统一的集体领导下的首长分工负责制。他提出了“集体领导，民主集中，个别酝酿，会议决定”十六字方针，是规范党委领导工作的重要的政治原则、根本方法和行动准则。三是要搞好党风廉政建设。“反对腐败是关系党和国家生死存亡的严重政治斗争。我们党是任何敌人都压不倒、摧不垮的。堡垒最容易从内部攻破，决不能自己毁掉自己。如果腐败得不到有效惩治，党就会丧失人民群众的信任和支持。”⑤ 如果不加强党风廉政建设，就不能顶住“灯红酒绿”的影响，就不能筑起反和平演变的钢铁长城，党的建设就不能搞好，党对军队的绝对领导就不能巩固和加强。四是要维护和加强党内团结，加强领导班子建设。“只要各级领导班子真正团结一致、同心协力，就能把部队更好地凝聚在一起，我们的事业就有了可靠的保证”⑥，“搞好军内各级领导班子的团结，这是全军各个部队之间和各个部队内部、各个部门之间以及各个部门内部团结的前提和核心”⑦。江泽民还强调指出“强调领导班子的团结，绝不意味放弃积极的思想斗争，搞无原则的一团和气。我们讲的领导班子的团结，是建立在马克思

① 江泽民．论国防和军队建设［M］．北京：解放军出版社，2003.203
② 江泽民文选［M］：第三卷．北京：人民出版社，2006.128
③ 江泽民文选［M］：第三卷．北京：人民出版社，2006.128
④ 江泽民．论国防和军队建设［M］．北京：解放军出版社，2003.74
⑤ 江泽民文选［M］：第二卷．北京：人民出版社，2006.46
⑥ 江泽民．论国防和军队建设［M］．北京：解放军出版社，2003.6－7
⑦ 江泽民．论国防和军队建设［M］．北京：解放军出版社，2003.62

主义基础之上的团结。这里的关键在于能否真正拿起批评与自我批评这个锐利的武器。”①

5. 用邓小平理论武装全军“是加强思想政治建设的根本”

用先进的思想和精神贯注于军队之中，是我军的优良传统。意识形态领域马克思主义不去占领，各种非马克思主义和反马克思主义必然去占领。只有通过强有力的思想政治建设，坚持和巩固马克思主义的指导地位，才能使我军沿着正确方向前进。江泽民同志指出“在加强军队的思想政治建设中，在发扬党和军队的优良传统和优良作风中，最重要的是引导和组织广大干部战士深入学习马列主义、毛泽东思想，中心是深入学习邓小平同志建设有中国特色社会主义理论，用以武装自己的头脑和指导各项工作。这是我们加强思想政治建设的根本。”②

早在1989年9月29日庆祝建国40周年大会上，江泽民同志就指出，邓小平同志关于建设有中国特色社会主义的理论，是经过十年实践检验而为亿万人民所认识和接受的科学理论，是指引我们继续前进的旗帜，是“毛泽东思想的继承和发展，是当代中国的马克思主义，是我国社会主义事业的伟大旗帜和中华民族振兴的强大精神支柱”③，是全党全军全国各族人民团结奋斗的根本思想基础。高举邓小平理论伟大旗帜，是新时期全军统一思想的科学理论依据，是我军规避各种风险、战胜各种困难的可靠政治保障，是我军各项任务完成的强大精神动力。在党的十五大报告中，他再次强调“在社会主义改革开放和现代化建设的新时期，在跨越世纪的新征途上，一定要高举邓小平理论的伟大旗帜，用邓小平理论来指导我们整个事业和各项工作。这是党从历史和现实中得出的不可动摇的结论”④。

1997年3月4日，江泽民同志在全国八届人大五次会议解放军代表团上指出，“要组织广大官兵深入学习邓小平建设有中国特色社会主义理论，用这一科学理论武装全军。这是一项战略任务，必须长期坚持不懈地抓下去，使之真正落实到实处”。对于学习邓小平建设有中国特色社会主义理论的具体方法，江泽民同志也作了很多论述，归纳起来，主要有以下几点：首先，掌握基本观点，领会精神实质。“学习建设有中国特色社会主义理论，不能浅尝辄止，更不能断章取义、各取所需。必须认真而不是敷衍地、具体而不是抽象地、系统而不是零碎地刻苦钻研。”⑤ 要认真研读邓小平的原著，

① 江泽民．论国防和军队建设［M］．北京：解放军出版社，2003.257－258

② 江泽民．论国防和军队建设［M］．北京：解放军出版社，2003.152－153

③ 江泽民．论国防和军队建设［M］．北京：解放军出版社，2003.120

④ 江泽民文选［M］：第二卷．北京：人民出版社，2006.8

⑤ 中央文献研究室编．十四大以来重要文献选编［G］：上．北京：人民出版社，1996，330－331

抓住建设有中国特色社会主义这个主题，围绕党的基本路线这条主线，在全面、正确理解和掌握邓小平理论科学体系和精神实质上下功夫，掌握基本观点，领会解放思想、实事求是这个精髓，全面把握这个理论的科学体系；其次，坚持理论联系实际。学习邓小平理论，最重要的是密切结合新的形势和任务，坚持学习理论与研究现实问题的相结合办法，发扬学用结合、学以致用的学风，针对改革开放和发展社会主义市场经济中遇到的现实问题，努力寻找正确的答案。“深入学习邓小平理论，要同学习和贯彻十五大精神结合起来，紧紧围绕十五大的主题，……把全党的思想和行动统一到十五大精神上来，把全国各族人民的智慧和力量进一步凝聚到实现十五大确定的任务上来。兴起理论学习的新高潮，‘新’就新在这里；抓理论武装工作要鼓劲，‘劲’就在这里；衡量理论学习的成效，着眼点也要在这里。”① 再次，做好宣传推广工作。要充分运用报纸、广播、电视、出版物等深入宣传这一理论，要及时总结推广学习经验，组织编写好教材，作为院校政治课的主要内容。

6. “着重抓好爱国奉献教育、革命人生观教育、尊干爱兵教育、艰苦奋斗教育”

江泽民同志指出“加强思想政治建设，首先要抓思想，从思想教育入手。这是毛泽东、邓小平同志等老一辈革命家治党治军的一条基本经验，也是一条重要原则。革命和建设的实践都已证明，一切工作的进步都应以思想进步为基础，都应紧紧扣住思想教育这个中心环节”②。他从时代特点出发，密切联系我军建设的实际，赋予了思想政治教育强烈的时代气息。他在强调用邓小平理论武装全军和指导各项工作的基础上，指出“根据军队当前的实际情况，我觉得还要着重抓好爱国奉献教育、革命人生观教育、尊干爱兵教育、艰苦奋斗教育”③。

江泽民同志系统地阐述了“四个教育”主要内容和意义。加强爱国奉献教育，弘扬无私奉献精神。“对于我们军队的每个干部战士来说，从他们入伍的那一天起，就要进行热爱祖国、献身国防事业的教育”，“解决好‘为谁当兵’，‘为什么当兵’的问题”；加强革命人生观教育，树立正确的世界观、人生观和价值观。“过去无论在革命战争时期，还是建国后的社会主义建设时期，每个同志参加革命，参加党，参加军队，都要首先解决世界观、人生观问题。这个问题不解决，或解决的不牢靠，不管是搞革命、搞建设还是搞军队工作，是不可能兢兢业业的，也不可能做出什么成绩来。”“在进行革命

① 江泽民．在学习邓小平理论工作会议上的讲话［J］．求是，1998．(22)：1

② 江泽民．论国防和军队建设［M］．北京：解放军出版社，2003.254

③ 江泽民．论国防和军队建设［M］．北京：解放军出版社，2003.153

人生观的教育中，一定要结合干部战士的特点和思想实际，内容要生动活泼，方法要灵活多样”；加强尊干爱兵教育，发扬官兵一致的光荣传统。“官爱兵，兵爱官，上下同心，团结一致，这是我军所以能够具有排除万难、攻无不克、战无不胜的强大战斗力和创造力的重要原因。”“官兵一致的原则，任何时候都不能变。”“要加紧研究在新形势下带兵的新的特点和规律……大胆探索新办法新经验，把兵带得更好”；加强艰苦奋斗教育，抵制腐朽思想文化的侵蚀。“我们党和军队是靠艰苦奋斗起家的，也是靠艰苦奋斗不断发展壮大起来的。今天我们搞社会主义现代化建设，同样要靠艰苦奋斗。”“我们的国家还比较穷，我们的军队是‘吃皇粮’的，但现在‘皇粮’还很不充裕，在这种情况下，工作上更要艰苦奋斗，生活上更要勤俭节约”①。

江泽民同志对如何抓好“四个教育”有过很多具体的论述，主要方法有以下几点：一要优化方法，“教育中要发扬民主，采取启发式、讨论式的方法，发动官兵参与教育”；二要注重形式，“教育的形式应多种多样，运用短小精干的文艺演出，寓教于乐，就是一种很重要很有效的形式。这种形式群众喜闻乐见，应经常加以运用，特别是要多运用于基层连队的教育中去”；三要领导先行，“教育者必须先受教育。各级干部特别是领导干部自身的素质如何，直接关系到部队教育的效果。必须努力提高干部的理论素养，把干部的思想先搞通，以其昏昏，使人昭昭，是不行的”；四要加强结合，要“把加强这些教育，同时强化对部队的全面管理结合起来，做到全面促进”。②

7. “学习和掌握现代科技知识，是摆在我们面前的一项非常紧迫的战略任务”

在世纪之交，科学技术的发展日新月异，世界军事变革的浪潮波涛汹涌，高新技术在军事领域不断使用，先进的科学技术将成为军队综合战斗力的决定性因素之一。在新形势下，学习和掌握现代科技，特别是高科技知识，对于我军提高部队战斗力和打赢未来战争，意义重大。江泽民同志指出“要重视高新科技知识的学习，加强对现代技术特别是高新技术条件下局部战争的研究和探索。只有重视和加强这方面的学习和研究，才能提高驾驭和指导战争的能力，掌握战争的主动权，永远立于不败之地”，“学习和掌握高科技知识，是摆在我们面前的一项非常紧迫的战略任务”，“全军官兵要以极大的热情和高度的自觉性，学习革命理论，学习高科技知识，学习现代战争知识”。③

① 江泽民．论国防和军队建设［M］．北京：解放军出版社，2003.153-156

② 人民解放军是一个大学校要培养造就大批高质量人才［N］．解放军报，1995-03-11

③ 江泽民在庆祝建军七十周年大会上的讲话［N］．人民日报，1997-08-01

第一，要形成一个广泛、深入、持久的学习热潮。江泽民要求“在全军各部队、各级领导机关和广大指战员中，必须迅速掀起并形成一个广泛、深入、持久地学习现代科技特别是高科技知识的热潮”，要充分认识学习现代科技特别是高科技知识的重要性，切实增强学习的自觉性，真正形成热爱高技术、学习高技术、运用高技术的浓厚空气，努力培养适应军队现代化建设和高技术条件下作战所需的各类人才。“在学习中一定要发扬‘挤’与‘钻’的精神，一定要下大功夫、苦功夫、硬功夫，相互切磋，相互竞赛，看谁学得多、学得好……总之，学与不学、学得好与不好，效果是大不一样的。因此，我反复强调要学习、学习、再学习”①。江泽民同志还特别强调领导干部要带头学习，要赶快把现代国防知识特别是高技术条件下的战争知识水平提高一步，“现代科学技术的发展日新月异，如果我们的干部不学习，不掌握现代科学文化知识，虽然勉强也能做些工作，但要做好是不可能的”②。

第二，把思想理论武装同现代科技特别是高科技知识武装相结合。江泽民同志认为“人才为政事之本，也是建军治军之本”③。官兵素质是军队建设水平的基本标志，是我军履行职能、完成各项任务的决定性因素，“必须高度重视全军官兵素质的提高”④。江泽民在强调官兵要加强学习现代科技特别是高科技知识的同时，还指出要与正确的思想理论武装相结合。他指出“如果大家都有了正确思想理论的武装，都有了现代科技特别是高科技知识武装，我军的革命化、现代化、正规化建设就有了根本保障。我军的建设质量和战斗力就会大大提高起来”⑤。可以看出，搞好“两个武装”，是全面提高官兵素质的基本途径，是三化建设的根本保障，是提高战斗力的重要手段。

8. “带好部队的关键在于提高干部素质”

在江泽民军队政治工作思想中，最直接、最经常、最大量的就是关于提高干部队伍的思想政治素质问题。江泽民认为确定了政治路线之后，建设一支坚决而有效地执行党的路线的干部队伍，是事业顺利发展的决定性因素，但是，“当前，我军干部队伍的素质还不能完全适应新时期军事战略方针的要求，这是一个亟待解决的问题，是一项紧迫的任务”⑥，“带好部队的关键在于提高干部素质”⑦。

① 江泽民．论国防和军队建设［M］．北京：解放军出版社，2003.254
② 中央文献研究室编．十三大以来重要文献选编［G］：下．北京：人民出版社，1993，2086
③ 江泽民．论国防和军队建设［M］．北京：解放军出版社，2003.136
④ 江泽民．论国防和军队建设［M］．北京：解放军出版社，2003.84
⑤ 江泽民．论国防和军队建设［M］．北京：解放军出版社，2003.245
⑥ 江泽民．论国防和军队建设［M］．北京：解放军出版社，2003.195
⑦ 江泽民．论国防和军队建设［M］．北京：解放军出版社，2003.135

干部队伍在军队建设中的关键地位，决定了干部必须要有过硬的思想政治素质。江泽民同志认为“这些同志的素质如何，能力和作用怎样，直接关系到党中央、中央军委决策和指示的落实，关系到未来反侵略战争的胜负，关系到我们事业的兴衰成败”①，而在干部的各种素质中，思想政治素质又是第一位的。从这个意义上说，军队要保证党的绝对领导，保持本质不变，很好地履行自己的职能，就要求干部队伍始终具有过硬的思想政治素质。但干部队伍的思想政治素质方面存在着一些不容忽视的问题，迫切需要着力予以克服和解决。江泽民同志指出，军队不是生活在真空中，与社会有着千丝万缕的联系，各种社会思潮和社会风气不可避免会程度不同地反映到部队中来。少数官兵，甚至包括少数领导干部，受到了不良风气的侵蚀，贪图享受，谋求私利，滋长了拜金主义、享乐主义等不良倾向。因此，要大力加强干部队伍建设，提高干部特别是领导干部的思想政治素质。

加强干部队伍建设要把握好以下三个方面：首先，“三讲”② 是提高干部素质的中心环节。“三讲”教育是一次重要的马克思主义自我教育，根本目的就是保证各级领导干部特别是高级领导干部能够提高贯彻马列主义、毛泽东思想特别是邓小平理论的自觉性与坚定性，提高贯彻党的基本路线的自觉性和坚定性，更好地面向未来，开拓前进。江泽民同志指出“在全党造成认真学习的风气，民主讨论的风气，积极探索的风气，求真务实的风气”③，使各级领导干部提高知识水平和思想水平，做到自重、自省、自警、自励，过好金钱观、享乐观和美人关。其次，要注重理论学习。江泽民指出“我们的肩上担子很重，需要学习的东西很多，一定要有高度的责任感、紧迫感，要以‘闻鸡起舞’的精神和坚忍不拔的毅力，抓好自身的学习”④。在理论学习的内容上，要研读邓小平原著，紧紧抓住建设有中国特色社会主义这个主题，围绕党的基本路线，深刻领会解放思想、实事求是这个精髓，全面把握这个理论的科学体系。再次，要注重实际工作磨炼。江泽民同志指出“实践出真知，实践长才干，这是干部成长的一条规律”⑤，他认为干部要到改革和建设的第一线去，到基层去，到艰苦和困难多的地方去，到党和人民最需要的地方去，要尊重群众，紧密联系群众。“干部成长的规律表明，那些投身实践并且同群众保持密切联系的干部，大都是成长进步较快的干部”，

---

① 江泽民．论国防和军队建设［M］．北京：解放军出版社，2003.136

② 1995年，江泽民在北京考察工作时，提出了领导干部要讲学习、讲政治、讲正气。随后，要求地方县以上领导集中进行一次以讲学习、讲政治、讲正气为主要内容的党性党风教育。1999年，全军在团以上领导班子和领导干部中深入开展了“三讲”正面教育。

③ 江泽民．论党的建设［M］．北京：中央文献出版社，2001.264

④ 江泽民．论国防和军队建设［M］．北京：解放军出版社，2003.138

⑤ 江泽民．论国防和军队建设［M］．北京：解放军出版社，2003.138

“领导同志要深入实际，了解真情，倾听干部战士的呼声，关心群众的疾苦，扎扎实实地帮助部队特别是帮助基层解决实际问题和困难”①。

9. 思想政治教育要“加强针对性、系统性、创造性”

江泽民同志指出“从过去比较封闭的状态转向全方位的对外开放，从传统的计划经济转向社会主义市场经济，使得军队建设所面临的社会环境发生新的极其深刻的变化”②，在新的形势下和任务面前，“军队的思想政治教育，一定要适应改革开放和军队革命化、现代化、正规化建设的形势，紧密联系干部战士的思想实际，加强针对性、系统性和创造性”③。这“三性”，既指出了思想政治教育的薄弱环节，又提出了加强思想政治教育的具体要求，还指明了改进思想政治教育的方法途径，是新形势下必须遵循的重要原则。

探索有时代特色的改革创新之路，是增强思想政治教育的针对性、系统性、创造性的必然选择。江泽民同志指出“创新是一个民族进步的灵魂，是一个国家兴旺发达的不竭动力，也是一个政党永葆生机的源泉”④。不断改革创新，增强思想政治建设的针对性、系统性、创造性，也是我军政治工作适应新形势、实现新发展、开创新局面的动力和源泉。一是要坚持继承与创新相结合。“在改革开放的过程中，应该继承和发扬我党我军和我们民族的好传统……并且在吸收新的实践经验的基础上形成新的优良传统。这样，继承与创新相结合，老的好传统和新的好创造相结合，我们的改革开放，我们党的建设、国家和军队的现代化建设，就能顺利向前发展。”⑤ 二要研究新情况，解决新问题。社会在发展，形势在变化，在新情况、新问题面前，“我们必须探索在新环境、新形势下治军的特点和规律，在继承我军优良传统的基础上，有所创造，有所前进，不断总结新经验，把治军的水平大大提高一步。”⑥ 三要围绕提高战斗力进行改革。“推进军队现代化建设向前发展，动力在改革，出路也在改革。如果没有开拓的勇气、改革的精神，就很难有所突破，有所作为。军事工作、政治工作、后勤工作、装备工作等各个方面，都要围绕提高部队战斗力积极稳妥地进行改革。”⑦

（三）江泽民军队政治工作思想的理论价值

江泽民军队政治工作思想是客观形势发生深刻变化的背景下提出来的，

① 江泽民．论国防和军队建设［M］．北京：解放军出版社，2003.143
② 江泽民．论国防和军队建设［M］．北京：解放军出版社，2003.251－251
③ 江泽民．论国防和军队建设［M］．北京：解放军出版社，2003.202
④ 江泽民文选［M］：第三卷．北京：人民出版社，2006.64
⑤ 江泽民．论国防和军队建设［M］．北京：解放军出版社，2003.152
⑥ 江泽民．论国防和军队建设［M］．北京：解放军出版社，2003.252
⑦ 江泽民在解放军代表团全体会议上发表重要讲话［N］．解放军报，2000－03－10

立足时代高度，前瞻未来发展，是改革开放和发展社会主义市场经济条件下我军政治工作成功实践的科学概括，具有鲜明而重要的理论价值。

1. 江泽民军队政治工作思想科学揭示了新形势下我军思想政治建设的基本规律

综观80年代末以来的客观形势，相对和平环境和高技术局部战争，社会主义市场经济体制确立和对外开放纵深发展，对我军思想政治建设提出了更高的要求，带来了严峻的挑战，使我军思想政治建设呈现出许多新特点新规律。江泽民军队政治工作思想就是建立在这些特点规律之上的，就是对这些特点规律的科学反映。这些规律概括起来主要有：一是思想政治建设与国际形势相适应，积极应对西方敌对势力和平演变。江泽民同志指出思想政治建设是革命化建设的核心；加强思想政治建设，最核心最根本的是要保证党对军队的绝对领导；用邓小平理论武装全军是思想政治建设的根本；二是思想政治建设与国内形势相适应，积极应对改革开放和发展社会主义市场经济给官兵思想上带来的负面影响。江泽民同志指出要着重搞好“四个教育”，要增强思想政治的针对性、系统性、创造性，要搞好“两个武装”；三是思想政治建设与现代战争发展要求相适应，积极应对可能发生的高技术条件下局部战争。江泽民指出学习和掌握现代科技知识，是摆在我们面前的一项非常紧迫的战略任务，必须迅速掀起并形成一个广泛、深入、持久地学习现代科技特别是高科技知识的热潮。

江泽民军队政治工作思想对新形势下我军思想政治建设基本规律反映的科学性，是经过实践检验的。在江泽民军队政治工作思想的指导下，我军政治工作有力地保证了顺利进行东南沿海军事演习，保证了我军顺利进驻香港、澳门履行职责，保证了1998年抗洪抢险斗争的伟大胜利，保证了我军积极支援国家建设、维护社会稳定，使我军经受住了各种考验，成为人民民主专政和社会主义制度的坚强柱石，党和人民高度信赖的人民军队。

2. 江泽民军队政治工作思想坚持、运用、丰富和发展了邓小平军队政治工作思想

既然以江泽民为核心的第三代领导集体所面临的客观形势较以邓小平为核心的第二代领导集体所处的客观形势，既有一致之处，又有变化之处，这就从客观上决定了江泽民军队政治工作思想对邓小平军队政治工作思想既要坚持、运用，又要丰富和发展。

从内容上看，这种坚持、运用、丰富和发展主要表现在下述几方面：第一，江泽民同志提出了“邓小平同志关于新时期军队建设思想”的概念，确立了邓小平新时期军队建设思想在军队中的根本指导地位，并强调用邓小平理论武装全军是加强思想政治建设的根本。第二，江泽民同志在论述关于我

军政治工作任何问题时，都十分注重结合新情况、新问题正确运用邓小平军队政治工作思想的立场和方法，从而使我军政治工作不断在继往开来中发展前进。例如，他坚持邓小平同志提出的“军队要在政治上合格”，提出军队要在政治上永远合格、永远坚定，并把政治合格作为五句话总要求的首要一条；他坚持邓小平同志提出的“思想政治工作只能加强不能削弱”，提出越是改革开放，越要加强思想政治建设；他坚持邓小平同志提出的“要把军队教育好”，提出要搞好“四个教育”，加强思想政治教育的针对性、系统性、创造性，等等。第三，江泽民同志始终坚持解放思想、实事求是的基本观点，根据变化了的新情况、新问题，提出了许多具有指导意义的新概括、新观点，从而丰富发展了邓小平军队政治工作思想。例如，江泽民提出“思想政治建设”这一概念，并强调要把思想政治建设摆在首位，不仅充分肯定了“政治工作是我军生命线”的思想，还对我军政治工作提出了更高的要求。江泽民提出的一系列关于思想政治建设的内容、方法、原则的精辟论断，都创造性地发展了邓小平军队政治工作思想。

3. 江泽民军队政治工作思想为跨世纪我军政治工作提供了根本遵循

在新世纪交替的重要历史时期，我们面对的是一个充满矛盾和激烈竞争的世界。江泽民军队政治工作思想是80年代末以来，尤其是90年代阐发的，符合世纪之交对我军政治工作的客观要求和理论需求，为跨世纪我军政治工作提供了根本遵循。

江泽民同志所提出的思想政治建设，不同于政治工作的具体业务，与政治工作既有区别又有联系。（见“摆首位的方法：强化意识，真正落实，加强政治工作”部分）正是由于思想政治建设与政治工作的这种联系，江泽民同志提出的把思想政治建设摆在首位，为跨世纪我军政治工作指明了方向；江泽民同志提出的思想政治建设“两个提供”的历史使命；为跨世纪我军政治工作提供了出发点和落脚点；江泽民同志提出的思想政治建设和政治工作的一系列原则、方法则直接指导着跨世纪我军政治工作具体实践。《关于改革开放和发展社会主义市场经济条件下军队思想政治建设若干问题的决定》中明确指出：“江泽民同志的这些论述，具有重要的理论意义和实践意义，是指导军队思想政治建设的科学依据”。正是在江泽民这一系列思想的指引下，我军政治工作跃升到了一个新的台阶。

三、胡锦涛军队政治工作思想述评

胡锦涛生于1942年12月，安徽绩溪人，在中共十六届一中全会上（2002年11月）当选为中共中央总书记。自2004年9月，胡锦涛主持中央军委工作以来，站在时代和历史的高度，准确把握军事领域变革的新动向，科学判断我军现代化建设的阶段性特征，深刻认识我军思想政治建设领域的新变化，集中全党智慧，对新形势下如何加强我军思想政治建设，作出了大量论述和指示，提出了一系列新思想、新观点、新论断，形成了胡锦涛军队政治工作思想，科学回答了我军政治工作领域一系列带全局性、根本性、方向性的重大理论和实践问题，使我军政治工作提升到了一个新境界。

（一）胡锦涛军队政治工作思想的时代背景

新世纪新阶段，我军面临的国内外环境都发生了深刻变化，胡锦涛军队政治工作思想正是在这些变化下、在我军政治工作的具体实践中应运而生的。

1. 战略环境复杂多变

和平与发展仍然是时代主题，国际战略形势总体上保持缓和稳定，但综合国力博弈日趋激烈，局部战争和武装冲突此起彼伏，国际恐怖主义活动猖獗，传统安全威胁和非传统安全威胁相互交织。各种思想文化相互激荡，文化因素在国际社会的影响力增强，意识形态领域的斗争更加激烈。西方敌对势力对我继续推行西化、分化政治图谋，鼓吹军队“非党化、非政治化”和“军队国家化”，加大思想文化渗透力度。世界主要大国在我国周边的地缘战略竞争不断加剧，周边安全环境不稳定不确定因素增加。影响台海局势不稳定的根源并未消除，“藏独”、“东突”等分裂势力加紧进行分裂破坏活动，对国家主权、统一和安全构成严重威胁。

2. 世界新军事变革全面展开

进入新世纪以来，国际军事领域的竞争更趋激烈，进入新的发展阶段。信息技术等人类先进科技成果在军事领域的广泛运用，把世界军事推入急速发展的“快车道”，世界新军事变革更是全面展开、加速发展。世界主要国家加紧调整安全战略和军事战略，加快军事变革步伐，加紧改造和重塑军队的组织形态，积极推动军队转型。美国为维护和扩展全方位军事优势，加紧实施全球军事战略调整和军队转型建设。俄罗斯近几年军事变革速度明显加快，特别是在武器装备现代化和军队职业化改革上成效较大。日本、印度等周边国家也都在军事变革上采取一系列措施，加强相关力量和手段建设，以求抢占新的战略制高点。

3. 改革开放和社会主义现代化建设进入攻坚阶段

我国进入了全面建设小康社会的新阶段，进入了改革发展的关键时期，各种社会矛盾进一步凸现，事关国家发展安全的问题日益突出，国内政治安全和社会稳定面临诸多挑战。经济体制深刻变革，社会结构深刻变动，利益格局深刻调整，生活方式深刻变化，面对当代我国社会这些转型，人们的思想活动和行为选择表现出明显的独立性、自主性、差异性和多变性。一些负面因素对人们的社会意识形成较大冲击，一些错误的、落后的思想不可避免地会渗透到军队中。

胡锦涛同志全面分析我军所处的历史条件和国家安全形势的变化，提出了新世纪新阶段我军“三个提供，一个发挥”的历史使命，即为中国共产党巩固执政地位重要的力量保证，为维护国家发展的重要战略机遇期提供坚强的安全保障，为维护国家利益提供有力的战略支撑，为维护世界和平和促进共同发展发挥重要作用；总结了我军建设面临的“两个不相适应”的主要矛盾，即现代化水平与打赢信息化条件下局部战争的要求还不相适应、军事能力与履行新世纪新阶段我军历史使命的要求还不相适应；要求“要坚持以推动国防和军队科学发展为主题、以加快转变战斗力生成模式为主线，不断增强履行新世纪新阶段我军历史使命的能力”①。胡锦涛同志的这些科学论断，是胡锦涛军队政治工作思想形成的基本前提。

（二）胡锦涛军队政治工作思想的主要内容

胡锦涛军队政治工作思想内涵丰富，立意高远，指导性强，从思想政治建设的地位作用、任务内容到方针原则、基本要求，涵盖了新世纪新阶段我军政治工作的所要解决的基本问题。

1.“思想政治建设是军队的根本性、基础性建设”

思想政治建设是人民军队的优良传统和特有的政治优势，为军队建设提供了正确的思想导向、强大精神动力和可靠政治保证。胡锦涛同志高度重视并多次强调要加强军队思想政治建设，他指出“思想政治建设是军队的根本性、基础性建设。要积极适应新的形势和任务，把部队思想政治建设抓得更加有力、更加扎实、更富有成效”②，“在前进道路上，我们必须始终把思想政治建设摆在军队各项建设的首位，作为军队的根本性和基础性建设抓紧抓好”③。思想政治建设是“根本性基础性建设”的新的科学定位，是对“生命线”思想的继承与发展，是在“摆首位”思想的基础上进一步的具体认识。

思想政治建设是革命化建设的核心内容。胡锦涛同志在党的十七大报告中指出，军队的革命化、现代化、正规化建设是统一的整体，必须全面加强、协调推进。革命化始终是第一位的。这是由中国共产党领导的人民军队的性质和宗旨决定的，也是我军改革与发展必须遵循的基本原则。在革命化

① 胡锦涛在解放军代表团会议上强调：深入贯彻国防和军队建设主题主线以优异成绩迎接党的十八大［N］．解放军报，2012－03－13

② 胡锦涛在视察南京军区时指出［N］．解放军报，2005－10－20

③ 胡锦涛在庆祝中国人民解放军建军80周年暨全军英雄模范代表大会上发表重要讲话［N］．解放军报，2007－08－01

建设中，思想政治建设又是一个十分重要的组成部分，是革命化建设的核心内容。“思想政治建设关系部队建设全局和方向，是军心士气和部队战斗力的重要基础，是永葆人民军队革命本色的可靠保证。”① 可见，思想政治建设直接影响甚至是决定着我军的全面建设。无论国防和军队建设的时代条件、社会环境、职能任务等发生什么变化，无论我军思想政治建设的组织形式、工作对象、运行机制、方法手段等发生什么变化，思想政治建设的地位决不能动摇，作用决不能弱化。因此，要把思想政治建设作为我军的根本性和基础性建设抓紧抓好，要“更加重视从思想上建设部队”②。

2. “确保我军始终成为党绝对领导下的人民军队，确保国防和军队建设科学发展，确保有效履行新世纪新阶段我军历史使命”

当今世界国际政治和思想文化领域的斗争更加激烈，胡锦涛同志着眼于国内国际形势的新变化，坚持和发展了我军政治工作的优良传统，在十一届全国人大二次会议解放军代表团全体会议上提出了“从思想上、政治上、组织上确保我军始终成为党绝对领导下的人民军队，确保国防和军队建设科学发展，确保有效履行新世纪新阶段我军历史使命，是新世纪新阶段我军思想政治建设必须着力解决的时代课题”③。“三个确保”时代课题的重要思想，集中体现了我军新的使命和任务对思想政治建设的新要求，深刻阐明了新的历史条件下我军思想政治建设的新任务、新目标，对明确我军思想政治建设的方向，推动我军思想政治建设的发展具有重要意义。

“确保我军始终成为党领导下的人民军队”。胡锦涛同志指出“要正确把握思想政治建设的时代课题，必须把坚持党对军队绝对领导的根本原则和人民军队的根本宗旨作为思想政治建设的根本出发点，始终保持我军坚定正确的政治方向。”④ 一方面，要坚持党对军队绝对领导的根本原则。我军是中国共产党绝对领导下的人民军队，是执行党的政治任务的武装集团。坚持党对军队的绝对领导是我军特有的政治优势和永远不变的军魂，是我军发展壮大的根本政治保证。在这个问题上，任何时候任何情况下都不能有丝毫含糊和动摇。坚持党对军队的绝对领导，就是要坚决抵制“军队非党化”、“军队国家化”等错误思想影响，以党的旗帜为旗帜，以党的意志为意志，以党的

① 胡锦涛在考察海军南海舰队驻三亚部队时强调：深入贯彻党的十七大精神，在新的起点上推动海军建设又好又快发展［N］．解放军报，2008-04-11

② 胡锦涛在解放军代表团全体会议上强调：不断增强全面履行新世纪新阶段我军历史使命能力，为全面建设小康社会提供重要力量支撑和坚强安全保障［N］．解放军报，2011-03-13

③ 中国人民解放军总政治部编印．国防和军队建设贯彻落实科学发展观重要论述选编［M］．北京：解放军出版社，2010.131

④ 中国人民解放军总政治部编印．国防和军队建设贯彻落实科学发展观重要论述选编［M］．北京：解放军出版社，2010.131

方向为方向，一切行动听党指挥。另一方面，要坚持人民军队的根本宗旨。胡锦涛强调指出“全心全意为人民服务是我军的唯一宗旨和最高准则。一切为了人民，紧紧依靠人民，是我军团结战斗的思想基础和力量源泉”①。坚持人民军队的根本宗旨，就是时刻坚持人民的利益高于一切，始终与人民心连心、同呼吸、共命运，永葆人民子弟兵的政治本色。

“确保国防和军队建设科学发展”。胡锦涛同志指出“科学发展观是我们党领导社会主义现代化建设实践经验的理论结晶，是对毛泽东思想、邓小平理论、‘三个代表’重要思想关于发展思想的继承、丰富和发展，是指导发展的世界观和方法论的集中体现，是推进社会主义经济建设、政治建设、文化建设、社会建设全面发展的指导方针，也是加强国防和军队建设的重要指导方针。”② 把科学发展观作为重要指导方针，深入贯彻科学发展观，是解决国防和军队建设现实难题的突破口，是确保国防和军队建设科学发展的必然选择。深入贯彻科学发展观，胡锦涛同志要求全军要做到以下几点：一是要“充分认识在国防和军队建设中贯彻落实科学发展观的必要性和重要性，增强贯彻落实科学发展观的自觉性和坚定性”③；二是要“必须全面准确地把握科学发展观的深刻内涵和基本要求”④；三是要“自觉把科学发展观贯彻落实到国防和军队建设的各个领域和全过程”⑤。胡锦涛同志还强调指出“科学发展观能不能在国防和军队建设中得到有效贯彻落实，关键在于各级党委”⑥，因此，要提高领导班子和干部带领部队科学发展的能力，把各级党组织和党员干部队伍建设成为贯彻落实科学发展观的强大力量。

“确保有效履行新世纪新阶段我军历史使命”。新世纪新阶段是中国实现发展的重要战略机遇期，胡锦涛同志从国家利益全局出发，概括了我军所担负的“三个提供，一个发挥”的历史使命，集中体现了党的历史任务对军队的新要求，反映了国家安全和发展战略全局的新需要，顺应了世界军事发展的新趋势。胡锦涛同志指出“人民解放军的全部工作，都要围绕有效履行使命这一历史使命来展开，各项建设都要围绕提高履行使命的能力来进行。全

① 中国人民解放军总政治部编印．树立和落实科学发展观理论学习读本［M］．北京：解放军出版社，2006.213

② 中国人民解放军总政治部编印．树立和落实科学发展观理论学习读本［M］．北京：解放军出版社，2006.196

③ 中国人民解放军总政治部编印．树立和落实科学发展观理论学习读本［M］．北京：解放军出版社，2006.196

④ 中国人民解放军总政治部编印．树立和落实科学发展观理论学习读本［M］．北京：解放军出版社，2006.203

⑤ 中国人民解放军总政治部编印．树立和落实科学发展观理论学习读本［M］．北京：解放军出版社，2006.252

⑥ 中国人民解放军总政治部编印．树立和落实科学发展观理论学习读本［M］．北京：解放军出版社，2006.215

军同志都要忠于使命、献身使命、不辱使命”①。他强调“必须紧紧围绕有效履行新世纪新阶段我军历史使命加强思想政治建设，为我军履行使命提供可靠政治保证、强大精神动力和有力人才支持”②。以有效履行新世纪新阶段我军历史使命作为基本着眼点，军队思想政治建设要坚持用党中央、中央军委的决策指示统一思想，要加大我军根本职能教育力度，强化官兵忠诚使命、献身使命、不辱使命的职能意识和牺牲奉献精神；要注重在军事训练和遂行重大军事行动任务中锤炼官兵英勇顽强的战斗意志和作风；要加大人才培养力度，努力造就大批高素质的新型军事人才；要不断探索创新政治工作的方法手段，拓展服务保证领域，促进政治工作作战功能的实现。

3.“大力弘扬听党指挥、服务人民、英勇善战的优良传统”

一支军队的建军方向和核心价值观体现在这支军队的历史经验和传统之中。胡锦涛同志指出“无论时代如何发展、社会环境如何变化，我军的光荣传统和优良作风永远不能丢。要从保持我军永远不变质的战略高度，充分认识继承和发扬我军光荣传统和优良作风的重大政治意义，认真解决好在新的历史条件下继承和发扬我军光荣传统和优良作风这个重大课题”③。2006 年 10 月 22 日，胡锦涛同志在纪念红军长征胜利 70 周年大会上指出“红军长征胜利充分说明了一个真理，建设一支听党指挥、服务人民、英勇善战的革命军队，是革命的依托，民族的希望”④。2007 年 7 月 27 日，胡锦涛在庆祝建军 80 周年驻京部队老干部座谈会上明确指出“我军优良传统归结起来，最本质、最核心的就是听党指挥、服务人民、英勇善战”⑤。在党的十七大报告中，胡锦涛强调要“大力弘扬听党指挥、服务人民、英勇善战的优良传统”⑥。

听党指挥、服务人民、英勇善战是一个相互联系、相辅相成的有机整体。听党指挥是前提，服务人民是目的，英勇善战是保证。三者的高度统一，既是忠于党的要求，也是忠于人民的要求；既是党的事业的根本所在，也是人民利益的根本所在。“听党指挥，是党和人民对人民军队的最高政治要求，是人民解放军不可动摇的根本原则。”我军之所以能够战胜无数的艰

---

① 中国人民解放军总政治部编印．国防和军队建设贯彻落实科学发展观重要论述选编［M］．北京：解放军出版社，2010.99

② 中国人民解放军总政治部编印．国防和军队建设贯彻落实科学发展观重要论述选编［M］．北京：解放军出版社，2010.131

③ 江泽民胡锦涛出席中央军委扩大会议并发表重要讲话［N］．解放军报，2004－09－21

④ 胡锦涛同志在纪念红军长征胜利 70 周年大会上的讲话［N］．解放军报，2007－10－23

⑤ 胡锦涛在庆祝建军 80 周年驻京部队老干部座谈会上的讲话［N］．解放军报，2007－07－29

⑥ 中央文献研究室编．十七大以来重要文献选编［G］：上．北京：人民出版社，2009，32

难险阻，创造无数的战争奇迹，建立彪炳千秋的不朽功勋，最根本的就是我军始终坚持党对军队的绝对领导。党对军队绝对领导是我军特有的政治优势，是我军保持自身性质的根本保证，是我军不断发展壮大的根本保证。在任何时候，“党指挥枪”这个根本原则不能改变；“服务人民，是人民军队一切奋斗发展的出发点和归宿，是人民解放军永远坚持的宗旨。”服务人民，直接说明了人民军队“为谁当兵、为谁打仗”的问题，集中体现了人民军队的本质要求。紧紧地和人民站在一起，全心全意为人民服务，是我军的唯一宗旨。为人民的利益而战斗，是我军攻无不克、战无不胜的力量源泉，是我军从胜利走向胜利的根本保证；英勇善战，既是我军履行职能使命的根本要求，也是我军作为党领导下的人民军队的先进特质。英勇善战的含义包括：要具有一往无前的精神，压倒一切敌人而绝不被敌人所屈服，敢于同一切强敌较量，敢打硬仗，敢打恶仗，决战决胜；要具有与时俱进、不拘一格的军事创造精神，勇于进行军事变革，勇于探索创新，努力走在世界军事发展的前列，实行灵活机动的战略战术，你打你的，我打我的，扬长避短，克敌制胜；要具有自觉的服从意识和铁的纪律观念，一切行动听指挥，确保部队高度集中统一。①

4.“军队要把以人为本作为重要建军治军理念”

胡锦涛同志明确指出“科学发展观的本质是以人为本。军队要把以人为本作为重要建军治军理念”②。针对军队而言，以人为本的“人”包含两层基本含义：一是指人民群众，二是指广大官兵，是人民群众和官兵个人两者的有机统一。以人为本治军建军理念的提出，是我党在政治领域思想解放的重大成果。坚持以人为本，是我军科学发展的客观需要，是时代进步的必然要求，反映了广大官兵的真实心声，回答了我军建设为了谁、依靠谁的根本问题。以人为本既然是军队建设的基本理念，也就必然是思想政治建设的基本理念，更是我军政治工作的基本理念。

以人民群众为本。胡锦涛同志多次强调指出“军队讲以人为本，最重要的是必须始终坚持人民军队的根本性质，坚决维护人民群众的根本利益。我军是党领导下的人民军队，来自人民、服务人民。全心全意为人民服务是我军唯一宗旨和最高准则……不管时代如何发展变化，形势如何发展变化，当人民的子弟兵，做人民利益的忠实捍卫者，这一条任何时候也不能改变。”③

① 胡锦涛在庆祝中国人民解放军建军80周年暨全军英雄模范代表大会上的讲话［N］．解放军报，2007-08-02

② 中国人民解放军总政治部编印．树立和落实科学发展观理论学习读本［M］．北京：解放军出版社，2006.213

③ 中国人民解放军总政治部编印．树立和落实科学发展观理论学习读本［M］．北京：解放军出版社，2006.213

“对军队来说，就是要始终坚持人民军队的宗旨，全心全意为人民服务，坚决维护人民群众的根本利益。”①

以广大官兵为本。胡锦涛同志指出，坚持以人为本，一是“尊重官兵的主体地位，发挥他们在军队建设中的主体作用”②，坚持官兵一致，坚持尊重官兵、依靠官兵，增强官兵的主人翁意识和使命感、责任感，充分发掘广大官兵的积极性和创造性；二是积极创造官兵全面发展的环境条件，“必须把推动部队全面建设与促进官兵的全面发展有机统一起来”，“要努力促进和实现官兵的全面发展，不断提高官兵的思想政治素质、科学文化素质、军事专业素质和身体心理素质，把他们培养成有理想、有道德、有文化、有纪律的新一代革命军人”③；三是维护和实现官兵的合法权益，“维护官兵正当的民主权益，加强新形势下军队内部的政治民主、经济民主、军事民主建设”④，各级党委和机关要心系基层，情系官兵，切实维护官兵的正当权益，想方设法为官兵做好事、办实事、解难事，让广大官兵时刻感受到党的关怀和组织的温暖。

贯彻以人为本指导理念的过程中，胡锦涛同志强调要“符合军队作为武装集团的特殊性，适应遂行作战任务的要求”，实现三个统一。一是“要把爱护官兵生命与培育战斗精神统一起来”。爱护官兵生命，不让官兵做无谓的付出与牺牲，就必须培育战斗精神，继承和发扬大无畏的英雄气概和英勇顽强的战斗作风。军人在任何时候都可能面临血与火、生与死的考验，任何时候都需要，只有强化敢打敢拼、勇于牺牲的战斗精神，才能在气势上压倒敌人，才能提高作战效能，才能使官兵在战场上少流血或者不流血，甚至达到不战而屈人之兵的目的；二是“要把坚持关心官兵个人发展与从严治军统一起来”。军队的根本职能就是打仗，如果治军不严，就会形成一盘散沙，不能最大限度地消灭敌人，保护自己，就更谈不上实现官兵的个人发展，因此，从严治军是官兵个人发展的先决条件。然而，从严治军，并不是简单粗暴，打骂体罚，而是要发扬民主和人文关怀，严中有爱，把从严治军的落脚点和出发点放在培养官兵个人进步上，以官兵的个人发展推动从严治军的实现；三是“要把尊重官兵权益与确保一切行动听指挥统一起来”。服从命令，

---

① 中国人民解放军总政治部编印．国防和军队建设贯彻落实科学发展观重要论述选编［M］．北京：解放军出版社，2010.9

② 中国人民解放军总政治部编印．树立和落实科学发展观理论学习读本［M］．北京：解放军出版社，2006.213

③ 中国人民解放军总政治部编印．树立和落实科学发展观理论学习读本［M］．北京：解放军出版社，2006.213－214

④ 中国人民解放军总政治部编印．树立和落实科学发展观理论学习读本［M］．北京：解放军出版社，2006.214

一切行动听指挥，是军人的天职，是军队一切活动顺利实施的基本前提。但在强调一切行动听指挥的同时，也要尊重的官兵权益，顾忌官兵的个人利益，在确保军令政令畅通的同时，要做到关心人，尊重人，使官兵自觉自愿做到个人利益服从集体利益，个人利益服从人民利益。①

5. “高度重视并切实抓好用中国特色社会主义理论体系武装全军的工作”

注重从思想上建军建党，是我党我军的一大优势。通过理论武装来引领实践、指导工作，是我军多年革命和建设的基本经验。“党的理论创新每推进一步，思想政治建设就要跟进一步。”② 坚持用马克思主义理论特别是用党的创新理论武装全军、教育部队，也是我军政治工作的一项根本性任务。

党的十七大明确把改革开放以来党的理论创新成果统一概括为中国特色社会主义理论体系。“中国特色社会主义理论体系，就是包括邓小平理论、‘三个代表’重要思想以及科学发展观等重大战略思想在内的科学理论体系。这个理论体系，坚持和发展了马克思列宁主义、毛泽东思想，凝结了几代中国共产党人带领人民坚持不懈探索实践的智慧和心血，是马克思主义中国化最新成果，是党最可宝贵的政治和精神财富，是全国人民团结奋斗的共同思想基础。”③ 因此，思想政治建设要突出用中国特色社会主义理论体系武装全军，加强对中国特色社会主义理论体系根本立场、基本观点和科学方法的学习与理解。胡锦涛同志指出“要坚持用中国特色社会主义理论体系统领全军官兵的思想和行动，打牢高举旗帜、听党指挥、履行使命的思想基础，把军心凝聚在中国特色社会主义伟大旗帜下，确保军队建设坚定正确的政治方向。”④ “坚持中国特色社会主义理论体系，就是真正坚持马克思主义。高度重视并切实抓好用中国特色社会主义理论体系武装全军的工作，是深入学习贯彻党的十七大精神的核心要求，是当前和今后一个时期军队思想政治建设的一项重大战略任务。”⑤

胡锦涛同志指出，做好理论武装工作，一是要各级党委、领导干部要“带头刻苦学习，把学习作为一项重要而紧迫的任务来抓，集中精力重点学

① 中国人民解放军总政治部编印．国防和军队建设贯彻落实科学发展观重要论述选编［M］．北京：解放军出版社，2010.34

② 中国人民解放军总政治部编印．国防和军队建设贯彻落实科学发展观重要论述选编［M］．北京：解放军出版社，2010.132

③ 中央文献研究室编．十七大以来重要文献选编［G］：上．北京：人民出版社，2009，9

④ 中国人民解放军总政治部编印．国防和军队建设贯彻落实科学发展观重要论述选编［M］．北京：解放军出版社，2010.104

⑤ 中国人民解放军总政治部编印．国防和军队建设贯彻落实科学发展观重要论述选编［M］．北京：解放军出版社，2010.115－116

习马克思主义理论特别是重大理论创新成果"[①]，做到真学真懂真信真用；二是要把深入贯彻落实科学发展观作为重点。科学发展观是马克思主义中国化的最新理论成果，是对毛泽东思想、邓小平理论和"三个代表"重要思想的继承和发展，是"推进社会主义经济建设、政治建设、文化建设的重要指导方针，也是加强国防和军队建设的重要指导方针"[②]。深入贯彻落实科学发展观的过程，就是把马克思主义基本原理同中国特色社会主义新的伟大实践相结合的过程，就是在新的起点上坚持和发展中国特色社会主义理论体系的过程。三是要"开展中国特色社会主义理论体系宣传普及活动，推动当代中国马克思主义大众化"[③]。

6. "切实加强部队党的先进性建设"

新世纪新阶段，党中央清醒地认识到，党的先进性和党的执政地位都不是一劳永逸、一成不变的，过去先进不等于现在先进，现在先进不等于永远先进；过去拥有不等于现在拥有，现在拥有不等于永远拥有。客观形势的深刻变化，对党的建设提出了新的要求，党面临的执政考验、改革开放考验、市场经济考验、外部环境考验是长期的、复杂的、严峻的，落实党要管党、从严治党的任务比过去任何时候都更为紧迫。加强党的先进性建设，是对新的历史条件下党的建设和共产党执政规律的升华，是推动国防和军队建设科学发展的关键环节，也是我军思想政治建设的重大问题。胡锦涛同志指出："加强和改进思想政治工作，关键是切实加强部队党的先进性建设"[④]。

胡锦涛同志指出"先进性是马克思主义政党的生命所系、力量所在"[⑤]，"加强党的先进性建设，始终是我们党生存、发展、壮大的根本性建设"[⑥]。他强调，能不能始终带领人民走在时代的前列，能不能始终保持同人民群众的血肉联系，能不能始终成为中国特色社会主义事业的坚强领导核心，是对党的最根本的考验。要经受住这个最根本的考验，关键是要坚持以改革创新精神全面推进党的建设新的伟大工程，使党的建设工作更富有时代气息、更富有实际成效。

加强部队党的先进性建设，一是要充分发挥"四个作用"。要把推进军

① 中国人民解放军总政治部编印．国防和军队建设贯彻落实科学发展观重要论述选编［M］．北京：解放军出版社，2010.36

② 中国人民解放军总政治部编印．国防和军队建设贯彻落实科学发展观重要论述选编［M］．北京：解放军出版社，2010.13

③ 中央文献研究室编．十七大以来重要文献选编［G］：上．北京：人民出版社，2009，26

④ 中国人民解放军总政治部编印．树立和落实科学发展观理论学习读本［M］．北京：解放军出版社，2006.149

⑤ 总政治部编．中国特色社会主义理论体系基层读本［M］．北京：解放军出版社，2009.388

⑥ 中国人民解放军总政治部编印．树立和落实科学发展观理论学习读本［M］．北京：解放军出版社，2006.92

队党建设与当前工作结合起来，把先进性要求真正贯彻和体现到党的思想、组织、作风和制度建设各个方面，充分发挥党委的领导核心作用，基层党组织的战斗堡垒作用、领导干部的模范带头作用、共产党员的先锋模范作用。二是要不断提高“四个本领”。“不断提高加强部队思想政治建设、把握部队建设正确方向的本领，不断提高领导军事斗争准备、带领部队完成信息化条件下作战任务的本领，不断提高推进中国特色军事变革、推进部队机械化信息化的本领，不断提高依法从严治军、加强部队正规化建设的本领”①。三是要提高中高级领导干部综合素质。“我们领导干部特别是高级干部一定要进一步增强政治意识、大局意识和战略意识，善于从政治高度思考和处理国家利益全局筹划和指导军事行动。”② “要树立正确的世界观、人生观、价值观和权力观、利益观、地位观，……以自己的优良作风和良好形象带动群众做好各项工作。”③ 四是要严格落实党章要求。“要始终把学习党章、遵守党章、贯彻党章、维护党章作为全党的一项重大任务抓紧抓好”④，以树立权力观为重点，把广大党员、干部的先进性统一到党章上来，自觉按党章办事，不断增强党的创造力、凝聚力和战斗力。五是要求真务实。“求真务实，是辩证唯物主义和历史唯物主义一以贯之的科学精神，是我们党的思想路线的核心内容，也是党的优良传统和共产党人应该具备的政治品格。”⑤ 要“把求真务实精神贯彻到军队革命化现代化正规化建设的全过程，体现到军队建设的各项工作中去”，要“大力弘扬求真务实精神、大兴求真务实之风”，“全军各级要从坚持马克思主义科学精神、贯彻党的思想路线的高度，增强求真务实的自觉性”⑥。

7. “着力培育当代革命军人价值观”

价值观是决定人们行为举止的深层心理基础。当今时代，多元利益主体并存，多元社会思潮涌动，多元价值观激荡碰撞，人们的思想观念、道德意识、价值取向越来越呈现出多元多样化。面对众多选择、众多诱惑，2008年12月，胡锦涛同志着眼我军建设发展和履行使命的新要求，提出了“忠

---

① 中国人民解放军总政治部编印．树立和落实科学发展观理论学习读本［M］．北京：解放军出版社，2006.72

② 中国人民解放军总政治部编印．树立和落实科学发展观理论学习读本［M］．北京：解放军出版社，2006.74－75

③ 中国人民解放军总政治部编印．树立和落实科学发展观理论学习读本［M］．北京：解放军出版社，2006.121－122

④ 中国人民解放军总政治部编印．树立和落实科学发展观理论学习读本［M］．北京：解放军出版社，2006.223

⑤ 中国人民解放军总政治部编印．树立和落实科学发展观理论学习读本［M］．北京：解放军出版社，2006.6

⑥ 中国人民解放军总政治部编印．树立和落实科学发展观理论学习读本［M］．北京：解放军出版社，2006.137－138

诚于党、热爱人民、报效国家、献身使命、崇尚荣誉”的当代革命军人核心价值观，并强调“在新的历史条件下，坚持我军在长期实践中形成的当代革命军人核心价值观，并赋予新的时代内涵，着力培育当代革命军人价值观，这是建设社会主义核心价值体系的重要方面，是发展先进军事文化的现实需要，是履行新世纪新阶段我军历史使命的必然要求，必须作为思想政治建设的重要基础工程抓紧抓好，使我军听党指挥、服务人民、英勇善战的优良传统得到继承和发展，为官兵全面发展和履行使命提供强大精神力量”①。

军人核心价值观对军人的理想信念、精神追求、思想道德和行为方式起着主导作用，是我军的特有优势，是官兵的精神特质。胡锦涛提出的当代革命军人核心价值观，反映了我军官兵与党、人民、国家、军队的关系以及我军官兵相互之间最基本、最核心的价值观念，体现了社会主义核心价值体系与军人核心价值观特殊性的统一，体现了我军优良传统与时代发展要求的统一，体现了军队的价值导向与官兵价值追求的统一，为我军政治工作的创新发展提供了重要载体、广阔舞台和新的契机。

大力培育当代革命军人价值观，一是要做到坚持不懈地用当代革命军人核心价观引领官兵思想和行为。各级党委和政治机关要把培育当代革命军人核心价值观作为主线，统领和改进整个政治工作，打牢官兵的思想根基；二是要把当代革命军人核心价值观融入部队建设的方方面面。要以军事训练、教育管理、遂行任务和日常生活为平台，引导官兵深化学习认识，注重点滴养成，加强品德修养，坚持在本职岗位上践行，在急难险重任务中锤炼。三是要以强有力的组织领导确保培育当代革命军人核心价值观扎实有效。各级党委要坚持大事大抓，抓建结合，通过抓好思想教育、舆论引导、典型示范、实践养成和制度建设，使之内化为官兵的行为准则，为我军科学发展和履行使命提供强大的精神力量。

8. “深入开展军队历史使命、理想信念、战斗精神、社会主义荣辱观教育”

掌握思想政治教育，历来是团结全党全军完成一切任务的中心环节。胡锦涛指出，新世纪新阶段，军队建设的国内外环境和官兵成分发生了很大变化，军队担负着繁重而紧迫的军事斗争准备，在这种条件下必须结合实际深入开展思想政治教育，不断提高官兵的思想政治觉悟。胡锦涛同志紧密结合形势任务，提出要“深入开展我军历史使命教育、理想信念教育、战斗精神

① 中国人民解放军总政治部编印．国防和军队建设贯彻落实科学发展观重要论述选编［M］．北京：解放军出版社，2010.133－134

教育和社会主义荣辱观教育"[①]。这四个教育相互促进、相互贯通，是思想政治建设带根本性的问题。胡锦涛同志指出"要持久地开展以坚定理想信念和树立正确的世界观人生观价值观为核心的思想政治教育，使广大官兵始终坚持政治上的坚定性和思想道德上的纯洁性，始终保持坚强的革命意志和旺盛的战斗精神。"这"一个树立，两个始终坚持"构成了新形势下我军严谨而完整的思想政治教育的目标体系。

在具体的方式方法上，胡锦涛同志提出了"三个结合，一个入手"，为加强和改进思想政治教育提供了重要遵循。一是"把解决思想问题与解决实际问题结合起"[②]。教育不是万能的，解决思想问题，不能空洞说教，要贯彻物质利益原则，真正关心官兵的切实利益，不断改善官兵的物质文化生活条件，使官兵心服口服。二是"把促进思想进步与保持心理健康结合起来"[③]。思想政治教育要在注重提高官兵政治觉悟的基础上，进一步加强心理疏导，做好官兵的心理防护工作，培养官兵良好的心理素质和健全的人格品格，促进全面发展。三是"把加强思想政治教育与完善政策制度结合起来"[④]。一方面，只有完善思想政治教育的相关政策制度，才能避免思想政治教育的盲目性、随意性，才能给思想政治教育提供基本保障；另一方面，只有完善与广大官兵切身利益密切相关的政策制度，才能使思想政治教育具有坚实可信的基础，才能充分发挥思想政治教育应有的功效。四是"从端正部队风气入手，努力营造有利于官兵奋发向上、健康成长的内部环境"[⑤]。加强风气建设，不仅是优化思想政治教育环境的必由之路，也是我军"继续在社会主义精神文明建设中走在前列"[⑥] 的客观要求。要进一步巩固和发展我军团结、友爱、和谐、纯洁的内部关系，营造良好环境，切实增强教育效果。

9. "以创新精神推动军队思想政治建设，努力把我军思想政治建设提高到一个新水平"

以创新求发展，是加强我军政治工作的基本经验，也是保证我军思想政

① 中国人民解放军总政治部编印．国防和军队建设贯彻落实科学发展观重要论述选编［M］．北京：解放军出版社，2010.94

② 中国人民解放军总政治部编印．树立和落实科学发展观理论学习读本［M］．北京：解放军出版社，2006.148

③ 中国人民解放军总政治部编印．树立和落实科学发展观理论学习读本［M］．北京：解放军出版社，2006.149

④ 中国人民解放军总政治部编印．树立和落实科学发展观理论学习读本［M］．北京：解放军出版社，2006.149

⑤ 中国人民解放军总政治部编印．树立和落实科学发展观理论学习读本［M］．北京：解放军出版社，2006.149

⑥ 中国人民解放军总政治部编印．国防和军队建设贯彻落实科学发展观重要论述选编［M］．北京：解放军出版社，2010.92

治建设科学发展的秘诀所在。胡锦涛同志指出“我们要从时代高度审视思想政治建设，以创新精神推动军队思想政治建设，努力把我军思想政治建设提高到一个新水平”[①]。胡锦涛同志对如何实现我军思想政治建设创新发展也有过明确的指示，总结起来，主要有下述几方面。

其一，要坚持把思想理论建设放在首位。思想理论是一个政党实现其阶级使命、政治任务、政治理想的精神基础和实践指南，是政党文化的内核。胡锦涛指出“思想理论建设是党的根本建设，党的理论创新引领各方面创新”[②]，要“坚持把思想政治理论建设放在首位，提高全党马克思主义水平”[③]。我军是党领导下的革命军队，党的思想理论水平的高低直接决定着军队整体建设的好坏，所以，加强党的思想理论建设也是推进先进军事文化建设，提升我军软实力的一个重要内容，也是加强和改进我军政治工作的一个重要途径。

只有注重思想理论建设，才能不断创新政治工作理论，充分发挥政治工作理论的引导和引领作用；才能逐步完善军队政治工作科学体系。第一，要选准重大现实问题深化研究，“要坚持理论联系实际，善于谋全局、谋大事、谋打赢，深入研究军队建设和军事斗争准备面临的重大现实研究”。第二，要形成综合力量体系深化研究，“一些具有全局性、前瞻性、战略性的重大课题，领导干部带头，组织理论界和实际部门同志，开展调查研究，加强理论分析”。第三，要着眼成果转化应用研究，确保研究成果既科学合理，又切实可行，使研究成果进入决策、进入工作、进入法规制度。

其二，要注重发挥军事训练的特殊教育功能。军事训练作为军队和平时期最基本的实践活动，与军队建设的各个领域、各个方面都具有广泛而深刻的主导性联系，是推进军队全面建设、实现科学发展的重要着力点。胡锦涛同志指出“军事训练具有特殊的思想政治教育功能，把军事训练同思想政治教育紧密结合起来，是防治‘和平病’的一剂良方”。

一方面，军事训练是一种重要的治军方式和管理方式。胡锦涛同志指出“加强军事训练，不仅是军事斗争准备的重要实践，也是重要的治军方式和管理方式。从某种意义上讲，抓军事训练也是抓教育、抓管理、抓养成。”[④]实践证明，抓训练、抓教育、抓管理、抓养成是内在统一，相互促进、相得益彰的。军事训练抓得紧，就能振奋军心士气，就能使官兵树立牢固的战斗

① 中国人民解放军总政治部编印．国防和军队建设贯彻落实科学发展观重要论述选编［M］．北京：解放军出版社，2010.29

② 中央文献研究室编．十七大以来重要文献选编［G］：上．北京：人民出版社，2009，26

③ 中央文献研究室编．十七大以来重要文献选编［G］：中．北京：人民出版社，2011，143

④ 中国人民解放军总政治部编印．树立和落实科学发展观理论学习读本［M］．北京：解放军出版社，2006.149

队思想，促进思想政治教育目标的实现；反过来，思想政治教育搞得好，使官兵清楚为什么训练，为谁训练，就能激发官兵的训练热情，提高官兵训练成绩。另一方面，军事训练是培养人的重要平台。胡锦涛同志指出“大力开展军事训练，也有利于带动部队全面建设，有利于培养造就高素质的军事人才和其他优秀人才”①。要在从严从难的军事训练中，培养官兵的革命精神和优良作风，促进官兵知识结构和能力结构的转变，努力把他们培养成适应信息化条件下局部战争要求的军人。

其三，要坚持“三个紧贴”。胡锦涛同志指出，要“坚持紧贴时代发展、紧贴使命任务、紧贴官兵实际，切实改进创新思想政治工作”②。“三个紧贴”，深刻揭示了思想政治工作的内在规律，具有鲜明的科学性和指导性，是胡锦涛同志求真务实、理论联系实际、一切从实际出发的思想路线的真实写照。

坚持“三个紧贴”，切实改进创新思想政治工作，要始终坚持政治工作的生命线地位，紧紧围绕思想政治建设的时代课题，着力解决思想政治工作面临的重大现实问题，着力解决制约思想政治建设创新发展的深层次问题；要把握时代脉搏，“适应时代发展的要求，不断赋予思想政治工作优良传统以新的时代内涵，善于吸纳一切反映时代要求的科学有益的东西，使思想政治工作更加赋有时代感和生命力”；要“紧密结合国际国内形势发展变化，及时进行形势政策教育，引导官兵正确认识形势，正确理解党和国家的方针政策，把思想认识统一到中央精神上来，确保广大宫兵在思想上、政治上始终同党中央保持高度一致”③；要不断加强对新形势、新特点的研究，“紧密联系官兵的思想实际和工作实际，遵循官兵成长发展规律，把官兵的思想行为特点和合理需求作为做好工作的重要依据，把官兵关心关注的问题作为推进工作的切入点”④。只有坚持“三个紧贴”，才能增强思想政治工作的主动性、针对性、实效性。

其四，要大力发展先进军事文化。当今世界形势复杂多变，全球化的发展，带来的不仅仅是经济实力、军事实力的竞争，而且是文化特别是价值观、意识形态等国家软实力的较量，国家的安全和发展面临着许多新的严峻

---

① 中国人民解放军总政治部编印．树立和落实科学发展观理论学习读本［M］．北京：解放军出版社，2006.149

② 中国人民解放军总政治部编印．国防和军队建设贯彻落实科学发展观重要论述选编［M］．北京：解放军出版社，2010.135

③ 中国人民解放军总政治部编印．国防和军队建设贯彻落实科学发展观重要论述选编［M］．北京：解放军出版社，2010.135

④ 中国人民解放军总政治部编印．国防和军队建设贯彻落实科学发展观重要论述选编［M］．北京：解放军出版社，2010.136－137

挑战。“文化越来越成为民族凝聚力和创造力的重要源泉、越来越成为综合国力竞争的重要因素”①。军事文化是军事软实力的核心，是军事变革的重要动力，是战斗力的构成要素，对塑造军人特有的价值追求、理想信仰、道德情操具有重要的引领和塑造作用。保持军队的高度统一，不能仅靠强制力来维持，还必须依靠意识先进军事文化，要为广大官兵忠诚党的事业提供依据、引导和精神动力。胡锦涛同志强调要“大力发展先进军事文化”②，为新世纪新阶段我军思想政治建设创新发展拓展了新的视野，提供了新的思路和方法。

胡锦涛同志指出“在时代的制高点上推动文化内容形式、体制机制、传播手段创新，解放和发展文化生产力，是繁荣文化的必由之路”③。他强调要充分发挥文化启迪思想、陶冶情操、传授知识、鼓舞人心的积极作用”④，“要坚持以人为本，把培育当代革命军人核心价值观融入文化建设全过程，深入开展新形势下学雷锋活动，着力提高官兵思想道德和科学文化素质。要继承和发扬我军优良传统，进一步树立坚定的理想信念、大无畏的革命英雄主义精神、紧密团结的集体主义精神。要重视加强军营文化建设，不断丰富活跃部队文化生活，满足官兵日益增长的精神文化需求”⑤。

（三）胡锦涛军队政治工作思想的时代特色

胡锦涛军队政治工作思想，在坚持继承、发展我军政治工作优良传统的基础上，根据国内外形势发展变化，立足战略高度，紧密结合当前实际，为我军政治工作拓展了新思路，提供了新举措，指明了新方向，体现了鲜明的时代特色，是推进新世纪新阶段我军政治工作又好又快发展的科学指南。

1. 与势俱进，善于把握政治高度

根据形势的发展变化，从政治高度思考和筹划军队思想政治建设，是胡锦涛军队政治工作思想的突出特点。我们党在军队中创立政治工作，其根本目的就在于更好地贯彻党的意志，从思想上政治上组织上牢牢控制军队，确保人民军队性质、宗旨、作风永远不变。胡锦涛军队政治工作思想，继承了这一优良传统，并结合形势的发展变化赋予政治性新的内涵。

一是强调从政治上观察和处理问题。胡锦涛同志以马克思主义政治家的

① 中央文献研究室编．十七大以来重要文献选编［G］：上．北京：人民出版社，2009，26

② 中国人民解放军总政治部编印．国防和军队建设贯彻落实科学发展观重要论述选编［M］．北京：解放军出版社，2010.207

③ 中央文献研究室编．十七大以来重要文献选编［G］：上．北京：人民出版社，2009，28

④ 中国人民解放军总政治部编印．树立和落实科学发展观理论学习读本［M］．北京：解放军出版社，2006.247

⑤ 胡锦涛在解放军代表团会议上强调：深入贯彻国防和军队建设主题主线以优异成绩迎接党的十八大［N］．解放军报，2012-03-13

眼光审视国际国内形势和世界军事发展，不断教育和提醒党的各级领导干部，要自觉增强政治责任感和政治意识。胡锦涛同志指出，如果不能从政治上观察和思考问题，脑子里少了国家利益全局这根弦，迟早是要吃大亏的。作为军队政治工作来讲，其性质在讲政治这一点要求更严、标准更高。例如，无论是用中国特色社会主义理论体系武装全军，还是加强军队党组织的先进性建设，无一不是出于保持人民军队性质、本色和宗旨的考虑，体现着鲜明的政治性要求。二是强调从政治上继承优良传统。新世纪新阶段，我军“三个提供一个发挥”新使命的确立，对军队建设提出了新要求。在继承优良传统的基础上建设人民军队，是胡锦涛军队政治工作思想的鲜明特点。胡锦涛同志指出，要从保持我军永不变质的战略高度，充分认识继承和发展我军光荣传统和优良作风的重大政治意义，认真解决好在新的历史条件下继承和发扬我军光荣传统和优良作风这个重大课题。三是强调从政治上把握军队建设方向。从思想上、政治上建设并掌握军队，是80多年来我军建军治军的一条基本经验，也是我军政治工作的根本职责。胡锦涛同志十分注重从政治上掌握军队，强调指出，要把思想政治建设作为军队根本性、基础性建设抓紧抓好，保持和发展我军特有的优势；要坚持不懈地用党的理论创新成果武装全军，坚定官兵的理想信念，强化全军的军魂意识，坚定地打牢听党的话、跟党走的思想基础，保证我军建设正确的政治方向。

2. 与时俱进，着力探索特点规律

不同的时代，对我军思想政治建设有着不同的要求，因此，必须探索新时期我军思想政治建设的阶段性特征，揭示其规律并按照规律办事，政治工作才能有所依托，有所成效。胡锦涛军队政治工作思想，深刻洞察意识形态领域问题综合性、复杂性、多变性进一步增强的态势，准确把握是我军思想政治建设的阶段性特征，是科学发展观在思想政治建设领域的生动展开和具体运用，是我们党推进思想政治建设指导理论创新的重大成果，是对党的三代领导核心军队政治工作思想的继承、丰富和发展。这一思想，在继承我军政治工作优良传统的基础上，结合时代特征，坚持以科学发展观为重要指针，以筑牢军魂、恪守宗旨为根本要求，以全面履行新世纪新阶段我军历史使命为基本理念，以革命化现代化正规化相统一为重要原则，以人为本为重要的建军治军理念，以加强党的先进性建设和培育当代革命军人核心价值观为基础，等等。由此可见，胡锦涛军队政治工作思想，是关于新世纪新阶段我军思想政治建设特点规律的理论揭示，具有内在的科学性。

3. 与实俱进，科学求解现实问题

理论的基础是实践，实践是一切真知的源泉。我军政治工作本身就是一门实践性很强的学问，这一特点决定了政治工作思想，其实践性要求比其他方面的思想理论更明显、更强烈。胡锦涛军队政治工作思想的实践性指向非常突出，科学回答和解决了我军政治工作中存在的突出矛盾和重大问题。他提出新世纪新阶段军队历史使命，为政治工作拓展了新领域；把科学发展观作为国防和军队建设的重要指导方针，明确了政治工作的根本指针；归纳了“听党指挥、服务人民、英勇善战”的优良传统，概括了“忠诚于党、热爱人民、报效国家、献身使命、崇尚荣誉”的当代革命军人核心价值观，强化了官兵的精神支柱；通过加强党的先进性建设，深入进行军队历史使命、理想信念、战斗精神和社会主义荣辱观教育等具体举措和抓手，有效地促进了我军政治工作的新发展。总之，胡锦涛同志的贡献主要体现在理论与实践的结合上，体现在解决政治工作中的重大理论问题和现实问题有新思路、新举措上。随着实践的发展，胡锦涛军队政治工作思想也必然会不断向前发展。

第七章　我军政治工作思想发展的规律及启示

“解决疑难只有在现象的背隐处去发掘，个人之自得越深刻，则本质的意义愈能表露。故自得亦所谓‘资之深，取之左右而逢其源’者是。”

——侯外庐[①]

规律是不断重复出现、在一定条件下经常起作用的，并且决定着事物发展方向和走势的事物内部或者事物之间的本质联系。规律既是事物运动变化的必然趋势，又是事物本质的稳定联系和发展运动的确定秩序。同任何事物的发展变化一样，我军政治工作思想的发展也是有规律可循的。我军政治工作思想的发展作为一个动态的过程，其运动规律是由多种内容、多项环节和多个层面构成的一个有机体系。认真总结对我军政治工作思想发展的规律性认识的目的，在于深化对我军政治工作科学发展的理性思考，增强投身我军政治工作思想发展的理论自觉和实践勇气。根据思想发展的客观轨迹和具体表现进行分析，我军政治工作思想发展的规律主要体现在发展动因、发展方略、发展态势上。

一、发展动因规律

我军政治工作思想的发展，是在一定的历史条件及内外动因的作用下发生的。我军政治工作思想发展的动因所构成的历史发展逻辑，从深层次上反映了我军政治工作思想发展的内在本质和矛盾运动的过程。

（一）使命需求

使命需求，是指我军处在不同时期所担负的不同使命任务对政治工作的具体需求。我军政治工作思想以满足使命需求为根本目的，对政治工作思想发展的推动作用最终都是归结到使命需求上，并在人们的政治工作实践活动中才能得以实现。使命需求推动着我军政治工作思想的发展，反映了我军政治工作思想的发展与使命任务之间的内在联系，揭示了我军政治工作思想发展的根本动因。

对我军使命任务的认识和把握，构成了全部政治工作实践活动的基本着

① 侯外庐．韧的追求［M］．上海：三联书店出版社，1985.42

眼点，也构成了政治工作思想的基本指向。随着时代的发展变化，必然带来我军所担负的使命任务的变化，并成为引领我军政治工作思想变化的直接动力和有力杠杆。事实上，使命需求的推动作用，充分体现了我军政治工作思想发展的实践观。我军政治工作思想发展根源于由使命需求变化所引起的政治工作实践发展，我军政治工作思想发展的结果又必然转化为以新的使命需求为导向的政治工作实践发展，并且我军政治工作思想发展的成效需要接受政治工作实践的检验。因此，使命需求始终推动着我军政治工作思想的发展。这种推动，主要包含着牵引和主导两层意思。

首先，使命需求牵引着我军政治工作思想的发展。皮亚杰的“发生认识论”认为，认识过程就是把外界刺激同化到主体原有的认知结构之中，对原有的认知结构进行改组和重组，或顺应外界刺激调整主体原有的认知结构的过程。也就是说，任何思想的形成，都离不开所谓的“外界刺激”，即现实需求。只有需要相应的思想来回答现实中急需回答的问题，现实又为回答这一问题提供了相应的条件，经过受现实需求牵引的人们的努力，才可能生成相应的思想。这就是说，在不同的历史时期，我军所承担的使命任务根据人民的利益、国家利益的新变化，根据党的历史任务对人民军队的新要求，而不断进行充实和调整。面对这些充实和调整，政治工作在保证党对军队的绝对领导、保证我军担负的使命任务的实现过程中，也会必然遇到了一些需要迫切解决的现实问题，这些问题产生了巨大的“需求刺激”，使人们为促进政治工作实践活动的进步而提出的见解，就生成了相应的我军政治工作思想。

其次，使命需求主导着我军政治工作思想的不断发展变化。人们思想的发展通常不是表现为齐头并进、均衡发展的状态，而是有着自身的轻重缓急和主次先后的规律性，总是有一定的主题和重心，有一部分思想的发展在一定时期内处于支配和主导的地位，有主导思想和从属思想之分。主导思想决定和制约着从属思想的存在、内涵和发展，主导思想能牵一发而动全身，带动其他一系列思想的变化。军队因使命任务而存在，包括政治工作在内的军队建设的各个方面和全部实践，都是为了实现军队有效地履行使命任务的，因此，政治工作思想中关于为我军当时担负的使命任务提供服务保证的思想，就是一个目标性思想，就成为我军政治工作思想呈系统性的发展过程中起决定性的主导思想。

胡锦涛军队政治工作思想的形成与发展就充分体现了“使命需求”这一根本动因。新世纪新阶段我军担负着为中国共产党巩固执政地位提供重要的力量保证，为维护国家发展的重要战略机遇期提供坚强的安全保障，为维护国家利益提供有力的战略支撑，为维护世界和平与促进共同发展发挥重要作用的历史使命。新的历史使命，使我军政治工作面临了一些新问题、新要求，在这一客观存在的“需求刺激”的牵引下，形成了胡锦涛军队政治工作思想。而在胡锦涛军队政治工作思想体系中，针对我军新的历史使命而产生的“要从思想上、政治上、组织上确保我军始终成为党绝对领导下的人民军队，确保国防和军队建设科学发展，确保有效履行新世纪新阶段我军历史使命”这一思想，反映了政治工作的根本目标，属于主导思想。在这一思想的主导下，又衍生出许多其他的思想，比如“大力弘扬听党指挥、服务人民、英勇善战的优良传统”、“军队要把以人为本作为重要的指导方针”、“着力培育当代革命军人核心价值观”等等，这些思想就属于从属思想，都是作为实现政治工作根本目标的手段提出的。

认识和把握使命需求是推动我军政治工作思想发展的根本动因，就要正确认识和把握我军政治工作的发展目标和基本着力点，才能少走弯路，才能更好地发挥政治工作的生命线作用。无论时代如何发展，条件如何变化，政治工作始终都要坚持以军队的方向为方向，以军队的基本任务与当前具体任务来规定其任务，使政治工作始终围绕确保我军有效履行历史使命来展开。

（二）时代变革

时代条件与我军政治工作思想存在着不可分割的辩证关系，两者之间互为前提，互相联系，互相促进。“我们只能在时代的条件下进行认识，而且这些条件达到什么程度，我们便认识到什么程度。”[①] 我军政治工作思想的每一步发展都深深镌刻着时代变革的烙印，体现着时代变革发展需要与我军政治工作思想发展道路相一致的规律性。我军政治工作思想发展是时代变革的产物，时代变革是我军政治工作思想发展的直接动因。在时代变革推动我军政治工作思想发展的过程中，突出的是经济水平和形势背景两个因素。

经济基础决定上层建筑。我军政治工作属于在政治上层建筑和思想上层建筑指导下的军事政治实践活动。经济发展决定着我军政治工作，也推动着我军政治工作思想发展。这种推动作用体现在“硬推动”和“软推动”两个方面。所谓“硬推动”，就是指由经济基础产生的物质条件推动对我军政治工作思想发展。《共产党宣言》中指出“思想的历史除了证明精神生产随着物质生产的改造而改造，还能证明什么？”[②] 人的思想都必然地接受着来自社会物质生活条件方面的制约和决定，其中的社会经济作为一定的生产力水平及其相应的交换、分配和消费的统一体，是人们赖以进行认识活动的最为基础和必要的物质保障。随着经济的不断发展，生产力的不断提高，就会不

① 马克思恩格斯文集［M］：第九卷．中共中央马克思恩格斯列宁斯大林著作编译局编译．北京：人民出版社，2009.494

② 马克思恩格斯文集［M］：第二卷．中共中央马克思恩格斯列宁斯大林著作编译局编译．北京：人民出版社，2009.51

断产生新的物质条件，而这些物质条件不断推动着我军政治工作和我军政治工作思想的发展。可以预见，随着电子技术、纳米技术、隐形技术、定向技术的更大突破，不仅会有一大批更加高效的开展政治工作的工具出现，也必将催生我军政治工作思想新的发展。所谓“软推动”，就是指由经济基础产生的认识能力推动我军政治工作思想发展。如果社会经济发展高效、经济生活富裕，则能促使人们形成开放的思维方式、创造性的思维能力和先进的观念形态。反之则将从客观上限制人们的认识水平，束缚人们的创造性思维能力，从而造成思想观念的陈旧、停滞和僵化。例如，我国几千年自然农业经济社会积淀下来的小农意识影响，加上几十年单一僵硬计划经济体制对人的强力模塑作用，阻滞了个人开拓创新精神和思维创造力，就容易产生左的倾向，滋长形式主义、教条主义。所以说，经济发展在外化为物质成果的同时，也内化为人们的思维方法。

形势发展推动着我军政治工作思想发展。这里的形势，主要是指我军政治工作思想发展所面临的非物质形态方面的环境条件。我军政治工作作为一种具体的社会实践活动，必然要以一定的形势背景为依托。我军政治工作思想的产生和发展总是与一定的形势背景联系在一起的，形势背景所提出的要求、提供的可能都推动着我军政治工作思想的发展。马克思指出：“人们创造自己的历史，但是他们并不是随心所欲地创造，并不是在他们选定的条件下创造，而是在直接碰到的、既定的、从过去继承下来的条件下创造的。”①马克思这里提到的“条件”，自然包括形势背景这一因素，指明了形势背景推动人们思想发展的客观必然性。形势背景是独立于我军政治工作思想认识主体的意识之外的客观存在，不以人的意志为转移，并以其自身特有的方式推动着我军政治工作思想发展。20 世纪 80 年代末 90 年代初，面对国际战略格局的深刻变化、世界新军事变革的兴起、社会市场经济逐步确立，江泽民提出打赢未来高技术战争，保持人民军队的性质、本色和作风，是新形势下军队建设必须关注的两个重大课题；面对西方国家对我国实施“西化”、“分化”图谋，江泽民提出坚持党对军队绝对领导的原则不动摇，强调政治工作只能加强，不能削弱；面对改革开放以来西方的价值观念对我军官兵意识形态的渗透，面对社会开放程度不断提高、官兵的眼界更加开阔，江泽民提出要把思想政治教育作为思想政治建设的中心环节。因此，可以这样说，没有一个客观形势的推动，是不会产生相应的我军政治工作思想的。

认识和把握时代变革是推动我军政治工作思想发展的直接动因，就要密

---

① 马克思恩格斯文集［M］：第二卷．中共中央马克思恩格斯列宁斯大林著作编译局编译．北京：人民出版社，2009．470－471

切关注时代变革的趋势，紧紧跟上时代变革的步伐，有效利用时代变革带来的机遇，在坚持基本原则的基础上，积极创新政治工作的发展，使我军政治工作合乎时代之所需，持续焕发活力。

（三）主体能动

我军政治工作思想发展既根源于一定的客观物质条件，又并非纯客观物质运动的产物，而是政治工作认识主体能动地认识政治工作本质，推动政治工作实践发展的产物，其发展的历史节奏有着相对的独立性，必然遵循着思维与存在、主体与客体辩证统一的规律。主体能动，是我军政治工作思想发展所必不可少的主体条件，是我军政治工作思想发展的内在动因。

我军政治工作实践发展与政治工作思想发展始终处于历史发展的同一并行线上，政治工作思想发展是贯穿于政治工作实践发展全过程的活的灵魂，是加速政治工作实践发展的内在驱动力。我军政治工作思想发展必须具备一定的主观条件，并以主客观条件的交互作用为实现途径。但我军政治工作思想，毕竟是在人们头脑中的认识领域发生的，是一个复杂的思维活动过程，需要主体付出艰苦的努力，是主体精神实现自我超越的结果。如果离开了对已具备的客观条件的把握，对自身观念、思维方式的反思，以及对新知识、新信息、新方法的吸纳，我军政治工作思想的发展也是不可能发生的。“事实上，世界体系的每一个思想的映像，总是在客观上受到历史状况的限制，在主观上受到得出该思想映像的人的肉体和精神状况的限制。”① 我军政治工作思想发展的实质就是调整和完善人的认识结构，提高人的认识能力和实践能力，充分体现着人的主体地位和作用，是人充分发挥自身主体性的结果。因此，我军政治工作思想发展是历史决定论前提下的主体选择与创造活动，认识主体的主体意识、主观努力和主动精神，无疑是推动我军政治工作思想发展的重要内在动力。如果毛泽东同志不是具有坚定的马克思主义世界观和深厚的马克思主义理论功底，不是具有长期丰富的政治工作实践经验，不是具有开辟革命新道路的政治魄力和创造马克思主义新思想的理论勇气等这些个人的主观条件，是不会产生毛泽东军队政治工作思想的。

我军政治工作思想发展是通过有目的的认识和实践活动实现的。主体的自觉能动性主要表现在自主性、创造性等方面，并构成我军政治工作思想发展的内在尺度和精神条件。

思维主体的自主性，表现为主体不是消极和被动地适应客观条件，而是有目的地对主客观条件积极进行和主动的改造。“世界不会满足人，人决心

① 马克思恩格斯文集［M］：第九卷．中共中央马克思恩格斯列宁斯大林著作编译局编译．北京：人民出版社，2009.40

以自己的行动来改变世界”①，人始终是社会变革的决定性力量。例如，在历史转折的紧要关头，邓小平同志坚持解放思想、实事求是，积极对客观条件进行改造，率先冲破教条主义束缚，否定了“两个凡是”，领导全军官兵向长期形成的脱离中国实际的左倾错误发起猛烈冲击，从“以阶级斗争为纲”转向“以经济建设为中心”，及时调整了政治工作的指导思想，使我军政治工作重回正轨。

思维主体的创造性，表现在主体不仅能主动地寻求有利条件，克服不利条件，还能主动地创造条件，促进思想结构朝着预期的目标转化和发展。“一个社会即使探索到了本身运动的自然规律……它还是不能跳过也不能用法令取消自然的发展阶段。但是它能缩短和减轻分娩的痛苦。”② 可见，尽管主体不能创造和取消客观规律，但可以通过创造客观规律赖以实现的条件，加速我军政治工作思想的发展。例如，建军初期，毛泽东在领导三湾改编时，创造性地提出了“支部建在连上”和“军队要实行民主”的重要思想，解决了把一支以农民为主要成分的起义部队改造为一支新型的无产阶级领导的人民军队的根本问题，为我军后来的蓬勃发展奠定了坚实基础，同时也为我军政治工作、政治工作思想的发展创造了基本条件。

历史和事实都可以证明，只有自主的、能动的思想发展，才能成为实践变革的先导，成为推动实践进步的积极力量。总的说来，在我军政治工作思想发展中，认识主体的自觉能动性体现在全面准确把握时代背景和主客观条件，正确判断所要达到的目标，认识政治工作实践发展的本质和规律，运用认识成果指导具体行动，在实践中不断深化、检验、修正和发展认识，使我军政治工作思想发展真正成为政治工作实践的先导和引领。显然，我军政治工作思想的发展是一种积极、自主的思想发展，每一个环节都贯穿和展现着思维主体的自觉能动性，都离不开思维主体认识能力的发挥。

认识和把握主体能动是推动我军政治工作思想发展的内在动因，就要求政治工作者坚持从实际出发，自觉克服各种主观主义和形而上学，加强马克思主义理论修养，培养优秀的品格作风、崇高的道德修养及个人良好的性格，始终保持一种积极进取、永远向上的精神状态。

二、发展方略规律

我军政治工作思想的发展具有内在的本质规定和运动规律，也就意味着

① 列宁全集［M］：第五十五卷．中共中央马克思恩格斯列宁斯大林著作编译局编译．北京：人民出版社，1986.183

② 马克思恩格斯文集［M］：第五卷．中共中央马克思恩格斯列宁斯大林著作编译局编译．北京：人民出版社，2009.10

在实现方式方法上有着特定的基本要求，需要具有一定的策略、程序和形式。纵观历史与现实，实现我军政治工作思想发展的方式方法是多种多样的，而实事求是、渐进发展、矛盾分析属于其中的核心部分。

（一）实事求是

我军政治工作思想的发展就是以实事求是为内核，一脉相承，有机统一，并不断获得新的时代表现。实事求是是我军政治工作思想发展的重要内涵、基本条件和根本要求。

实事求是是党的思想路线，而党又是我军政治工作的政治领导，那么，实事求是也必然是我军政治工作的思想路线。这就决定了我军政治工作思想发展在运动过程中所遵循的规律，应该类同于认识和实践所遵循的那种“实践——认识——再实践——再认识”的循序渐进规律，即应该是“解放思想、实事求是，再解放思想、再实事求是”，如此循环往复，永不停息，永无止境。每一次的循环反复，都是一次辩证的否定和批判的扬弃，是一次螺旋式的上升。

我军政治工作思想发展过程中始终坚持并实现了实事求是。对此，可以从下述三方面进行分析。

第一，我军政治工作思想产生与发展均来源于求是的过程。“唯物主义的基本原则，就是要对物质世界的本来面目如实地了解，而不附加任何外来成分。”① 毛泽东同志指出，“实事求是”中的“实事”是指客观存在的一切事物，从认识主客体关系的角度就是指作为主体的认识对象的客体。实事在认识活动结构中具有重要地位和作用。其一，实事是认识发生的根本前提，没有实事的存在则主体的求是活动也就无从发生和进行；其二，实事不依赖于主体意志而客观存在，决定着求是活动的内容与结果。人们对其进行求是活动所得出的认识成果都来源于实事，都只能是对实事的正确反映。我军政治工作思想发展过程就是认识主体发挥政治工作实践、科学方法与群体协作的作用，一切从实际出发，正确认识政治工作的整体性、动态性和同周围环境的关联性的过程。

第二，我军政治工作思想发展完善了求是过程。由于实事的复杂性、层次性、变动性和主体能力的局限性、渐进性，主体对实事之规律的探求必然是一个无限发展的过程。求是运动的过程性既是内化和形成为主体的认知结构、智力技能的重要基础和必要条件，也是认识发展的基本规律和必由之路。我军政治工作思想发展在完善求是过程上主要体现了以下两点：一是使

---

① 马克思恩格斯文集［M］：第五卷．中共中央马克思恩格斯列宁斯大林著作编译局编译．北京：人民出版社，2009.566

求是过程程序化。认识活动是有着内在的逻辑顺序和递进机制的，求是过程作为一种认识活动必须遵循认识的发展规律并依此制订和实行一系列相应的工作步骤。毛泽东所主张的深入实际、调查研究，理论联系实际，按照实际情况决定工作方针等就是求是过程必须遵循的工作程序。二是使求是过程具有反复性、持续性。思想的获得与发展是一个主体在多次反复、持续的认识中逐步逼近客体的过程。我军政治工作思想发展是经过了“从群众中来，到群众中去”的多次认识与实践的曲折和反复才得以实现的。事实证明，“实践——认识——实践”的反复次数越多，则对政治工作本质的认识就越深刻、越正确。

第三，我军政治工作思想发展保证了求是结果。求是结果是求是活动的最终产品和求是目的的实在化。所谓保证求是结果是指保证求是相对于实事而言的正确性和相对于目的而言的成功性。我军政治工作思想发展一方面坚持领导与群众相结合、一般与个别相结合，提高了求是活动要素的素质和结构的合理程度，健全其质量的保证体系；另一方面强调战斗力标准，则是对求是结果的检验与评价。对于那些经过检验是错误的思想认识，例如“突出政治”、“两个凡是”，予以修正或摒弃；对于那些就事论事、将个别经验当成普遍规律的认识成果进一步升华，例如从“政治工作是战斗力量的保证”到“政治工作是我军的生命线”；对于那些科学的且又有实践价值的求是结果，例如“科学发展观”，给以充分肯定，大力推广。

（二）渐进发展

我军政治工作实践是不断发生着目标变换和重心转移的运动变化的，我军政治工作思想的发展也是根据实践需要的顺序和认识发展的逻辑渐进发展的。

唯物辩证法揭示：世界上的一切事物都是作为过程而存在的，没有不运动的、一成不变的东西，不论是小至物质的基本粒子还是大至整个宇宙，不论是整个人类社会还是人们的思想认识。“事物以过程而存在”，决定了思想发展也必然作为过程而存在。因此，人们对万事万物的认识除了受主观认识能力和客观认识条件、手段、工具等制约之外，还受到事物作为过程而存在时处于什么阶段，以及事物在那一阶段所表现出来的状况特征与发展变化趋势的制约。所以，人类对事物的认识是作为过程而存在的。旧的科学技术知识不断被新的科学技术知识所超越，旧的思想观念不断被新的思想观念所代替，旧的较为粗陋的真理不断被新的更为准确的真理所取代，如此等等，这就是人类的全部思想认识史的真相。由此我们可类推得出，并且时间已经证明：我军政治工作思想的发展同样以过程而存在，必然是一个不间断、不停顿的连续过程。不同的时代，我军政治工作思想的具体内容、表现方法、实现形式虽然不同，但往往呈现出递进式发展、螺旋式上升的趋势。回顾历史，在革命战争年代，毛泽东同志提出了“政治工作是我军的生命线”这一重要思想，充分发挥我军特有的政治优势，才使我军不断走出危局，从胜利走向胜利；和平建设时期，邓小平同志在强调“生命线”地位的同时，又提出我军政治工作要发挥“服务保证”作用的思想，指明了实现“生命线”地位的根本途径；二十世纪九十年代，内外环境发生了重大变化，江泽民同志提出了“思想政治建设”这一概念，并强调要把思想政治建设摆在首位，对新时期开展我军政治工作起到了极大的促进作用；新形势下，胡锦涛同志进一步提出了要把思想政治建设作为根本性基础性建设抓紧抓好，使我军特有的政治优势进一步得到发扬光大。可见，我军政治工作思想发展过程表现为由点到面、逐步完善的发展过程，是一个在实践的基础上永无止境的循序渐进过程。

“社会实践是不断发展的，我们的思想认识也应不断前进，应勇于和善于根据实践的要求进行创新。”[①] 我军政治工作思想的发展没有终点。人的认识是一个递进的过程，认识不可能穷尽事物，认识要一个层次又一个层次的上升，人的认识是有限性和无限性的统一。从这个意义上讲，思想发展作为一种人的精神状态是应该永远呈现出一种吐故纳新的开放状态，可以有阶段，但没有止境。因此，认识主体在某种条件下实现了我军政治工作思想的发展，使政治工作实践得以推动，但在未来过程中，还必须进行无数次这样的反复，以至无穷。前一轮的思想发展成果，只是新一轮的起点，而不是终结。不论是任何人任何群体的一次思想发展，都绝不可能永远停留在某个阶段、环节和方面上，而是为下一次准备条件、开辟道路。只有通过如此的循环反复，思想认识才能不断地同发展变化着的客观实际相适应、相统一，也才能不断地去揭示我军政治工作不同层次的本质和规律，从而推动其发展。

（三）矛盾分析

矛盾是客观事物所固有的，并且任何事物都是矛盾的。毛泽东同志指出：“辩证法的宇宙观，主要地就是教导人们要善于去观察和分析各种事物的矛盾运动，并根据这种分析，指出解决矛盾的方法。”矛盾分析方法是我们认识和改造世界的基本方法，也是唯物辩证法的根本方法，就是运用马克思主义的矛盾观点，具体分析事物内部的矛盾及其运动状况，达到认识客观事物、观察分析客观事物，获得正确认识的方法，其实质在于观察问题的时候，要在对立中把握统一，在统一中把握对立，在对立面的统一中认识和把握它的每个方面。我军政治工作思想产生、发展的过程就是按照客观事物的

---

① 江泽民．论“三个代表”[M]．北京：中央文献出版社，2001.50

矛盾性不断认识、改进、完善的过程，只有正确认识和解决我军政治工作中遇到的各种问题，增强政治工作的针对性、实效性，才能更好地促进我军政治工作的发展，进而促进我军政治工作思想的发展。

我军政治工作思想的发展善于运用对立统一规律，坚持矛盾分析方法。具体来说，有以下几点。

第一，坚持矛盾的普遍性与特殊性相统一。矛盾的普遍性与特殊性，又叫共性和个性。首先，认识和把握共性与个性间的相互区别于相互对立。矛盾的共性只是概括了同类个别事物的共同本质，而没有包括个别事物的全部内容和特点，所以共性不能完全包括个性，个性比共性丰富。因而，在分析解决问题时要具体问题具体分析，即用具体分析各种事物矛盾的特殊性的方法，来分析不同的人以及不同的思想。只有具体分析事物矛盾的特殊性，才能把握事物的特殊本质，才能做到"对症下药"，才能找到正确解决矛盾的方法。在我军政治工作思想的发展过程中，只有具体分析不同的事物矛盾、具体分析不同的人的思想情况以及形成其思想的背后原因，正如邓小平所强调的"按照实际情况决定工作方针"，才能做到政治工作"有的放矢"，也才能真正地把思想发展落到实处。其次，认识和把握共性与个性之间的互相依赖、互相联结。一方面，个性中包含着共性，个性一定与共性相联结而存在；一方面，共性存在于个性中，并通过个性表现出来。共性与个性又是互相转化的。由于共性与个性之间的相互联结，所以我军政治工作思想发展的过程中，把已经证明是正确的思想理论以及思维方式向一个个的个体进行传播，从而使广大的认识主体都能接受正确的思想，而每一个个体的思想发展，最终必将带来整个我军政治工作思想的大发展。例如江泽民同志指出"用邓小平理论武装全军是加强思想政治建设的根本"，胡锦涛强调要"高度重视并切实抓好用中国特色社会主义理论体系武装全军的工作"。

第二，坚持内部矛盾与外部矛盾即内因和外因相统一。一方面，内部矛盾与外部矛盾是互相联系的。内部矛盾是事物发展的根据、是内因，外部矛盾是事物发展的必要条件、是外因，外部矛盾在事物发展中的作用必须通过内部矛盾才能得以发挥。另一方面，内部矛盾和外部矛盾在事物发展中的作用和地位是不同的。内部矛盾决定着事物的性质和方向，外部矛盾起的只是加速或延续发展的作用。因而，内部矛盾尤为重要。在我军政治工作思想发展的过程中，既注意应有广泛的舆论引导，从外部施加一定的影响，又注意针对认识主体进行更直接、更重要的工作，而这后一点也是更为根本的、更为重要的，例如胡锦涛同志强调"要把思想理论建设摆在首位"。因为人的思想发展，犹如一个转动的轮子，有其固有的惯性。它既是我军政治工作思想发展的障碍，又是进一步思想发展的根据。从这个意义上来说，我军政治工作思想的发展就是要克服自身的思维惯性，即不断地冲破自我、不断地自我扬弃。

第三，坚持在对立中把握同一与在同一中把握对立。矛盾在唯物辩证法中，是指事物内部或事物之间对立着的诸方面之间的互相依赖和互相排斥的关系，其基本属性就是斗争性和同一性。我军政治工作思想的发展过程中，特别注重在对立中把握统一。例如，胡锦涛同志提出“要把爱护官兵生命与培育战斗精神统一起来，要把关心官兵个人发展与从严治军统一起来，要把尊重官兵权益与确保一切行动听指挥 统一起来”。胡锦涛同志的这些重视同一性在解决矛盾中作用的主张，在军队既要贯彻“以人为本”又要符合武装集团特殊性的要求上发挥了重要作用，为促进官兵的全面发展创造了有利环境。

三、发展态势规律

我军政治工作思想发展作为具有相对独立性的理性升华，独有的发展动因和特定的实现方式方法，必然导致其发展态势呈现出一些规律性特点。在这些特点中，表现最突出的就是长期持续、波浪螺旋和系统整体三种态势。

（一）长期持续

我军政治工作思想发展既不是一蹴而就的，也不是一劳永逸的，而是一个长期持续发展的过程。

首先，我军政治工作思想的持续发展是由政治工作实践的持续发展所决定的。随着客观世界的永恒变化，我军政治工作为了发挥其作用，就必然是一个永不停息、不断发展的过程，而政治工作实践的发展决定着政治工作思想发展的轨迹，政治工作思想发展也因此是一个长期持续的过程。马克思主义的实践范畴是指人们为满足一定的需要而进行的能动改造世界和探索物质世界的活动，实践是人与世界相互作用的中介。认识主体对我军政治工作的实践把握是个能动创造的动态过程，政治工作思想就在这个动态过程中不断地得到发展。认识主体要正确地反映和把握我军政治工作的客观规律，研究新问题、解决新情况、采取新办法，就必须不断地克服因循守旧的拒变心理，打破固有的思维模式、传统习惯和人为禁区，使自己的认识活动能够随着政治工作实践的发展不断及时地进行自我更新，从而达到且保持主观与客观相符合、认识与实践相一致的状态。政治工作实践是随着军队的存在而无限发展的，认识主体对政治工作规律的认识也是随着实践和认识的发展而不断深化的。可以说，只要我军政治工作实践过程没有终结，则政治工作思想发展的目标与任务也就没有止境。另外，我军政治工作思想发展需要打破的旧的观念和主观偏见，也是随时随地改变的，永远不会完结。因此，尽管思想理论有相对稳定的一面，但就整体而言，我军政治工作思想发展是一个向前推移发展的连续的无限过程。

其次，我军政治工作思想的持续发展是由认识主体决定的。从认识的主体来看，就单个认识主体来说，人的生命能力的视野是有限的，不能也不可能穷尽人类的认识，这就需要一代一代地传承。人们对客观事物正确认识的获得，是不断探索和实验的结果。已知是前人认识的结晶，它可能成为获得新知的指导、工具，也可能成为束缚人获得新知的障碍。所以，主体对客体的思想反映需要不断向前推进，由此发展到新的层次。纵观我军政治工作思想史，毛泽东同志做出了最杰出的贡献，首创性地提出了一系列原则、方针、制度和方法，形成了奠基性的理论成果——毛泽东军队政治工作思想。邓小平同志正是捍卫和发展了毛泽东军队政治工作思想，才能在新时期创造性地把我军政治工作推向了一个新的发展阶段，促使政治工作进一步规范化、制度化，并形成了邓小平军队政治工作思想。江泽民同志在领导中国特色新军事变革过程中，根据新形势下我军建设遇到的新情况新问题，从多方面对我军政治工作进行了深刻论述，是对邓小平军队政治工作思想的坚持、运用、丰富和发展。胡锦涛同志在新世纪新阶段，结合我军新的历史使命，坚持继承与创新的统一，对我军政治工作的认识不断深化，提出了一系列重要思想，进一步丰富发展了我军政治工作思想。

再次，我军政治工作思想的持续发展是由事物矛盾原理决定的。矛盾作为一个哲学范畴，是指事物内部或事物之间的对立和统一及其相互关系。矛盾既具有斗争性，又具有统一性，两者的相互作用推动着事物的发展。矛盾是普遍存在的，一切事物中都存在着矛盾，并且存在一切事物发展过程的始终，事事有矛盾，时时有矛盾。同时，每个矛盾又具有特殊性，每个矛盾的运动形式、发展过程、性质、地位以及解决的具体方法，都是不同的。毛泽东同志指出“辩证法的宇宙观，主要地就是教导人们要善于去观察和分析各种事物的矛盾运动，并根据这种分析，指出解决矛盾的方法。”① 正是在具体分析我军政治工作不同时期面临的不同矛盾，不同方面面临的不同矛盾，不同的人的思想情况以及形成其思想的背后原因的过程中，我军政治工作思想得以持续发展。

我军政治工作思想发展是一个动态的、永无止境的发展过程。任何一种思想包括马克思主义都没有结束真理。人们对于事物的认识永远没有结束，因此思想发展也永远没有完结。实践、认识、再实践、再认识，循环往复以至无穷。而每一轮循环运动则推进我军政治工作思想进入一个新的发展平

① 毛泽东选集［M］：第一卷．北京：人民出版社，1991.304

台。从纵向上看，我军政治工作思想发展存在着坚持与发展、继承与创新的关系；从横向上看，我军政治工作思想发展基本精神是一致的，都强调党对军队的绝对领导，坚持政治工作的生命线地位，勇于破除思想障碍，实事求是，不断探索。总之，我军政治工作思想的发展，就是弘扬与时俱进精神、坚持开拓创新的过程。

（二）波浪螺旋

人们认识的发展不是直线上升和直线前进的，而是呈波浪式前进、螺旋式上升的。在我军政治工作思想发展过程中，也不是一帆风顺的，也出现过曲折，对真理的探索与获得、主观与客观的符合也是一个在实践的基础上呈波浪式前进和螺旋式上升的辩证发展过程，存在着波浪螺旋的态势。

首先，我军政治工作思想的波浪螺旋发展是由认识发展规律决定的。认识是在实践基础上发生的、主体对客体的能动性反映，认识运动是个辩证过程。对于认识发展的规律，毛泽东同志在《实践论》中做了科学概括："实践、认识、再实践、再认识，这种形式，循环往复以至无穷，而实践和认识之每一循环的内容，都比较地进到了高一级的程度。"① 从这个概括中，我们可以得出：第一，人的认识是存在周期性的。一个认识的周期是从实践开始，经过感性认识到理性认识，再从理性认识到实践，经历两次飞跃，完成一个循环。第二，在实践基础上的认识是无限发展的。人们的认识要经过由实践到认识、又由认识到实践的多次反复才能实现。如果在实践中达到预期的目的，可以说对于某事物的认识完成了，但是对于整个认识过程的推移来讲，认识运动并没有结束。一方面，任何事物、任何过程都是不断向前发展、永不停止的，人的实践和认识也需要随着事物的发展而不断发展。当事物发展到新的阶段，人的实践和认识也必须进入到新的阶段。另一方面，人的实践活动是不断发展的，实践的发展要求人们认识新的事物，扩大自己的认识视野以及实践的范围。这就推动认识进入新的领域，也就是认识要随着实践的发展而不断发展。在我军政治工作思想发展过程中，关于政治工作的地位作用的认识，关于党对军队的领导及如何实施领导的认识，关于建设一支革命化、现代化、正规化的新型人民军队的认识，关于政治工作自身如何适应军队建设，充分发挥其保证作用的认识，都是在与政治工作实践的互动中不断深化的过程。

其次，我军政治工作思想的波浪螺旋发展是由人的认识能力决定的。人的认识能力是不断发展的过程，既是有限的，也是无限的，是有限与无限的辩证统一。一方面，人类感觉器官的延长是无限的，人类能够通过思维活动

---

① 毛泽东选集［M］：第一卷．北京：人民出版社，1991.296－297

达到对客观事物本质和规律的认识。人的认识能力是可以世代延续的，历史中的每一代人都以前一代人的认识终点作为自己的起点，从而使得人类认识能力的发展呈现出接力传递、无限提升的趋势。就像前面提到过的，正是由于毛泽东军队政治工作思想的奠基，才会产生邓小平军队政治工作思想，进而又形成了江泽民军队政治工作思想、胡锦涛军队政治工作思想，它们都是一脉相承的理论体系。另一方面，人的认识受生理结构的局限，只能近似地、相对地反映客观。就某一代人而言，其思维只能反映客观事物的一定层面，不一定能保证认识的科学性、正确性；就每一代人来说，总是处在一定历史条件下，总要受到各种主客观条件的限制，因此一定条件下认识的不完善性是必然的，出现错误的可能性也是常有的。例如，在土地革命战争后期，王明的教条主义；抗战初期，一度取消了我军的政治委员制和把政治部改成政训处；建国初期，有人主张在我军实行一长制。另外，在我军发展过程中，党内曾经出现过窃取党和军队要职的野心家、阴谋家，政治工作和政治工作思想受到干扰，发生曲折也是不奇怪的。

从“效仿红军的一长制”到“党委统一领导下的首长分工负责制”，从“两个凡是”到“实践是检验真理的唯一标准”，从“政治工作高于一切、大于一切、统领一切”到“两个服务四个保证”，总之，我军政治工作思想发展，是在坚持与左和右的斗争中不断继承发扬优良传统的历史，是在曲折的道路上前进并不断走向完善的历史。

（三）系统整体

我军政治工作思想的发展具有系统整体的规律以及整体系统的结构与功能，对此可以从现代系统论的角度加以认识和理解。

现代系统论产生于20世纪40年代，是由美籍奥地利生物学家贝塔朗菲首先提出来的。所谓系统是由若干相互联系、相互作用的要素所构成的具有特定功能的有机整体。系统论的主要任务就是以系统为研究对象，从整体出发来研究系统整体和组成系统整体各要素的相互关系，从本质上说明其结构、功能、行为和动态，以把握系统整体，达到最优目标。现代系统论有三个基本原则，即整体性原则、最优化原则和模型化原则。所谓整体性原则就是从整体出发，把思考对象看做由若干部分构成的有机整体，从整体与部分、部分与部分、整体与环境的相互联系和作用中，来研究整体的构成及其发展规律，从而认识事物或找到解决问题的恰当办法。整体性原则是构成系统论原理的基础，系统论中的其他原理都是整体性原则的深入和展开，这也是我们重点探讨我军政治工作思想史的系统整体规律的主要原因。

依据系统论的观点，人的思想是一个由多因素、多维度、多变量构成的具有较强自组织机制的开放的整体系统。作为一个系统整体，其内部各部分之间、各部分与整体之间、整体与外部环境之间，存在着复杂多向的交叉效应：思想与实践之间相互作用，思想与主体之间相互影响，思想与思想之间相互激荡。单就各种思想之间的相互作用而言，一方面，关于我军政治工作地位作用的思想、关于军队中党组织建设的思想、关于思想政治工作的思想等各种不同思想之间既相互区别和渗透，又相互整合和同化，任何一个思想的产生与发展，都会引起相关思想的一系列反应；另一方面，任何一个方面具体思想的产生与发展，也不可能游离于整个我军政治工作思想大系统所施加的影响之外，由此可充分体现出我军政治工作思想与我军政治工作思想发展的整体性规律。历史已经证明，如果没有把我军政治工作思想这个整体作为其发展的参照系和着眼点，只重视部分、不重视整体，或把两者割裂开来，只对某一方面的思想进行创新发展，则只能取得暂时的和局部的成果，而且已经取得的成果也可能会很快消失殆尽。只有从我军政治工作思想发展的系统整体出发，在系统整体的动态联系中考察各种思想的发展，才会使思想的发展符合事物的本来面目，才会在我军政治工作思想发展过程中处理好其内部各要素之间及其外部各要素之间的关系。

结　束　语

“直挂云帆济沧海，乘风破浪正此时。”我们处于一个崭新的时代、崭新的阶段，我军思想政治建设、政治工作还有诸多的困难需要去克服，有诸多的问题需要去解决，有诸多的目标需要去实现。困难与希望同在，机遇与挑战并存。我军政治工作必须坚持以党的马克思主义中国化创新理论为旗帜，必须坚持党对军队的绝对领导，必须坚持人民军队的性质和宗旨，在继承创新中发展，在服务保证中落实，在迎接挑战中加强；我军政治工作思想的发展必须尊重客观规律，把握实践标准，力求与时俱进，争取再创辉煌！

后　　记

选择"我军政治工作思想史研究"作为题目，是从思想角度对我军政治工作史所做的一些探索，亦是为自己今后的研究寻求一个可持续发展的课题。我军政治工作史阐发者甚众，而我军政治工作思想史建树者不足，有许多问题尚未厘清，且研究成果多属平行性研究，主要集中在某一特定历史人物或特定历史时期的个案或专题性研究上……凡此种种，虽不免增添本书撰写的难度，然亦留下些许思维翻飞的空间，使我在此精神跋涉的艰辛之旅能稍尝豁然开朗的欣喜。感谢我的导师徐志雄教授，他对我学业的精心指导和人生的悉心教诲已经融入到本书的字里行间；感谢西安政治学院的侯敬智教授、张理海主任、邹卫邦教授、蒋一斌教授、满邵华教授，空军工程大学的秦宗仓主任，石家庄陆军指挥学院的王连水教授，南京陆军学院肖益朝教授，他们的指导与关怀，师惠高厚，使我心中充满感激；感谢我的家人，感谢他们对我的支持、鼓励，他们用最真实而朴素的爱，给了我一片足够广阔的天空！虽然，本书初步搭建了一个宏观的我军政治工作思想史的框架，但由于学识有限，个中稚拙与粗疏在所难免。留下的遗憾，将不断推动着我在漫漫的求学路上执着前行。在此过程中，我诚挚请求并深深感谢各位读者不吝赐教，批评指正！

著　者
2012 年 12 月

参 考 文 献

[1] 毛泽东文集:第一卷[M]. 北京:人民出版社,1993.

[2] 毛泽东文集:第二卷[M]. 北京:人民出版社,1993.

[3] 毛泽东文集:第五卷[M]. 北京:人民出版社,1996.

[4] 毛泽东文集:第七卷[M]. 北京:人民出版社,1999.

[5] 毛泽东选集:第一~四卷[M]. 北京:人民出版社,1991.

[6] 毛泽东选集:第五卷[M]. 北京:人民出版社,1984.

[7] 建国以来毛泽东军事文稿:上、中、下卷[M]. 北京:军事科学出版社,中央文献出版社,2010.

[8] 邓小平文选:第一、二卷[M]. 北京:人民出版社,1994.

[9] 邓小平文选:第三卷[M]. 北京:人民出版社,1993.

[10] 邓小平论国防建设[M]. 北京:人民出版社,1992.

[11] 邓小平关于新时期军队建设论述选编[M]. 北京:八一出版社,1993.

[12] 江泽民文选:第一~三卷[M]. 北京:解放军出版社,2006.

[13] 江泽民论党的建设[M]. 北京:中央文献出版社,2001.

[14] 江泽民论“三个代表”[M]. 北京:中央文献出版社,2001.

[15] 江泽民在庆祝中国共产党八十周年大会上的讲话(2001 年 7 月 1 日)[M]. 北京:人民出版社,2001 .

[16] 江泽民论有中国特色社会主义[M]. 北京:中央文献出版社,2002.

[17] 江泽民论国防和军队建设[M]. 北京:解放军出版社,2003.

[18] 科学发展观重要论述选编[M]. 北京:中央文献出版社,2008.

[19] 国防和军队建设贯彻落实科学发展观重要论述选编[M]. 北京:解放军出版社,2010.

[20] 李大钊文集:下[M]. 北京:人民出版社,1984.

[21] 周恩来选集:上、下卷[M]. 北京:人民出版社,1984.

[22] 周恩来军事文选:第一~四卷[M]. 北京:人民出版社,1997.

[23] 刘少奇选集:上、下卷[M]. 北京:人民出版社,1981.

[24] 罗荣桓军事文选[M]. 北京:解放军出版社,1997.

[25] 中央文献研究室编 . 十二大以来重要文献选编:中[G]. 北京:人民出版社,1986.

[26] 中央文献研究室编 . 十三大以来重要文献选编:下[G]. 北京:人民出版

社,1993.
[27] 中央文献研究室编．十四大以来重要文献选编:上[G]. 北京:人民出版社,1996.
[28] 中央文献研究室编．十七大以来重要文献选编:上[G]. 北京:人民出版社,2009.
[29] 中央文献研究室编．十七大以来重要文献选编:中[G]. 北京:人民出版社,2011.
[30] 总政治部办公厅编．中国人民解放军政治工作历史资料选编:第一～三册[M]. 北京:解放军出版社,2002.
[31] 总政治部办公厅编．中国人民解放军政治工作历史资料选编:第四～七册[M]. 北京:解放军出版社,2004.
[32] 总政治部办公厅编．中国人民解放军政治工作历史资料选编:第八～十册[M]. 北京:解放军出版社,2007.
[33] 总政治部办公厅编．中国人民解放军政治工作历史资料选编:第十～十三册[M]. 北京:解放军出版社,2010.
[34] 国防大学编．中国人民解放军政治工作史教学资料研究:新民主主义革命时期[M]. 1987.
[35] 国防大学编．中国人民解放军政治工作史教学资料研究:社会主义革命时期[M]. 1987.
[36] 原政治学院编．军队政治工作历史资料:第一、二册[M]. 北京:战士出版社,1982.
[37] 侯敬智,满邵华．军队政治工作重要历史文献选编[M]. 西安政治学院,2001.
[38] 卜松林,李学智．军队政治工作经典文献[M]. 上海:南京政治学院上海分院出版社,2003.
[39] 总政治部编．中国特色社会主义理论体系基层读本[M]. 北京:解放军出版社,2009.
[40] 总政治部编．树立和落实科学发展观理论学习读本[M]. 北京:解放军出版社,2006.
[41] 姜思毅．中国共产党军队政治工作七十年史:第一～六卷[M]. 北京:解放军出版社,1991.
[42] 于永波,徐才厚．当代中国军队的政治工作[M]. 北京:当代中国出版社．1994.
[43] 侯敬智,将一斌．中国人民解放军政治工作发展史[M]. 北京:国防大学出版社,1995.

[44] 里克．中国军队政治工作史略[M]．北京：国际文化出版公司，1999．
[45] 侯敬智．改革开放以来军队政治工作发展研究[M]．北京：军事科学出版社，2003．
[46] 卜松林，吴东莞．中国人民解放军政治工作发展史[M]．北京：蓝天出版社，2004．
[47] 施善玉，鲍同．中国共产党党史知识集成[M]．北京：长征出版社，2001．
[48] 复旦大学思想史研究中心编．什么是思想史[M]．上海：人民出版社，2006．
[49] 裘克人．无产阶级军队政治工作思想的形成与发展[M]．上海：人民出版社，1994．
[50] 佟明忠．中外军队政治工作思想通史[M]．北京：军事科学出版社，1997．
[51] 姜思毅．老一辈无产阶级革命家论军队建设[M]．北京：军事科学出版社，1993．
[52] 侯敬智．党的三代领导核心军队政治工作思想研究[M]．西安政治学院训练部，2001．
[53] 裘克人，陆春炎，朱少华．老一辈革命家创造的我军政治工作优良传统[M]．北京：蓝天出版社，2003．
[54] 杨永斌．毛泽东军队政治工作思想研究[M]．北京：军事科学出版社，1993．
[55] 李保生，王日中．邓小平新时期军队政治工作思想概论[M]．北京：军事宜文出版社，1994．
[56] 李智尧．邓小平新时期军队政治工作思想研究[M]．北京：军事科学出版社，1994．
[57] 国防大学编．指导新时期军队思想政治建设的科学依据[M]．北京：国防大学出版社，2000．
[58] 刘定昌，沈国权．江泽民军队思想政治建设论述研究[M]．上海：人民出版社，2001．
[59] 崔常发，徐明善，方永刚．江泽民社会主义理论创新研究[M]．北京：人民出版社，2006．
[60] 徐志雄，侯敬智，闫战彬．胡锦涛思想政治建设理论研究[M]．西安：西安政治学院科研部，2009．
[61] 年福纯．新形势下军队思想政治建设的科学指南[M]．北京：军事科学出版社，2010．
[62] 刘源．改革开放三十年党的军事指导理论[M]．北京：军事科学出版社，2008．

[63] 高鹏，等．改革开放30年党的理论创新与发展[M]．吉林：人民出版社，2008.
[64] 中国人民大学编．中国共产党武装斗争认识史[M]．北京：中共党史出版社，2007.
[65] 刘相，刘德军，王忠武．人类思想解放史论[M]．北京：人民出版社，2007.
[66] 许启贤．中国共产党思想政治教育史[M]．北京：中国人民大学出版社，2004.
[67] 曹景文．大众化视阈下的思想政治工作史研究[M]．北京：光明日报出版社，2010.
[68] 金一南．苦难辉煌[M]．北京：华艺出版社，2011.
[69] 金春明，等．毛泽东思想基本问题[M]．北京：中共中央党校出版社，2001.
[70] 李凯城．向毛泽东学管理——中国离不开毛泽东[M]．北京：当代中国出版社，2010.
[71] 郑必坚，等．邓小平理论基本问题简编本[M]．北京：中共中央党校出版社，2002.
[72] 柳国庆．马克思主义中国化历史经验研究[M]．杭州：浙江大学出版社，2006.
[73] 赵康太．中国传统思想政治教育理论史[M]．武汉：华中师范大学出版社，2006.
[74] 罗剑明．辉煌六十年国防和军队建设与军事科学[M]．上海：人民出版社，2009.
[75] 刘惠恕．中国共产党政治哲学思想史研究[M]．南昌：江西人民出版社，2009.
[76] 姜国柱．中国军事思想通史[M]．北京：中国社会科学出版社，2006.
[77] 蒋顺学．毛泽东军事思想科学体系[M]．北京：军事科学出版社，1993.
[78] 萧延中．外国学者评毛泽东[M]．北京：中国工人出版社，1997.
[79] 廖国良，李士顺，徐焰．毛泽东军事思想发展史[M]．北京：解放军出版社，2007.
[80] 金冲及．周恩来传：二[M]．北京：中央文献出版社，2008.
[81] 杨国庆，白刃．罗荣桓在东北解放战争中[M]．北京：解放军出版社，1986.
[82] 罗荣桓元帅[M]．北京：解放军出版社，1987.
[83] 罗荣桓传[M]．北京：当代中国出版社，2006.
[84] 赵丛．中国人民解放军政治工作学[M]．北京：国防大学出版社，2001.

[85] 岳忠强. 政治工作学总论[M]. 北京:国防大学出版社,2003.
[86] 卜松林,刘志生. 军队政治工作学基本原理[M]. 北京:解放军出版社,2004.
[87] 岳忠强. 中国人民解放军政治工作学[M]. 北京:国防大学出版社,2006.
[88] 侯敬智. 军队政治工作学[M]. 西安:西安政治学院训练部,2010.
[89] 郑义学. 军队政治工作学研究综述[M]. 北京:军事科学出版社,2004.
[90] 马克思主义理论研究和建设工程重点教材《军队政治工作学》编写组. 军队政治工作学[M]. 北京:人民出版社,2011.
[91] 葛兆光. 思想史研究课堂讲录[M]. 北京:三联出版社,2005.
[92] 徐长安,刘宝村. 军事文化学[M]. 北京:解放军出版社,2009.
[93] 彭聃龄. 普通心理学[M]. 北京:北京师范大学出版社,2001.
[94] 胡适. 中国哲学史大纲[M]. 湖南:岳麓书社,2010.
[95] 侯外庐. 韧的追求[M]. 上海:三联书店出版社,1985.
[96] [英]洛克. 人类理解论[M]. 关文运译. 北京:商务印书馆,1959.
[97] [德]黑格尔. 小逻辑[M]. 北京:商务印书馆,1980.
[98] [意]克罗齐. 历史学的理论与实际[M]. 北京:商务印书馆,1982.
[99] [美]马斯洛. 人的潜能和价值[M]. 北京:华夏出版社,1987.
[100] [美]鲁滨逊. 新史学[M]. 北京:商务印书馆,1989.
[101] [瑞士]皮亚杰. 发生认识论原理[M]. 北京:商务印书馆,1997.
[102] [美]斯图而特 R 施拉姆. 毛泽东的思想[M]. 北京:中国人民大学出版社,2005.
[103] [美]Jerry M Burger. 人格心理学[M]. 陈会昌,等译. 北京:中国轻工业出版社,2010.